All Voices from the Island

島嶼湧現的聲音

經濟學家看央行與貨幣政策

再談致富的特權

吳聰敏
陳旭昇
李怡庭
陳南光 ———— 著

春山之聲 60

經濟學家看央行與貨幣政策：
再談致富的特權

作者　　　吳聰敏・陳旭昇・李怡庭・陳南光
總編輯　　莊瑞琳
責任編輯　吳崢鴻
行銷企畫　甘彩蓉
業務　　　尹子麟
封面設計　查理陳
內文排版　吳聰敏
出版　　　春山出版有限公司
　　　　　地址　11670 臺北市文山區羅斯福路六段 297 號 10 樓
　　　　　電話　02-2931-8171
　　　　　傳真　02-86638233
總經銷　　時報文化出版企業股份有限公司
　　　　　地址　33343 桃園市龜山區萬壽路二段 351 號
　　　　　電話　02-2306-6842
製版　　　瑞豐電腦製版印刷股份有限公司
印刷　　　搖籃本文化事業有限公司

初版 1 刷 2024 年 10 月 8 日

定價 400 元

Email　　　SpringHillPublishing@gmail.com
Facebook　www.facebook.com/springhillpublishing/

填寫本書線上回函

經濟學家看央行與貨幣政策: 再談致富的特權
吳聰敏, 陳旭昇, 李怡庭, 陳南光作–
初版. – 臺北市: 春山出版有限公司, 2024.10
面: 公分. – (春山之聲; 60)
ISBN 978-626-7478-26-4 (平裝)
1.CST: 貨幣政策 2.CST: 總體經濟 3.CST: 臺灣
561.18　　　　　　　　　　　　　　113012767

目錄

序言

三年前 (2021年),本書的三位作者吳聰敏、陳旭昇、李怡庭,與一位以前的學生陳虹宇合作出版《致富的特權》,內容談的是臺灣的貨幣政策,出版後獲得社會廣大的迴響。雖然讀者未必完全同意書中的觀點,但是對於該書能夠引發社會針對貨幣政策的熱烈討論與關注,我們認為《致富的特權》一書確實達成我們一開始所設定的目標:讓社會大眾能夠認識進而關心臺灣的貨幣政策。

然而,對於若干總體經濟議題,不管是政策也好,或者是央行制度相關的討論也好,我們總覺得值得再深入多講一點。於是乎寫一本《再談》就是一個再自然不過的選擇。另外,陳南光當時不畏譏讒,在偌大的壓力下為《致富的特權》一書寫序,我們銘感五內。如今他已從央行副總裁的位置退下來,我們決定邀請他加入這本《再談》的寫作,一方面他可以提供第一手的觀察,也可以印證或是補充《致富的特權》一書的說法。

感謝助理陳亭余以及鄭恩庭在轉錄逐字稿上的協助,他們的細心比對與校正,讓本書得以有效率地完成。另外,吳聰敏感謝蔡文章先生,讓他回憶起大學年代的往事。

吳聰敏・陳旭昇・李怡庭・陳南光

2024年9月

李怡庭與陳旭昇為央行第 20 屆理事會現任理事,
本書內容純屬作者個人觀點,不代表央行立場。

導讀

這是一本不知該如何定位的書,或許可以想成,這是來自四位經濟學家的碎碎念。我們嘗試以對談的形式,期待能夠以較輕鬆的方式討論嚴肅的議題。這個想法源自日本作家村上春樹曾經出版的一本書:《村上春樹去見河合隼雄》。河合隼雄是日本京都大學名譽教授,臨床心理學者。書的內容記錄兩人的對話,談論日本社會的現象。

　　根據出版社的編輯意見,對話式的書籍在臺灣已經不受讀者歡迎,然而,我們倒是以為,這就是一本以文字呈現的 podcast,我們聊自己的求學經歷,也聊自己的研究興趣,更重要的是,我們進一步廣泛地聊一聊總體與貨幣政策。《致富的特權》一書主要是在回顧臺灣總體與貨幣政策的過去,而這本書著眼於臺灣總體與貨幣政策的現在與未來。無論是經濟學研究上點點滴滴的心路歷程,還是對於貨幣政策與央行制度的自珍敝帚,我們希望對任何特定議題有興趣的讀者,都可以任選一個章節,任選一段對話,輕鬆地聽聽看我們怎麼看待這些議題。

　　本書的第一部分,是四位作者「從徐州路到羅斯福路的驚奇之旅」。臺大經濟系早期是位於徐州路的臺大法學院,後來在2014年搬遷到羅斯福路的臺大校總區。我們四人在臺大念書時,臺大經濟系仍位於徐州路,吳聰敏雖然就讀於校總區的電機系,但是也曾到徐州路校區的經濟系修課。因此,從徐州路到羅斯福路,是記錄我們從學生變成老師的驚奇之旅。

　　吳聰敏大學讀電機,碩士念企管,最後又取得經濟博士,他也是其他三位作者的老師。訪談中除了提到他曲折的求學歷程,令人目不暇

給的課外活動, 更重要的是, 裡面提到他對於經濟學思考的反覆淬鍊, 以及他在臺灣長期經濟成長研究上的一路探索。李怡庭從國貿領域轉到經濟, 有幸在其學術生涯中見證貨幣搜尋理論的萌芽、成長與茁壯。在臺灣由於貨幣搜尋模型較為艱澀, 不易被人所認識與理解, 訪談中透過李怡庭的娓娓道來, 雖然內容的難度不低, 但是對於想要更深入認識貨幣理論的讀者來說, 是絕對不容錯過的部分。

陳南光大學時代從政治系轉到經濟系, 是臺灣少數專注在信貸議題以及房地產經濟的總體經濟學家。訪談中可以瞭解他在信貸與房市研究上的心路歷程, 也為我們釐清許多房價議題與政策上的問題與誤解。陳旭昇, 在從會計走向經濟的道路上, 人生中多次示範何謂「計畫趕不上變化」。

事實上, 值得注意的是, 四位作者都是從非經濟領域轉換跑道至經濟學, 根據我們的親身體驗, 經濟學確實是有趣且值得學習的一門社會科學。它以科學的態度與方法面對經濟議題與政策, 這也與我們第二部分的對談內容高度相關:當我們在討論總體與貨幣政策時, 不斷強調的就是, 該如何以科學的態度與方法, 提升我們對總體經濟問題的瞭解, 改善央行政策的決策品質。

我們在《致富的特權》一書中檢討了過去的貨幣政策與決策品質, 相信很多人心中都會浮現的問題是, 制度應該如何改變, 才能改善當前貨幣政策與決策品質?因此, 在第二部分的對談中, 有一個核心議題就是, 在不更動《中央銀行法》的情況下, 央行可以調整, 或是可以改變的東西是什麼?如果說可以更動《中央銀行法》的話, 又有什麼是值得檢討與改進?臺灣央行應該如何做才能躋身現代化央行之林?

當然, 對於什麼是一個好的中央銀行所應具備的特質, 每一位經濟學家的看法未盡相同, 但是以下的特質應該是大部分經濟學家目前對

於現代央行特質的共識: 獨立性 (independence)、可究責性 (account-ability), 以及透明度 (transparency)。在對談中, 作者也各自提出央行如何提高獨立性、可究責性, 以及透明度的具體做法。此外, 若干重要的議題, 也在不同對談中進一步提及。例如說, 在與吳聰敏的對談中, 談到了在過去臺灣央行制度改變的誘因與契機, 學術研究與公共政策的關係, 物價指數在編制上的問題等。而李怡庭則是聊到了對於央行量化研究的期待, 以及消費者物價指數應否考慮房價的爭論。房價是一種資產價格, 波動幅度大, 實務上不會被考慮在消費者物價指數中。然而, 房價確實也反映消費者在居住服務上的支出與成本, 該如何把房價的資訊納入消費者物價指數, 其優劣為何, 在對談中, 李怡庭根據歐洲央行的研究針對此議題有深入的解說。至於陳南光聊到央行貨幣政策的決策過程, 還有臺灣目前把 M2 的年成長目標區間調整為 M2 成長率參考區間後, 在缺乏配套下, 沒有明確的名目定錨來當作央行執行貨幣政策的行為法則, 使得央行所謂「彈性」的貨幣政策造成政策因隨性而前後矛盾的現象。此外, 陳南光也提及到底該不該以外匯存底成立主權基金, 應該如何做才是妥適的做法。

　　無論如何, 這本書希望能夠帶給讀者一個閱讀上的新體驗, 且讓我們借用陳師孟老師在他的《總體經濟演義》中的一句話作為結尾:

現在,「芝麻, 開門」!

陳旭昇
2024年9月

1

吳聰敏：從電機、企管到經濟的奇幻旅程

旭昇：對於你的求學經歷，我想你也在其他地方講過，不過我覺得可以
從頭比較完整地來聊一下。我想我們這個世代大多數的人應該
都差不多，在高中時代沒有什麼想法，就讓大學聯考分數決定要
念什麼科系。不過我滿好奇的就是，當初你是怎麼一路進入到經
濟這個領域？

聰敏：我的求學過程算有一點曲折，所謂有點曲折是說從電機後來轉
到企管，最後轉到經濟，所以學生大概就會有點好奇，而我也講
過一些，不過可能也值得再講一下。

我想應該要從高中開始講起。高中的時候其實我成績普通，所謂
普通的意思就是說，在屏東中學時的模擬考成績，我的名次大概
在差不多30到35左右。

但是呢，我們高中那一班有一點特別，我們那一班比較活潑生動。
當年自然組的直升班有兩班，另外那一班就比較積極努力在讀
書，我們那一班比較喜歡探索不同事物。

我自己的求學態度好像有一個特點,這個特點是,當我無法理解老師在教什麼東西時,我會想要把它搞清楚,我覺得我好像有這一種特點。譬如說,物理老師可能在講某一個東西,那我就會想,為什麼會是這個樣子? 我會自己問這樣的問題。

如果你在一個班上,你的同學比較不會這樣問問題,那你就只能自己問。但是,到最後你可能就會覺得,既然別人都不會問,那你好像也不需要問。但是我們那一班,我覺得有幾個同學跟我一樣,有追根究柢的精神。

旭昇: 我想在那個年代,一個班上有大概五、六個同學能夠這樣,已經是非常特別了。

聰敏: 對,沒錯,這個對我來講就是一個特點。我這輩子考試的運氣都非常好。我們那一屆在聯考的表現算是非常不錯,而我大學聯考在屏東中學是排名第五。但你剛剛講的沒錯,就是你不會想說要念什麼系,你就照著排名填下來,那照著填下來好像第一志願就是臺大電機系,所以後來我就上了電機系。

大學時代我就從屏東上到臺北,大學的生活當然有點不太一樣,屏東上到臺北本來就是一個生活方式非常不一樣的轉變。但是,在臺大求學,我覺得好像高中的那一塊,剛剛講的那一種追根究柢的精神反而沒有了。

我在大一的時候其實讀得不是太愉快,不是太愉快的原因是,上課時老師講一些東西,我應該有點期待的是,這東西可以讓我懂某一些事情,但是我覺得我在大學沒有這個感覺。除了少數幾門課之外,整個來講都沒有這個感覺啦。

舉一個例子就是那時候上物理，老師的名字我現在已經忘了。我們那時候在新生大樓，上課時他就坐在黑板前面一個旋轉的椅子上，然後就在臺上不知所云地照本宣科。

旭昇：OK，我大概可以體會。我猜大多數的臺大校友多多少少可能都有過這樣的經驗。

聰敏：我是家裡第一個上大學的小孩，所以進到臺大之後面對這樣的情況，就會覺得說好像本來就應該是這個樣子。

旭昇：對！在我們那個年代，我們不會去問，大學應該長什麼樣子？大學教授應該是什麼樣子？說實話就是，你不會對於大學教育……其實不要說大學教育，單純就一個課程來說，你也不知道你應該對於課程內容有什麼期待，你也不知道教授應該要有怎樣的教學表現。

聰敏：這是重點，所以你就會覺得說可能應該就是這個樣子。反正大一從屏東來到臺北，基本上就覺得臺北人都是三頭六臂。課業上我也不是很混的啦，功課來我還是會做等等這些。成績普通，但是成績普通對我來講也還可以，重點是很多課我好像不曉得是在學什麼。

不過我記得大二有一門課叫熱力學，是一個機械系的老師來上這門課，那門課好像我第一次感覺到說，一個老師他也可以把一個東西講清楚。所謂講清楚就是說，我去上課，然後我能夠清楚體會到說他要講什麼東西，這樣子的經驗在我大學四年中很少，這聽起來似乎有點可笑。

旭昇: 應該算是鳳毛麟角。

聰敏: 對, 大概是這個樣子。其實我後來檢討這個事情, 我覺得跟缺乏一個較年長的指導者 (mentor) 有關。如果說你家裡有個哥哥姊姊, 他們也上過大學, 然後他們有一點點經驗, 或者是學長姐也可以, 你跟他們有一點點互動, 他們可以告訴你, ok 你這個聽不太懂的話, 可以去圖書館找些什麼樣的東西來看。或者說你不用去圖書館找書, 你身邊有人可以諮詢, 你可以問他們說這東西是怎麼一回事。我大概在大學那個年代, 這些事情都沒做。

不過, 沒有做的話, 部分的責任在我身上, 畢竟我有一些學長, 或者說其實圖書館也有書嘛, 對不對? 我沒有做這個東西, 部分責任在我身上, 但是 anyway 大學時代我就是這樣子一路走下去。

一路下去之後, 有件事我印象非常深刻。到了大四的時候, 我告訴自己, 我不要再讀書了, 已經可以了, 夠了, 因為那裡面沒有樂趣。我剛剛一開始講, 在高中時代, 以物理課為例, 跟同學之間互相討論的過程當中是有樂趣的, 我們對內容的理解也許不一定對啦, 譬如說課本裡有一個概念, 然後我們兩個同學之間討論了一下, 喔, 原來是這個樣子。求學的樂趣就在這個地方, 但大學的話, 幾乎沒有這種樂趣。

旭昇: 所以你大學有參加社團嗎?

聰敏: 有啊, 從屏東北上的學生, 我們有一個屏中屏女校友會。

旭昇: 這個不算啦, 校友會不算。

聰敏: 這個不算喔? 我是論壇社, 大學論壇。(旭昇: 大論社?) 對! 大論

社。大論社可能是一個老的社團。我大一時剛好是保釣運動的隔一年, 就我所知, 大論社在保釣運動時很活躍。不過, 我加入大論社時, 已經比較沉寂下來了。

對了, 上大學後還有另外一件事情對我來講有點重要, 事實上是非常重要, 我當時間接認識兩位學長。我大一嘛, 間接認識兩位大三的, 一個是心理系, 一個是歷史系。歷史系這一位我現在都還記得他的名字叫鄭梓, 那個心理系的應該叫蘇元良。我那時候住宿舍, 他們兩個住在校外, 他們租的房子就在舟山路的另一側。我有點忘掉我是跟誰到他們那邊去聊天。我大一進來, 然後我就發現他們聊的東西讓我, 應該怎麼樣講, 非常驚訝!

旭昇: 有點接不上話的感覺嗎?

聰敏: 不是接不上話, 那個時間我大概都在聽他們說話, 但是我覺得他們能夠聊這個東西聊那個東西, 而且有廣度跟深度, 我覺得非常厲害, 這個對我好像有一點點影響。不過, 現在回想起來, 我只是大一剛進臺大, 他們是歷史系跟心理系三年級, 他們多瞭解一點點東西好像也合理, 但當時印象很深刻。

其實會講到這個是因為, 印象中我當時心裡有個感覺, 就是說如果我能夠變成那個樣子應該是還不錯。意思是說, 如果我知識的廣度能夠廣一點, 應該是一件滿不錯的事情。

到了大三大四我的功課普普通通, 勉強能夠 survive, 你說有多好? 沒有。讀書有什麼樂趣? 沒有。要不要再讀書? 不用了。大概是這樣。

旭昇: 所以你轉換跑道的契機是什麼?

聰敏: 我那時候住在宿舍, 我同寢室有一個室友是念土木系的, 而土木系有一群同學, 這群同學在那時候對企管這一塊很早就有所瞭解。其實那個年代我認為土木的出路也還不錯, 不過在工作的性質上, 土木跟企管可能不太一樣。他們有幾位就開始想要去考管理研究所, 但是我對這方面根本一無所知。

我在大四去修了會計學, 我修課的動機是, 因為我覺得我畢業要去工作, 大四的課比較少, 所以去修一個在將來的工作上可能會有幫助的課程。我會計學的分數還滿高的, 但是班上同學大多是大一的, 反正我是大四對大一, 我的分數高也算正常。

另外一個東西是這樣, 我發現我看不懂經濟的新聞, 然後, 我覺得這個好像不太對。但經濟學是什麼, 其實我並不瞭解。那時候我是在校總區, 而經濟系在徐州路, 我還去那邊修個體經濟學, 其實我分數也還不錯, 但是對個體經濟學的印象就是在畫無異曲線。

旭昇: 你知道駱明慶是你學弟, 他也是念電機的, 他跟我講過, 他去修個體經濟學的時候, 突然發現, 原來在臺大也有一門課是可以聽得懂的。[1]

聰敏: 當然, 這個東西就是一個對比, 就是說在電機系你原來不曉得在幹嘛, 然後突然去修一門課, 發現「喔 ok, 可以聽得懂。」但是我回想說在那個時間點, 如果問我什麼叫經濟學, 我可能會回答:「喔, 經濟學就是無異曲線」, 大概就這樣子, 反正我們那時候的知識能力就是這麼小, 對不對?

---

[1]駱明慶也是臺大電機系畢業, 後來轉行, 目前 (2024年) 是臺大經濟系教授。

我還記得有一件事情, 但是細節記不得了, 就是我那時候住在宿舍, 宿舍的餐廳訂了一份報紙, 此外, 好像也會貼一份在公布欄。有一天我在公布欄上看報紙, 標題裡有「通貨膨脹」四個字, 內容好像說, 這是嚴重的問題, 但我不知道那是在講什麼。我是1971年進臺大, 所以當時應該就是1974年的石油危機。

旭昇: 那時候物價膨脹得非常厲害。

聰敏: 是非常厲害, 但是我那時候當然不瞭解。看到報紙上有關於通貨膨脹的報導, 我看一下, 想說什麼叫通貨膨脹? 但完全不瞭解。我有修過工學院開的經濟學, 我們那時候叫「工程經濟」, 其實也不曉得在學什麼。

簡單地說, 我有學過工程經濟, 然後報紙看不懂, 我就覺得這太奇怪了, 一個臺大電機系的學生欸。這樣的疑問就在我腦海裡面這樣轉, 但轉來轉去也還是搞不清楚。大概就是這樣。

回到剛剛提到的室友, 因為土木系那群同學說在未來的發展中, 企管非常重要的, 所以就去考研究所。我想說電機我不要再讀了, 考企管, 好啊, 考就考啊。因為我有自己讀經濟學, 還有修過個經嘛。

接下來就是學校的選擇, 那時候的企研所主要有三家, 臺大、政大跟交大。當時感覺好像就是政大比較好, 排名第一。他們土木系的這一群同學, 我認識其中一兩個, 他們說要去考, 所以我就跟著去報考。

因為要考上也不是太容易, 所以一般來講他們都會報考三家。啊我是玩票性質, 所以我就只報名一家, 我就報名政大。政大那時

候考試是這樣，它分兩組，一組是特別給理工科的學生，所以考試的科目跟管理科系的那一組不太一樣。

印象中要考國文、英文、經濟跟微積分，大概就這幾科。經濟我剛好修過嘛，對不對，所以我好像就準備一下。微積分我電機系的，對我來說不是太困難，結果我就考上了。我這個人沒有什麼特長，但不知為何，考試的運氣好。

但是接下去有個問題出現，我大學畢業的時候，研究所已經放榜，我知道我自己考上研究所了。但當時我有點猶豫，覺得好像不應該去讀，不應該去讀的原因跟之前在臺大電機的讀書經歷有點關係，就覺得讀書沒什麼樂趣啊。

旭昇：那時候家裡有給你經濟上的壓力嗎？

聰敏：沒有！我爸爸是這樣，我就講點我爸爸，我爸爸從小非常貧困，他非常聰明，絕對比我聰明，但是他對於學校這些東西當然也不瞭解。他只是覺得說，你如果可以讀就繼續讀，但是為什麼要繼續讀這件事情，他可能有他自己的想法，但是他不會說你應該要怎麼做。不過，他應該認為，既然考上了我還是會去就讀。

旭昇：我記得以前曾經聽過令尊是布商，當時覺得很親切，因為我的曾祖父也是賣布的商人，日治時代經營一家絲綢布疋店，賣的是吳服，也就是所謂的和服，但是那時候稱為吳服，店址就在現在的迪化街上。

我本來以為所謂的布商應該跟我曾祖父差不多，不過後來我讀了你的《台灣經濟四百年》，才知道原來令尊有過相當辛苦奮鬥

的經商創業過程。[2] 所以你當時做了什麼決定?

聰敏: 我自己那時候的想法大概是說, 好吧, 既然無法做出決定, 我就保留學籍, 先去當兵。我運氣也還不錯, 當兵就在臺灣各個地方跑來跑去。我待過花蓮, 退伍的時候是在金門, 我覺得這個經驗對我來講是還滿難得的。

旭昇: 是什麼樣的軍種?

聰敏: 空軍防砲。

旭昇: 防砲 ...... 所以是換防嗎?

聰敏: 對, 空軍防砲的特點是經常要調動。我在虎尾待了三個月, 接下去就到花蓮的防砲學校。在花蓮那三個月對我來講是非常美好, 我們平常不會有機會到花蓮去住三個月。接下去是到了松山機場, 但是在松山機場時間非常短。然後到了新竹, 後來就跑到金門去了, 所以我是在金門退伍。退伍的時候大概是5月, 退伍以後就開始面對要不要去讀研究所的問題。不過退伍時是5月, 如果要讀也是9月才開學, 所以我就決定先去找個工作, 你可能知道我在大同公司做了三個月?

旭昇: 我不知道。大同?

聰敏: 中山北路的大同公司。大同公司在那時候是臺灣最大的公司。以電子業來講, 因為它那時候就代工做電視機, 那個年代電視機是最重要的電子產品, 大同公司算是全臺灣最重要的公司, 所以它

---

[2] 吳聰敏 (2023),《台灣經濟四百年》, 臺北: 春山出版。

需要一些工程師, 所以我就應徵進去。其實我一開始也不曉得自己在做什麼, 但是我進去以後慢慢有感受到, 原來我在大學學的是這個東西。

我們大學時學電子、電機、電路, 也就是所謂的三電, 我卻搞不清楚老師在上課講的東西。要說這是我的責任好像也對啦。但是, 我意思就是, 如果老師在上課時能夠說明教學內容跟日常生活的連結, 學這個東西的目的是什麼, 有什麼用; 老師能夠在課堂上講個一兩次, 我就能體會, 喔, 原來如此。畢竟我也不是一天到晚翹課的人。但是, 在電機系那麼多的課程中, 我覺得當時老師很少講這一塊。

好, 回到大同公司, 那份工作大概是讓我第一次有所體會, 原來我是在做什麼東西, 以及它們與大學裡所學的理論之間的關聯性。但是我在大同公司的時間也沒有很長, 我做了三個月後, 終究還是得面對我要不要去讀研究所的問題。

我就去問一下旁人的意見, 但是每個人都跟我講, 這個考上很不容易, 為什麼不去讀? 這樣說好像也對啦。只是我覺得我心裡隱隱約約有一個心結, 我當時還是覺得讀書很沒有樂趣, 再去痛苦兩年到底在幹嘛? 不過可能我當時也告訴我自己, 其實人生本來就是沒有樂趣啊。

旭昇: 不知道自己想要讀什麼似乎是滿痛苦的。我倒是覺得自己滿幸運的, 我念的是會計系, 不過我在大二的時候就已經決定要念經濟, 要考經濟研究所。當時教個體經濟學的林大侯老師對我影響很大。[3]

---

[3]林大侯曾經是臺大經濟系教授與主任。

聰敏：能否說明一下？

旭昇：其實所謂的影響，就是因為在大二的時候修了他的個體經濟學後，決定轉念經濟。當然大一的時候也有修經濟學，不過當時不太能理解老師到底在教什麼，倒是從助教課中學到比較多。

我還記得助教的名字，叫余國瑞，跟駱明慶一樣，是電機系畢業後念經研所，印象中是駱明慶的同班同學，也跟他一樣是大陸社。還記得有一次我趕著去上助教課，走到半路遇到同學，同學說不必去上課了，我問為什麼，同學回答說，助教現在正在校門口靜坐絕食抗議。那時候應該是1991年春天要求國會改革、反對老賊修憲的抗議活動。

上了大二以後，當時管院的學生必須到法學院上課，跟法律系還有經濟系一起擠在徐州路校區。趁著地利之便，我就跟著其他同學一起去修經濟系的課。其實除了會計系的必修課，我也不知道要修什麼選修課，反正就是書卷獎的同學修什麼，[4] 我就跟著修什麼，他們說個體經濟學很重要，那就跟著去修，所以我就修了林大侯老師的課。我覺得他上課非常清楚，那時候才知道說，原來可以這麼有系統地瞭解經濟學，而經濟學比會計有趣太多了，因此我在大二就決定要改念經濟了。不過因為會計系的成績太差，無法離開，當時就決定要在研究所的階段轉換跑道，改考經濟研究所。

Anyway，所以你最後就決定去讀企管所？

聰敏：其實那時候也沒什麼生活經驗，什麼都搞不太清楚。既然大家都

---

[4]臺大頒發給學業成績優良學生的一種獎項。

鼓勵去讀,好,那就去讀。後來回想,其實研究所第一年對我的人生來講算滿重要的,其中同時有幾件事情發生。

第一件事情是,我有一個電機系的學長是屏東中學畢業的,他高我兩三屆,而他的學長,就是這個學長的學長,在基隆路開一家電子公司。臺灣的電子業從1960年代中期開始發展,一開始是勞力密集的組裝業,主要是組裝零組件與電視機。到了1970年代中期我念研究所的時候,有一些廠商已經自行開發簡單的電子產品。我打工的這家電子公司其中一個產品,就是醫院門診外面的燈號顯示器。

我們今天到臺大醫院看診,你就直接刷健保卡報到,對不對?然後螢幕上會顯示號碼,依序看診。但是那個年代是由護理師出來喊你的號碼跟名字,你再進入診間。那個年代是這個樣子。

後來就進步到在診間外面裝一個顯示器,醫生在診間輸入號碼後,外面的顯示器就會顯示數字。而臺大醫院第一組這個東西是這家公司做的。其實這個公司非常小,它的產品之一就是叫號顯示器。

反正我這個學長就介紹我去這家公司工作,他說你是電機系畢業的,賺點錢應該也還不錯,所以我就去了。這裡面我覺得牽涉到一件事情,我現在有時候跟學生聊天都會提到。不管你將來是要做研究,還是要到外面去工作,你有個工作的經驗對你來講只有好處沒有壞處。

如果你沒有工作經驗,一天到晚都待在學校裡面,生活圈子非常小,你對於市場經濟不瞭解,你要研究什麼?經濟學主要是研究人在市場裡的活動,你在學校裡面還是可以看到人的行為,但範

圍很小，不可能對於市場經濟有深入的觀察。那你要研究什麼？到最後，你只會做一些數學推導，但那不是經濟學研究。

反過來說，如果你不是要做研究，而是要到市場上找工作。那麼，早一點累積工作經驗，也是有益無害。

不過我當時應該也沒有想到這個東西，反正我就是去上班。公司裡面有兩個老闆，兩個都是宜蘭人，一個是電機系的大學長，但是另外那個人他資金比較多，他們以前兩個就認識，所以就合開這家公司。我進去以後什麼事情都做，包括畫主機板。我在畫主機板時才恍然大悟，原來電機系就是在學這個。回想起來，如果在大學時代老師能夠好好教，我一開始就知道我在學什麼，我應該會學得比較好。我後來覺得，這個東西我應該不排斥，而且就興趣上來講，我可能某種程度上是喜歡的，但是那時候我覺得我已經回不去電機領域了。

旭昇：除了畫主機板之外，還做了哪些工作？

聰敏：當時我還做些什麼事情呢？這我還滿得意的，因為那時候公司很小，所以為了生存什麼生意都做，除了拿個電鑽鑽臺大醫院的牆來裝設電子顯示器之外，他們還代理電子鬧鐘在國內市場賣。早期的電子鬧鐘很大一顆，通常是放在床頭。當時臺灣有一些廠商，接受國外訂單生產電子鐘，然後外銷出去，我們公司就去跟臺灣廠商說，我們可以試著來打開國內市場。所以我當時做的另一件事情就是當業務，抱著電子鐘到百貨公司跟那些櫃臺小姐打交道。我應該長得也還算可以 (笑)，對，然後我就用這個笑容，跟他們聊聊天，業績也還不錯。其實我要講的重點是，如果你的工作敬業，你的業績就不會太差啦，大概是這個樣子。

好,那回到公司這邊,這個公司裡面有兩個大股東,就我之前提到的電機系學長,以及他的同鄉。但是他們兩個後來關係就不好了,反正合作做生意,這種狀況也滿常見的。後來,其中一個就跟我講,他說,吳聰敏,你去把書讀完,畢業以後就回到這個公司來,他打算把這個公司吃下來自己經營。

其實兩個老闆對我都不錯,我夾在中間,也不清楚他們的爭執點,我那時候大概意識到他們在吵什麼東西,但細節不是很清楚,我就覺得介入這件事情,淌了這個渾水可能也不是太好。

但我後來覺得,這份工作可能直接、間接對我有一些影響。我對於市場是怎麼回事,應該是有一點初步的印象跟瞭解。我現在沒有辦法講得非常清楚,但是大概就是這個樣子。

旭昇:所以研究所一年級的生活除了體驗市場經濟活動,以及跟百貨公司櫃臺小姐周旋之外,還有什麼有趣的事情?

聰敏:研一時還出現好幾件事情,其中一件就是去幫忙老康競選。

旭昇:康寧祥?

聰敏:對,康寧祥,參加競選活動也是件滿意外的事。[5] 因為我在大學的時候在大學論壇社裡面就認識一些人,包括田秋堇,我不曉得你認不認識?[6]

旭昇:我知道。

---

[5]康寧祥是早期黨外運動的核心人物,後來曾擔任監察院院長。
[6]田秋堇從大學起就加入黨外運動,目前 (2024 年) 是監察委員。

聰敏: 對，田醫師的女兒，當時就是跟著這些人一起活動，畢竟人在年輕的時候大概都有一些反叛的意識。我是在 1975 年從臺大畢業，當了兩年的預官之後，1977 年 5 月從金門退伍，9 月就進入政大企研所就讀。

1977 年 11 月，臺灣有一場五項地方公職選舉，林義雄在宜蘭登記為省議員候選人。[7] 當時，臺大曾有幾位學生到宜蘭幫忙發傳單，其中有兩三位是大學論壇社的人。這時候，大學論壇社的社長是蔡文章，他低我兩屆。我雖然已在政大讀企研所，但跟大論社的人偶有聯絡，因此，也知道他們要去幫忙發傳單。當時可能也有人問我，要不要一起去，不過，我現在已經想不起來，我當時是否有一起去。

臺大的學生幫黨外的候選人發傳單，校方馬上就知道，也有謠傳出現，這幾位臺大的學生可能會被退學。所幸後來無事。

旭昇: 不過那時候應該也知道，參與黨外活動是一個有意義的事情啊？

聰敏: 但這算是一個不太安全的事情。

旭昇: 不安全，但是有意義。

聰敏: 喔，那當然，有意義是沒有問題。

旭昇: 不太安全這是一定的。一般人對於黨外雜誌，像是《美麗島》，《八十年代》等，都會藏起來。畢竟那個時候還是戒嚴時期，連購買跟閱讀黨外雜誌都要很小心，更何況是直接到外面拋頭露面，參與活動。

---

[7] 林義雄是早期黨外運動的核心人物之一。

聰敏： 對，我剛剛講搞不太清楚的，就是關於安全這個部分，到底參與活動會有什麼後果，我自己都搞不太清楚，反正就是去了。去了以後，後來就認識一些跟黨外人士，例如康寧祥，比較有接觸的年輕人。

到了應該是研二還是研一的下學期，我看可能是研二的上學期，老康要出來選立委。以前的競選活動跟現在也不太一樣，以前有一個叫宣傳小組，就是文宣，但文宣也不是跟現在一樣印傳單，那時候不是，那時候主要是畫海報，然後有一些簡單的傳單，但是不會太多啦。我那時候進去跟兩位合作，一個叫作范巽綠，她的名字有一點特別，那時候我們都叫她史非非。[8] 另外還有一位，他後來去《聯合報》資料中心工作。反正我們三個人那時候就是一起參與文宣工作。

其實會到老康那邊去做選舉的文宣，原因是我有一段時間跟蘇煥智很熟，蘇煥智低我一屆，而他投入在這些事情上的時間比我多。[9] 然後他有一天就跟我講，聰敏啊，老康要出來選立委，我們去看一下吧，印象中我們就騎著摩托車過去，過去以後就認識一些人，然後聊了一下，後來我就變成在那邊幫他畫海報。畫海報本身還好，我講這東西是要講後來的一些發展。那蘇煥智第一天去了以後，後來就不見了。事隔多年以後，我問他說，你那天把我載過去，你後來在幹嘛？他說他後來跑到另一個地方去幫忙了。

競選活動大概弄了兩三個月，後來發生了一件大事：美國跟中國建交。美國跟中國建交消息出來以後，行政院就宣布說選舉暫

---

[8] 史非非本名范巽綠，大學時代就加黨外運動，目前 (2024年) 是監察委員。
[9] 蘇煥智大學時代就加入黨外運動，曾經擔任立法委員與臺南縣縣長。

停。老康他們就在討論，看是要繼續活動，還是就接受政府的選舉暫停的做法。不過，老實說也沒什麼選擇，它叫暫停你就一定暫停嘛。

旭昇：那選舉暫停之後的後續發展呢？

聰敏：暫停之後就突然沒事可做，沒事以後有時候會跟著老康去 hiking。老康喜歡到臺北附近的郊山走走，我如果也去，跟在旁邊，他就會聊一些事情，我覺得我在那邊也學到很多。他講了一件事情，這個我到現在都還記得。

老康有一次就跟我講，當時我們就是聊天，他也不是特意要講這個事，他提到當時一位有名的政治人物。他說這個人非常聰明，他在做任何決策，如果跟他的利益沒有關係的話，他的判斷就非常精準。但是，任何決策只要會涉及他的個人利益，他就整個荒腔走板。我當時聽了也沒有問他說你能不能舉個例子，不過這段話就一直在我腦海裡面。

這個事情 …… 該怎麼樣講，我後來當然也看了很多人嘛，不一定是政界的，就是包括我們學校裡面的人等等，確實有一些人，他在講跟他自己沒有利益相關的東西的時候，講得非常精準。但是一旦跟他利益有關的話，他整個就會讓你發現說，怎麼好像有點不太對。

旭昇：所以參加這些課外活動對於你的人生應該有一些影響。

聰敏：對，我想講的就是，當我們要談論一個人怎麼樣，他的成長過程應該會受到很多事情的影響，而我認為我剛剛提到的工作經驗與課外活動，這些東西一點一點對我都有一定的影響。

後來到了二年級,因為選舉暫停嘛,二年級,我後來就寫論文,寫論文的話,我是司徒的學生,嘿,我是司徒達賢的學生。[10]

旭昇: 喔,所以你也算是名門之後。

聰敏: 司徒非常聰明,否則那個年代他怎麼能夠去西北大學拿博士,這應該也不是一件容易的事。但是如果問我說,他有多少學問,其實我也搞不太清楚。我那時候對什麼叫作學問也搞不清楚就是,應該是這樣。這個我講得非常坦白。

旭昇: 對,其實就算是到我念碩士班的時候,當時是1994年,我其實也不太懂得分辨老師們有多少學問。有些人說得一口好研究,好像很有學問的樣子。當時有同學找中研院社科所(現改稱「人文社會科學研究中心」)的研究員當指導教授,他對我說,中研院社科所比中研院經濟所的人有學問,但是我其實也搞不清楚就是了。我大概也是出國念書後,才慢慢能夠參透一點學術上的端倪。

聰敏: 司徒的反應非常快,所以他上課的時候,當學生問問題,他馬上就可以應對,對此我印象滿深刻的。

旭昇: 研究所除了寫論文,你有持續接觸黨外活動嗎?

聰敏: 因為選舉暫停,暫停以後老康就辦了一個雜誌,叫《八十年代》。它的位置就在新生南路跟和平東路路口,那邊有個大樓,然後它就在那上面,我就會去那邊走動。《八十年代》是在1979年6月創刊的,我那時候已經開始準備要出國了。

---

[10] 司徒達賢曾經擔任政大管理學院院長。

在那一段時間中,我對黨外活動大概多多少少都有一些接觸。我在出國之前還特別去跟許信良見過面,倒也不是我特別去找他,而是幾個人說,欸,我們去跟他聊一下,我就跟著去了。然後那個誰啊,那個施明德,施明德見到我,他會親切地用臺語問:「聰敏啊,啊你現在是在做什麼事情。」基本上有一段時間,我跟一些黨外人士有不少互動的機會。

這些事情對我真正的好處是,我有機會近距離地去觀察某些人,當然也不是特別針對剛剛提到的這幾位。而是說,如果對某些人沒有近距離的觀察,然後你看他們講了一些冠冕堂皇的東西,什麼為臺灣打拚一類的,大概是這些東西,你會覺得說,喔!對,對,有道理。但是當你比較有機會近距離觀察的時候,你可能就會發現說,有些人私底下與檯面上一致,但有些人未必如此。

或者說,如果從檯面上看,你對某人有某種期待,但近距離觀察後,你的想法會改變。後面這種情況,應該是說,你對於人的本性有更多的瞭解。

我跟林義雄有一段時間也滿接近的,他那時候還在當省議員,有一次不曉得是什麼原因,我就跟他一起搭車到省議會去,好像是為了在他質詢的時候,幫他拍個照等等之類的,那林義雄我是非常敬佩他的。

這整個重點就是說,我覺得自己算運氣還不錯,就是說我在學生的階段,有機會接觸到這個事情,算是對社會的現實有多一點點瞭解。一般人的話,其實沒什麼機會接觸到這個東西。

旭昇: 所以接下來你就出國念書?

聰敏： 研二的下學期我就開始想,畢業後要做什麼。到了差不多4月的時候,我論文快要寫好了,感覺上好像應該要找個工作。那時候政大企研所會把畢業生的資料送到各大公司,印象中我得到太平洋電線電纜的面試機會,如果沒有記錯的話,我們幾個同學就一起到這家公司,應該是在臺北車站前面。

我們一起去了以後,大概是一位人事部門的主管或是經理就來跟我們見面,他就說了歡迎來加入我們公司一類的話,大概是這樣。也就是說,我已經到了即將一腳邁入職場的階段,但是那個時候我還在猶豫,到底是要工作還是要做一些其他的事情。

我那時候是跟幾個人一起在外面租房子,陳添枝是其中之一。陳添枝也是我臺大電機的同學,如果我沒記錯的話,他因為胃潰瘍,所以不用當兵,大學畢業後就直接去外面工作。他在幾個地方工作過,我研二的時候,他已經工作一段時間。那時候他從事水電相關工程的行業,每天非常忙碌。我覺得他應該有想過,真的是這輩子要一路這樣工作下去嗎?

當時我也不是很確定自己想要什麼,雖然從大學到研究所,讀書並沒有帶來樂趣。但是在研究所的時候,我修到一門可能是我收穫最多的統計相關課程。授課的老師是一個從美國回來的華人教授,他出版一本用英文寫的統計學課本,專門給 MBA 用的。其實我在大四的時候修過「高等統計」,但是完全不曉得我在學什麼。我都會計算,但就是不曉得在幹嘛。

然而這個教授的課程真的是 introductory,他介紹非常基礎的東西。我才發現,統計學的基本概念原來是這個樣子的。這門課也讓我體會到,如果能把東西搞清楚,讀書似乎也有樂趣。好像

是高中時的感受又回來了。我隱約覺得，美國是學術上相當進步的國家，或許出國念書會讓我對讀書有不同看法。我不曉得是我提起還是陳添枝提起，就說我們來申請出國吧！

我印象非常深刻，我那時候申請出國，因為不在事先的規畫中，所以都沒有準備。決定出國讀書以後，我考托福只剩下一次的機會。以前托福的政策跟現在不太一樣，現在萬一考不好的話，兩三個月後可以再考一次。但那時候沒有，我就剩下一次的機會。反正跟我考研究所一樣，我就是試試看嘛。應該也沒有去補習，大概就是跟有去補習的人借資料來讀一讀，然後就去考了。

旭昇： 其實出國念書也不在我原來的人生規畫中。之前提過，雖然我在大二時就決定要轉念經濟，不過因為會計系的成績太爛，所以無法轉系，就只能在下一個階段改念經濟研究所。到了臺大經研所，看著幾個老師像是張清溪，劉鶯釧，還有你，過著頗為優游自在的學術生活，就決定要繼續念經濟博士。當時的規畫就是要留在臺大繼續攻讀博士。

還記得那時我在左營服預官役，放假回來跟張、劉兩位老師報告要回來念博士的規畫，哪知道到了中午在經研所大樓的走廊上遇到劉老師，她跟我說：「吳聰敏叫你下晡 (e-poo) 去找伊。」結果當天下午你就叫我出國念博士，理由是什麼我也忘了，不過應該很具說服力，我在當天下午就改變人生規畫，決定出國。

聰敏： 真的？我沒有印象。

旭昇： 這就是我常跟學生說，不必太執著於規畫，因為人生的計畫永遠趕不上變化。所以你申請經濟博士的原因是什麼？

聰敏： 我剛才講電機系不曉得在讀什麼，那企研所我也不曉得我在讀什麼，不過我在那家小公司工作的時候，發現其實對於電子這東西，我也算是有點喜歡。但是我那時候覺得我臺大電機的基礎不好，我不敢申請電機。那企管就不用了。但我好像一直覺得經濟有點重要，不然我就出去讀經濟好了。

以申請經濟博士班來說，我覺得應該是這樣，我有電機的背景，學校方面大概就認為你的數學能力應該還可以。我又讀過企研所，這跟經濟又有那麼一點相關。但是我不敢申請太好的學校，後來有四家給我獎學金，都是中等的學校。我還記得申請的結果出來之後，我去問司徒達賢說，「真的要出去讀書嗎?」

司徒達賢講一句話，我覺得好像也有道理。他說你有獎學金，美國政府出錢給你，你就出去混個幾年再說吧。大概是這樣子。我想說好吧，那我就出去了。

旭昇： 所以你一開始去的學校是 Indiana?[11]

聰敏： 對，那時候有申請到四家，另外三家，我現在名字都忘掉了。

旭昇： 那之後是怎樣的一個契機轉去 Rochester?[12]

聰敏： 我那時候對經濟領域一無所知，完全不瞭解。當時臺灣出去讀理工科的人應該滿多的，但是出去讀經濟的很少，所以第一個 …… 經濟學在幹嘛，然後這個學校的排名如何，我都不是很清楚。

我第一年到了 Indiana，反正就是努力讀嘛，不過很快就碰到語

---

[11]印第安那大學布盧明頓校區 (Indiana University–Bloomington)。
[12]羅徹斯特大學 (University of Rochester)。

文的障礙。我的語文能力, 跟那個年代出去的其他學生來比, 我應該也還算可以, 但是聽力完全不行。

在上課的過程當中, 如果是跟數學有關的課程我還可以教我的美國同學, 但是總經的話我就完全沒有辦法。[13] 總經那個老師的上課方式, 就是一直講。上課他就一直講, 抄筆記時我如果聽懂一個字, 不管前後的意思是什麼, 趕快就記下來, 也不知道聽懂還是不懂, 但他已經講到第三句以後了。

但是, 我跟我美國同學關係還不錯, 我可以教他們數學, 然後他們就把他們的總經筆記借給我, 大概我就是這樣 survive。

第一年的話, 因為我們那時候修三門必修課, 還有一個選修課。這個選修課的老師是一個年紀比較大, 已經接近退休的教授。碰巧在那一個學期, 有一個 Rochester 畢業的年輕老師來系上教書, 叫 Robert Becker, 他跟這個老先生的關係很不錯, 老先生在上課的時候, Becker 也會待在教室裡面。

美國的課程大都有作業, 他們出了一些 linear programming 的題目, 那時候流行這個東西, 裡面有一些數學的推導與計算。這些題目對我而言沒有問題, 反正我就花時間把課本讀一下, 然後解那些題目, 弄一弄就交上去。我認為老先生應該覺得這個臺灣來的小子, 資質還不錯。

在美國的學校, 你如果願意多跟老師接觸一點, 老師跟學生關係也都不錯。在那個時候, 我大概慢慢有點體會到 Indiana 這間學校在整個排名上普通, 算是中段的學校, 可能是比如說排名四、五十, 大概是這個樣子。我開始有轉學的念頭, 在寒假時遞出幾

---

[13]「總經」即總體經濟學的簡稱。

個申請, 申請時, 我有請老教授寫推薦信。後來拿到 Rochester 的獎學金。

這當中我可能有跟 Becker 聊了一下, 我後來猜測 Becker 應該有打電話給 Rochester 經濟系, 跟對方講說, 吳聰敏這個傢伙你們可以考慮一下。後來因為我有機會碰到 Becker, 我就當面請問他, 然後他就說對, 他當初有打過這個電話。因為這個機緣, 我就轉到 Rochester。

旭昇: 你到 Rochester 之後是因為修了很多總體的課, 才開始對總體有興趣嗎? 我想對你而言, 你在念完政大企研後其實對經濟學仍然不瞭解 (聰敏: 完全不瞭解), 你可能也沒有辦法真的很確切的知道說個體跟總體的差異 (聰敏: 完全不曉得), 所以我想問的是, 你在 Rochester 是在什麼機緣下選擇了總體這個領域?[14]

聰敏: 好, 這要從 Indiana 那邊開始講起。我在 Indiana 上課時才知道說, 喔, 原來老師上課是可以把東西講清楚的。我們有幾門課, 當然對我來講最痛苦的應該是總體, 但是總體因為我後來就借到筆記, 其他的課程像是個體都沒有問題, 那時候的課本我如果沒有記錯的話, 好像是 Silberberg 寫的書。然後老師上課講講講, 我都沒有問題, 反正有課本, 授課內容基本上也沒有離課本太遠。我如果上課時沒有聽清楚, 我就是把書的相關章節讀完, 然後習題做一遍, 對, 大概就這樣子。

我第一次體會到說 OK, 原來老師上課是可以把東西講清楚的, 這個讓我印象也滿深刻的。後來到 Rochester, 大概是1980年左

---

[14] 「總體」與「個體」即總體經濟學與個體經濟學的另一種簡稱。

右吧，那個年代總體經濟學的 New Classical (新興古典學派) 的運動已經開始，Lucas, Sargent, Barro 這些人已經開始非常 active 在發展新的理論。[15]

在 Rochester 時，我的個經成績還好，反正很多都是數學的推導，我成績也不會太差。但是，總經沒有很好。

旭昇：你那時候總體是誰教的?

聰敏：Robert King。[16] 那時候他滿年輕的，上課當然就是教一些論文，下課之後就是讀論文，欸，沒有辦法完全很透徹地瞭解。但是，多讀幾遍，大概知道文章內容大致上是怎麼一回事。

我認為另外一個重點是 Barro 那時候也在 Rochester，但是我研一沒有修他的課，我後來可能是在研三才修他的課。New Classical 那整套東西在那時算是非常新，他們那些身在其中的人就會表現出非常 exciting 的樣子。我們去讀他的東西，當然也可以感受到說，ok 這是一個完全不同的世界，不同的想法。

對! 但是我必須講的就是，如果你那時候跟我講說凱因斯的東西是怎麼一回事，然後這個新的東西是怎麼一回事，那兩個之間的……。[17]

---

[15]新興古典學派是相對於早期凱因斯學派的總體經濟學理論，強調以均衡的概念來解釋經濟現象。Robert Lucas Jr. (1937–2023) 與 Thomas J. Sargent 都是諾貝爾經濟學獎得主，Robert Barro 目前 (2024 年) 是哈佛大學教授。

[16]Robert G. King 目前 (2024 年) 是波士頓大學教授。

[17]凱因斯 (John Maynard Keynes, 1883–1946) 是英國經濟學者，他所提出的景氣波動理論假設勞動市場經常處於失衡狀態，對於早期的經濟學有重大影響。

旭昇： 脈絡上你沒有辦法掌握? 因為你在之前沒有學過凱因斯的東西, 等於是一開始就學了一個新的架構。

聰敏： 沒錯, 但是還有另外一個問題是, 我的語文能力沒有那麼好。我的意思就是說, 上課在討論這些東西時, 老師一定會解釋, 欸我們今天為什麼要這樣講, 以前是怎麼樣講這個東西的, 然後, 我們今天為什麼會有不同的想法。

美國學生的話, 即使你以前沒有學過凱因斯的東西, 但是老師提一下之後, 你多少就能掌握問題, 你也會知道原來有這樣一個對比。這些背景知識老師上課時可能有講, 但我聽不懂他在講什麼, 大概情況是這個樣子。因為聽不太懂, 下課也不知道怎麼問。

不過基本上就是 New Classical 這個部分在當時有些新的發展, 然後 Bob King 他也就講了這些東西, 所以我就整個 ...... 反正就是自然而然被吸引到往這個方向走了。

旭昇： 你的博士論文好像是做公債的東西?

聰敏： 我的論文是從 Lucas 的一篇論文引伸出來的, 這背後其實牽涉到一個問題。我在美國讀書時, 我是 handicapped, 意思是說, 我對於基本的東西並不瞭解, 只是比較會推導與計算。在這種情況下, 我沒有能力自己觀察現象, 也沒有能力問問題。論文題目只能跟著別人問的問題走下去。

我現在常跟學生講, 這是一個非常嚴重的缺點。缺點在哪裡? 就是說, 你可以通過考試, 但在做研究跟找論文題目時, 你就會碰到困難, 一定是這個樣子。你做研究時, 沒有能力自己問問題, 你

只能說別人做了什麼東西,就從那邊接下來做,大概你只能做這樣的事情了。

相反的,如果一個學生從大學部開始,就慢慢體會到我怎麼樣去想問題、去看問題,然後慢慢發展出問問題的能力,到最後他就有能力發掘出一個研究的議題出來。

旭昇:但是,我覺得這個對於外國學生,就是對我們非 native speaker 的人來說,我覺得不是那麼容易,尤其是在總體這一塊。

聰敏:對,我知道,我知道。

旭昇:我個人的感覺也是很深刻,就是說以前身邊的部分美國同學,也許他們的技術性或是說數學沒有那麼好,可是我覺得他們在掌握議題,在瞭解整個脈絡的能力真的就是很強。

聰敏:沒錯,沒錯。我完全懂你的意思。

旭昇:我覺得我們好像沒有辦法去訓練那個東西,好像也不是說不能訓練,但是你會覺得說這對非 native speakers 而言比較難。到頭來,臺灣的留學生很容易去做一些比較技術性的東西,做一些填補一些小地方小細節的論文而已。

像是那種「過去文獻對於效用函數有 A 假設,我來做做 A' 假設下,結果會變怎麼樣」的論文,但是卻沒有提供任何經濟解釋或是實證證據說明,為什麼要考慮 A' 假設,或是說為什麼 A' 假設優於 A 假設。

聰敏:沒錯,沒錯,我完全同意。這是我當年的情況,回到今天,今天的話已經有點不一樣。今天臺灣的學生看他怎麼選課,有些課比較

強調經濟直覺,有些則是偏向推導。如果學生先建立問問題的能力與經濟直覺,他們的情況就會比我好很多啦。

我在 Rochester 第一年的時候,碰到一個臺大物理系的學生,印象中就是我們在期中考之後,剛好在宿舍附近碰面,就稍微聊一下,其中就聊到臺灣跟美國的學生有什麼樣的差別?他就跟我講說,他覺得他班上的美國學生非常厲害,就是剛剛講到的這些事情。他說美國學生問問題都是物理學的問題,他們的技術能力也許沒有那麼好,當然其實也有一些非常厲害,但真的厲害的是,他們就能夠用物理學的 sense 去問一些物理學的問題。

然後他說自己本身在臺大物理系成績也還不錯,而且是一路這樣讀上來。他就說,跟他美國同學聊一下,發現自己跟他們實在是差太遠。

我覺得今天很多臺灣的學者或學生,學生就不用講了,很多學者都沒有意識到這個問題。

旭昇: 這個應該不單純是語文的障礙所造成,我覺得最大的關鍵在於過去在大學所受的教育與訓練。

聰敏: 沒錯。這些東西後來影響我的授課方式。我今天教經濟學原理,幾乎完全不用微積分,其實我是故意的。

讓學生在大一的經濟學裡面花很多時間在那邊做微分跟積分,我覺得這對學生只有壞處沒有好處。我這樣講可能稍微強烈一點,但我的意思是說,當學生對經濟學最基本的概念有一定程度的掌握之後,其他那些比較 technical 的東西,他自己要去 pick up,我認為也沒有那麼難,但是,學生要自己掌握經濟學的概念與直

觀，並不容易。而如果不容易，但上課時又把時間放在微分跟積分上，我覺得方向不對。

我後來上課的方式跟上課的內容，某種程度是反映我在求學的過程當中所面對的不足之處。我就想說，對，我把它反映在我今天的上課方式裡面，希望對學生有幫助。大概是這樣的。

旭昇：你在出國前曾經涉入一些黨外活動，這對你申請出國，以及返臺就業有沒有造成影響？你沒有被列入黑名單嗎？

聰敏：當時參與老康的競選活動，我想老康那裡面一定有一些國民黨派來的 spy，他們應該有一些紀錄，但我不是檯面上的人，我那時候主要是畫海報，並不屬於核心的決策圈。

我在1979年8月去 Indiana，那一年的12月發生美麗島事件。那時候范巽綠就被抓進去，但是因為那時候被抓進去的人實在太多了，我瞭解沒錯的話，她後來被關了三個月。我當時人在美國，第一年在 Indiana，第二年以後到 Rochester，我前後待了五年，然後就回來教書。隔了幾年之後，我爸爸有一次跟我講說，在美麗島事件那段時間，「管區」曾跑到家裡問說，「聰敏現在是在什麼地方？」[18]

我爸就跟他講說，現在在美國讀書。所以他們那時候大概知道有吳聰敏這一號人物，他們想要去瞭解一下，但是發現那時候我人在美國，所以不可能在美麗島活動的那個現場。好，我應該是在黑名單裡面，但是不很黑。

旭昇：不是黑到不能回來的那種。

---

[18]「管區」指的就是派出所的警察。

聰敏: 我的個性, 跟別人交往也還算容易。所以在 Rochester 時, 有一個應該是國民黨的職業學生, 這個名詞不是很精確, 看你怎麼定義職業啦, 反正他會寫報告。然後一個學生不曉得為什麼聊到這個事情, 他就說對, 他大概每個月要負責寫一些報告到紐約去。

旭昇: 你回到臺大後主要就是教總體, 而且一開始也還是專注在總體方面的研究吧?

聰敏: 因為我的論文就是跟總體有關嘛。

旭昇: 後來是怎麼樣的一個契機, 開始去接觸經濟史研究。

聰敏: 我認為這個就是要回到科學的概念。我平常也不見得讀很多, 但是, 有些人的文章我會讀。比如說 Friedman 的東西我會讀, Lucas 的東西我也會讀。[19] 另外, 我後來讀了 Stigler 的回憶錄, 也受益良多。[20] 他們有時候就會講到什麼是科學, 我也就開始會想一下科學是什麼。多讀了一些之後, 我對於科學的理解就變得比較明確。

科學是說, 第一個你觀察現象, 第二個你想要去解釋它, 而解釋的起點就是你有一些猜測, 猜測可能聽起來言之成理, 但是你要找證據, 到最後一定要有證據。

到了證據這一塊, 我覺得這是最重要的。這種講求證據的觀念對我來說是慢慢累積成形的, 到了後來, 你跟我講說你有一個非常偉大的模型, 我一點都不 care, 倒也不是說不 care, 我就是說好

---

[19] Milton Friedman (1912–2006) 為諾貝爾經濟學獎得主。

[20] George J. Stigler (1988), *Memoirs of an Unregulated Economist*, New York: Basic Books。George Stigler (1911–1991) 為諾貝爾經濟學獎得主。

啊, 你的故事似乎言之成理, 但是你告訴我, 這真的可以解釋現象嗎? 證據在哪裡?

如果證據能夠符合你的預測 (理論) 的話, 我就說你這個東西是有趣的東西, 如果你說, 目前還停留在理論階段的話, 我的興趣就會少一點了, 大概情況是這個樣子。而經濟史對我來講其實就是一個 empirical study (實證研究), 就是在歷史資料裡挖掘證據, 這個你應該可以同意。

旭昇: 當然同意。

聰敏: 其實就是 time series 的實證研究,[21] 經濟史研究是以早期的資料做實證研究。但是我也必須講說, 一開始我對這東西有點模糊。我認為我在拿到博士學位時並不懂經濟學, 特別是「經濟學是科學」, 我大約是似懂非懂。我現在上課時, 也會跟學生講我當時的狀態。後來當然就是在教書的過程中, 我花時間持續讀這個讀那個, 就慢慢地形成我今天對於經濟學的看法。

那研究為什麼會做到經濟史, 我剛剛講的一個方向是說, 經濟史是實證研究, 是要解釋現象。但是其實還有另外一個原因, 我認為還有另外一個原因讓我進入到經濟史。我那時候剛從美國回來, 回到臺灣以後, 就覺得說如果能夠瞭解一下臺灣可能也不錯。

我可能潛意識裡還有一些過去黨外反對運動的激情在裡面, 想要多認識一點臺灣。在美國讀書的時候, 總體的課程裡講到 hyperinflation (惡性通膨) 的現象, 當時的重點是說, 預期心理的改變如何讓惡性通膨停止下來。我回來以後就發現, 對, 臺灣好

---

[21]time series 就是時間序列資料, 亦即在不同時間點所記錄下來的資料。

像也曾經歷過惡性通膨。對這個現象以前當然也有一些研究，但是資料都不完整。

所以我就覺得說好啊，我就動手去找一下資料來看看，就這樣子。

旭昇：所以某種程度來講，惡性通膨這個議題算是你踏進經濟史研究的一個起點。

聰敏：對，可以這樣子講。但是惡性通膨當然也是總體的一個重要議題啊，在總體經濟學也都會教到啊。

但是，我一開始也不曉得怎麼做研究。我覺得做研究有一個重要的氛圍是，你有人可以討論，對我來講，這是重要的。但是，我那個年代一開始並沒有這個氛圍，我們經濟系沒有這個氛圍。

旭昇：其實這也是我想問的，因為我1990年才進臺大念書，我滿好奇的是，1980年到1990年那十年之間，臺大經濟系大概是怎麼樣的一個樣貌？

聰敏：可以啊，可以講一下啊。那個老師們的互動，後來有一段時間變差，但是在之前，其實也大家都滿好的，互動都很好。我們會在經研所大樓三樓一起吃午飯，但是在吃飯的時候，如果沒記錯的話，我們很少聊到經濟學的議題。

我有時候會這樣想，如果是在美國，系裡面有一兩個資深的教授，研究做的還不錯。然後像我這樣年輕的菜鳥進來，就有機會跟資深老師聊天。有時候資深老師隨意講兩句話，我這隻菜鳥就會受用很多。

但是，我覺得當我在年輕的階段時，1980 年代的臺大經濟系沒有這個東西。大概就這樣，我們那時候很多議題還是圍繞在，如何把國民黨扳倒 ......（笑）。

旭昇：對啦，我知道那時候的社會氛圍，讓學者們會有一種責任感，比起學術而言，關於政治與社會的改革是更值得去做的事情。

聰敏：對，沒錯，沒錯，那個對臺灣的影響也是很重要，對不對? 但是我們現在談的不是說哪一個重要哪一個不重要，而是說一個人進到一個系，這個系裡面如果有一些 senior faculty,[22] 重點是他們有持續在做研究。然後，他們隨口講出來的一些觀點，對於年輕的學者有啟發性。

旭昇：但也許那時候那些 senior faculty 就是希望 junior 也能夠跟著一起來推動這些社會的改革運動。[23]

聰敏：這一點沒錯，但這兩個不衝突。OK 我必須這樣講，這樣講也許可能要求太多了，我意思就是說，你是一個 senior faculty, 你關心如何把國民黨扳倒，但是同時你也知道說研究是重要的。

討論問題不一定是要正式的 meeting, 其實不用。就是我們在聊天，提到某個現象，講著講著 senior faculty 突然就冒出一句話，這句話可能就會啟發我去想，為什麼會有這個觀點?

我要講的是，我認為這個比起我們一起去參加正式的研討會，搞不好更重要。但是這種環境，除非你一個系的學術水準到了某個階段，否則是出不來的。

---

[22] senior faculty 是指資深教授。
[23] junior faculty 是指資淺教授。

舉個例子來說，我剛剛提到，我剛進臺大時，對於科學是什麼，其實很模糊。後來讀了 Friedman, Stigler 與 Lucas 的文章，觀念才清楚。但是，經濟系的老師們，如果有人在閒聊當中，能夠隨口點出來，我覺得我就會受用無窮。

旭昇：不過這也還好，畢竟我們就一直都是屬於學術研究的邊陲，就是說即使臺灣經濟已經邁入已開發國家了，但是某種程度上，在經濟學的學術研究上我們都還算是處於發展中的一個階段而已。

聰敏：對，對，我同意，這個我同意。我們兩個在這個認知上是一樣，這個東西不是說砸錢要它出現就會出現，它事實上是長時間累積下來的。但是我只是說，從我的角度來講，我1984年回到臺大經濟系，在做研究的過程中如果有個senior帶領，或者偶而提點一下，我覺得我很多冤枉路可能可以少走一點。

旭昇：不過我想回到剛才講的經濟史研究，當我們在研究臺灣的經濟史，無可避免的，就得去回顧一些像是日治時期的殖民經濟體制。而不管是政策也好或者措施也好，總是有人會說，做日治時代經濟史研究的，都是在美化日本的殖民經濟統治。

聰敏：這個有可能啊，很多人會這樣認為啊。

旭昇：你的看法是?

聰敏：這沒什麼好講的啊，這個就是證據拿出來。

旭昇：但是即使拿出證據來，不管是用什麼方式去衡量福利，發現臺灣在日本人統治下福利確實提升了。可是他們的講法就像是說……

不管結果如何，即使是福利提升了，但是殖民經濟它就是殖民經濟，沒有什麼好的殖民經濟，還是壞的殖民經濟。換言之，所有的殖民統治都是壞的，只有很壞跟普通壞，不可能是好的。

聰敏：我們的課本裡，「殖民」兩個字帶有負面的涵義。但是，在科學研究裡，殖民是指一群人到另一個地方建立了統治政權。負面的涵義是說，在殖民統治下，人民的福利水準下降，但是否如此，必須有證據。事實上，整體人民的福利是上升，還是下降，並不容易衡量。可能是有些人上升，而有些人下降。

另外，上升或下降是要比較的。以日本殖民統治而言，比較的基準是清帝國。事實上，我認為很多人可能沒有意識到，對漢人而言，滿清政府也是殖民統治。

如果殖民統治一定是壞的，那麼在日治初期，臺灣是從一個壞的殖民統治，進到另一個壞的殖民統治。不過，這不是經濟學研究的觀點。科學的觀點是，清帝國殖民統治是一種制度，日本殖民統治是另一種制度，經濟學家想要瞭解，哪一種制度對人民較好。

旭昇：但是他們認為，這些經濟史研究似乎是在強調，某些殖民經濟是好的。一如你所說的，臺灣歷經不同的殖民體制，從荷治、清治到日治，然後你可能在研究過程中就會做一個好壞的比較。

聰敏：對，對。這正是科學的精神。

旭昇：一般而言，研究會發現，日治時代的殖民經濟，在一些政策或是做法上比清治的時候來得好，但是那些批評者就會說，比較好的殖民經濟說穿了它還是殖民經濟。

聰敏: 對,我知道你在講的,那這個東西對我來講正是科學研究的起點。你如果一開始就講說殖民統治就是不好的,那我就想要搞清楚一點,為什麼殖民統治一定是不好的,然後,你要有明確的證據。比如說,舉一個例子,在政治的體制之下,我猜測 —— 因為我沒有研究,我只能猜測 —— 臺灣人在政治上相對於日本人應該是會低一階。

然後以警察來講,他們對臺灣人應該是比較嚴厲的,這個我都同意。但是我並不是說這個不重要,我自己的研究是專注在經濟制度與政策上,但我同意政治制度也重要。如果有人能夠把殖民統治下的政治參與或是警政制度等研究得很透徹,那我很開心。

但是今天沒有人能夠懂所有的事情,我專注的是經濟政策這一塊,然後一個政策下來,它到底對臺灣人產生什麼樣的影響,這是我研究的重點。我剛剛說過,對漢人而言,滿清政府是殖民統治,日本也是殖民統治。日本戰敗投降後,臺灣終於脫離殖民統治,那麼,臺灣的情況有變好嗎? 沒有。1945 到 1950 的 5 年期間,臺灣的經濟情況是 20 世紀最黑暗的 5 年,原因是國民政府對臺灣實施經濟管制。

我覺得一直糾結在殖民統治是好是壞這一塊,我認為意義也不大啦。針對政策進行評估,拿出證據來,讓證據說話,我認為比較重要。

旭昇: 瞭解。余英時好像也提出過類似的概念。他認為歷史研究應該就是把一個歷史事件的來龍去脈搞清楚,弄清楚它的前因,弄清楚它的後果,以及中間的傳導機制是什麼。[24]

---

[24]「有一個現象,把這個現象搞清楚,為什麼這件事情會在這個地方發生。前因

你最近寫了《台灣經濟四百年》這本書, 一開始的起心動念是什麼? 為什麼會有這樣一個寫書的計畫?

聰敏: 哈, 我寫書跟我的人生一樣, 沒有計畫, 不過, 退休前幾年, 開始出現這個想法。如果要講為什麼要寫書, 我的動機倒很清楚, 我希望臺灣人多瞭解臺灣事。但是, 是科學的瞭解, 而不是以訛傳訛。今天在各種媒體上也有不少關於臺灣的報導, 有些正確, 有些錯誤。我希望錯誤的比率能減少, 但這需要有研究。

我剛剛不是提到說我從美國回來, 然後就想多瞭解一下臺灣, 我知道臺灣好像有個惡性通膨, 但也是搞不太清楚。後來就花點時間去把資料整理一下, 整理完以後就發現, 喔! 那個物價膨脹跟貨幣供給成長率原來是同向變動, 其實就這樣子, 但是那時候我不會問說, 為什麼貨幣供給成長率會那麼高。

旭昇: 其實這就回到我們剛剛在講的, 就是說, 如果你沒有對整個總體經濟的演進跟脈絡很清楚的話, 你大概只會觀察到貨幣跟物價膨脹有關係, 然後很開心地發現說, 啊! 這符合 Friedman 的講法。可是你不會回頭更進一步地去想, 貨幣供給為什麼會增加。[25]

聰敏: 沒錯, 沒錯。那後來當然中間那段時間我也做了一些有的沒的, 反正我們那個年代要在學術界 survive 也滿簡單的, 對不對? 我常常講, 如果我今天在臺大經濟系, 我絕對存活不了, 無法在指定的時間升等。不過, 我在沒有太大的壓力下東看看西看看, 似

是什麼, 後果是什麼, 中間的過程是什麼? 就是要瞭解這個真實性」, 李懷宇 (2022), 《余英時訪問記》, 臺北: 允晨文化, 頁 57。

[25] Milton Friedman 曾說過, 「物價膨脹無論何時何地都是一種貨幣現象」 (Inflation is always and everywhere a monetary phenomenon)。

乎有個好處, 一方面彌補我在基礎經濟學的不足, 另一方面, 若我看到某一個資料, 我比較有能力聯想到, 它可能是一項重要的證據。

我1991年到芝加哥大學訪問一年, 這個對我來講也有點重要。芝加哥大學有一個總圖書館, 在五樓有一半的空間收藏非常完整的臺灣資料, 大概是從1945年開始。當時我除了去聽課, 聽 Lucas 的課, 然後平常沒事就跑到圖書館, 結果我發現一個有趣的資料。話說我在大學的時候, 臺大圖書館其實不是圖書館, 應該叫讀書館, 我們都只是去那邊讀書的, 對不對?

旭昇: 對。不過讀書讀累了, 還是會跑到書庫裡翻翻其他課外書籍。

聰敏: 不過, 在我哪個年代, 很多書是閉架的, 想要進去翻查也不可能。那個芝加哥大學圖書館蒐集了臺灣銀行每年的年報, 裡面有資產負債表。

旭昇: 其實這件事情我也覺得 …… 這岔題了, 但是以前我在 Wisconsin 的時候, 那個總圖書館叫 Memorial Library, 它也是有一整層樓, 就全部都是中文的書籍, 有來自臺灣的繁體字書, 那也有來自中國的簡體字書。

就像你講的, 裡面會有各式各樣來自臺灣的政府統計書, 像是主計處或是財政部, 甚至是臺北市政府的各種月報跟年報啦等等這些相關資料, 看了會覺得很驚訝, 不知道為什麼這些東西會被寄到美國的大學這裡?

聰敏: 那我先講一下。後來我有機會跟那個圖書館負責收藏的人聊了一下, 我就發現他們也滿專業的, 所謂專業意思就是他知道什麼

東西是重要的,然後他們想買怎麼樣的資料,這個資訊就會 pass 到臺灣來。好,那臺灣因為有人知道那邊要買,所以就會去舊書攤收購。

但是,也可能是反過來,臺灣收購舊書的人向美國的圖書館說,我現在手頭買到什麼東西,問他們要不要?如果圖書館說要,他們就寄過去了。舉例來說,我有看到審計部的年報,而《審計部年報》在那個年代事實上是極機密,那極機密的話就是會編號,所以我看到的是編號被塗掉的《審計部年報》。

美國芝加哥大學的圖書館讓我體會到,什麼叫作圖書館,然後圖書館為何重要。這個對我的研究有點重要,因為我原來已經找出貨幣供給與物價膨脹率的相關性,圖也都畫出來了,但是不會進一步問貨幣供給為何會增加。在那邊反正有事沒事我就去翻翻,就發現其中有臺銀的放款,區分為對民營企業與公營企業的放款。不過,早期臺銀原則上不放款給民營企業。我在圖書館裡看一看,再看一看,慢慢那個東西就開始出現了。

我是從那個地方開始真正瞭解戰後的惡性通膨是怎麼一回事。後來我就寫了一篇文章,因為我從美國回來以後,覺得芝加哥大學那邊的資料在臺灣不太容易看到,所以我先寫了一篇,那時候是收錄在《紀念華嚴教授專集》,其中就把臺銀的放款資料跟之前的惡性通膨的研究連結在一起。[26] 隔了一兩年我就寫了另一篇文章,解釋為何臺銀的放款會暴增,原因是國民政府對臺灣的經濟管制。整個圖像的拼湊是這樣一步一步來的。

---

[26] 吳聰敏 (1994), "臺灣戰後的惡性物價膨脹," 收於梁國樹 (編),《臺灣經濟發展論文集 —— 紀念華嚴教授專集》,臺北:時報出版。

但是, 我寫到那邊就停下來了, 停下來的意思是, 我只寫了 1945 到 1949 年, 我當時也沒繼續追問, 那 1950 年以後發生什麼事情。沒有問, 就不會探究。但是, 沒有問的原因應該是我對 1950 年以後的經濟情勢, 可以說一無所知。這個要隔非常久, 大約是在我開始寫《台灣經濟四百年》這本書的時候才慢慢把這部分補起來, 所以算是走了滿長的路。

旭昇: 所以把《台灣經濟四百年》這本書放在臺灣長期經濟成長的脈絡下, 其實也可以算是科普化你在臺灣長期經濟成長的研究內容。要不要談一下你在臺灣長期經濟成長方面的研究?

聰敏: 我在 1980 年代從 Rochester 畢業的時候, 經濟成長的議題已經開始出現了。經濟成長的議題以前當然也有嘛, 但是, 1980 年代的重點, 我認為是一個非常重要的方向, 就是 empirical (實證研究), 而 empirical 的前提就是要有統計資料。要不然你推導一些有的沒的的模型, 如果不能驗證, 就不曉得在講什麼東西。

所以 1980 年代經濟成長研究的發展方向對我來講非常重要, 就是大家開始關心長期 GDP 的統計。這裡面當然最具代表性的就是 Maddison 的長期歷史統計, 他就是在做這個東西。[27]

但是, 我 1984 年回到臺灣之後, 並沒有馬上碰經濟成長的議題。到了 1992 年, 我從芝加哥大學回來以後, 對於臺灣戰後的惡性通膨已經有一個大概的瞭解, 那接下來要做什麼呢?

其實我對日本統治時期也很好奇, 讀了一些文章, 其中有一些是比較偏向馬克思的。我對馬克思思想完全不瞭解, 但是, 如果有

[27]Angus Maddison (1926–2010), 著名總體經濟學家, 長年任教於格羅寧根大學 (University of Groningen)。

48

人的想法是偏向馬克思, 我不會因此就排斥他的東西, 重點是論述要有說服力。我讀了一些左派的論述, 有一些其實對我來講還滿有幫助的, 例如, 矢內原忠雄的作品對我來講是滿有幫助的。[28]

矢內原忠雄的《帝國主義下之臺灣》出版於1929年, 書中討論了日本統治初期總督府的基礎建設, 並指出這些硬體與軟體的建設建立了市場經濟制度, 促成了經濟成長。[29] 矢內原忠雄用「資本主義化」來描述以上的過程。

我很早讀矢內原的著作時, 對於經濟成長的研究文獻瞭解不多, 但隱隱約約知道, 經濟學家強調制度對於經濟成長的重要性。不過, 歐美經濟學者在討論制度時, 一定是舉西方或者非洲國家的例子, 不會談到臺灣, 更不會談到日治初期的臺灣。後來我才發現, 矢內原忠雄的「資本主義化」事實上是在談制度變革, 而「資本主義化」促成臺灣日治初期經濟成長的論點, 與現代經濟學家的觀點是一致的。

反過來說, 我如果只是讀歐美學者的論述, 我對於經濟成長的瞭解不會那麼深入, 因為我對西方國家的瞭解有限, 對非洲的瞭解也有限。現在臺灣本身的例子就在眼前, 我多瞭解一點臺灣, 對於制度經濟學的瞭解也會深入一些。

旭昇: 不過, 臺灣的經濟學者對於臺灣的瞭解並不多啊。

聰敏: 你講得沒錯。Anyway, 我從芝加哥回來之後, 開始想要碰一下經濟成長的議題。你應該知道, 1980年代開始的經濟成長的研究

---

[28]矢內原忠雄 (1893–1961), 日本經濟學者, 曾任東京大學總長 (校長)。
[29]矢內原忠雄 (2014),《日本帝國主義下之臺灣》, 林明德 (譯), 臺北: 吳三連臺灣史料基金會。

裡, 一個重要的議題是亞洲四小龍的高成長。

旭昇: 當然知道 ......

聰敏: 臺灣是四小龍之一。在1960至2000年期間, 臺灣以 PPP 計算的人均 GDP 成長率大約是6.2%, 全世界排名第一。[30] 如何解釋四小龍的高成長是當時熱門的研究議題。雖然有許多研究, 但並沒有具體的結論。然後, 我一開始有一個奇怪的想法, 像國民黨這種無惡不作的一個政黨, 怎麼可能在戰後讓臺灣的經濟成長達到那麼高的成長率。你可以說這樣的想法很可笑, 但這確實是我當時心中的疑問。

臺灣在1960至2000年期間, 人均 GDP 成長率大約是6%, 我的想法是, 搞不好日本統治時期也就是每年5%到6%。如果是這樣的話, 高成長是日治時期就開始, 戰後只是延續而已。要瞭解這個想法對或不對, 就要先去瞭解一下日本統治時期的 GDP 是多少, 成長率是多少。

我查了一下, 發現日本的學者已估計過臺灣日治時期的 GDP, 其中, 溝口敏行教授已經做了1903到1938年的 GDP 估計。[31] 不過, 他並沒有估算1939到1945年的這一段, 原因很簡單, 因為1938年以後就是戰爭期間, 資料很少。另外, 他也沒有估計1945年以後, 因為他是做殖民地的經濟統計, 所以他就沒有處理1945年以後的期間。

---

[30] PPP 指的是購買力平價 (purchasing power parity), 也就是說, 是以實際的購買力來衡量 GDP 產值。

[31] 溝口敏行為日本經濟學者, 長期致力於估算日本殖民時期臺灣與南韓的經濟統計。

我在研究惡性通膨的時候就發現, 1945 年前後那一段對臺灣好像有很重要的影響, 而且是負面的影響, 我就想我來把這一段時期補起來。溝口敏行是從支出面估計, 我就從生產面估計 1905 到 1950 年的 GDP, 再與戰後主計處所做的國民所得統計銜接。

旭昇: 結果呢? GDP 估計的結果有驗證你的猜測嗎?

聰敏: 哈哈, 沒有! 日治時期人均 GDP 的成長率大約是每年 2%, 我的猜測並不對。因此, 1960 年代起臺灣為何會出現高成長, 必須另外找解釋。

不過, 我有一個意外的收穫。日治時期的 GDP 統計與戰後銜接之後, 我們就有 1905 年以來的長期 GDP 統計, 可以和 Maddison 資料庫裡的其他國家比較。我對照之後, 發現臺灣在清治末期的人均 GDP 大約就是傳統農業經濟 (traditional agricultural economy) 的水準, 而日治初期現代經濟成長 (modern economic growth) 啟動。傳統農業經濟的特徵是經濟長期停滯, 也就是說, 不會出現持續的成長; 相對的, 現代經濟成長是指從停滯變成持續的正成長。

其實, 從各種文字記載與報告裡, 我們也知道清治末期臺灣的經濟相當落後, 並且在日治初期脫胎換骨。不過, Maddison 長期經濟統計的重要性在於, 經濟學者由統計資料更加確認, 制度 (institution) 是經濟成長與的基本條件; 而市場經濟制度有利於經濟成長。換言之, 一個國家如果沒有經過制度變革, 無法從傳統農業經濟轉型為現代化的經濟。

從這個角度來看, 矢內原忠雄的「資本主義化」是在講制度變革。

我是在完成1905至1950年的 GDP 估計之後, 才瞭解這一點。

旭昇: 在《台灣經濟四百年》裡面, 你最後有兩個主題, 一個在談教育, 另一個是在談央行, 為什麼最後會有這兩個主題?

聰敏: 對, 有幾個人也問了我同樣的問題, 顯然我沒有寫清楚。

臺灣在20世紀經歷過兩次的制度變革, 兩次的變革之啟動可以說都是來自外力。第一次的制度變革是日本統治初期的「資本主義化」; 第二次則是1950年代晚期的改革, 是由美援所推動。不過, 美援雖然促成國民黨政府推動制度改革, 但是, 美方的改革建議國民黨並沒有全盤接受。例如, 美援建議公營銀行要民營化, 但國民黨並沒有做。

有一些改革表面看來是做了, 但後來發現, 政府官員管制的思維並無改變, 因此, 管制政策又出現。例如, 美國安全分署與合作分署從1954年就持續建議與施壓, 要求央行把新臺幣兌美元的匯率調整到反映市場價位的水準。1961年, 匯率終於調整為40元, 大約反映市場價位, 但接下來一直到1980年代中期, 臺灣央行又長期管控匯率。換言之, 匯率又脫離市場價位。

美援期間, 臺灣解除了一些管制, 但並沒有完全扭轉臺灣的管制經濟體制, 許多官員仍然有濃厚的經濟管制的思維。我認為, 臺灣央行的管制政策與教育管制是影響最重大的兩項管制, 所謂影響最重大, 意思是說, 對臺灣未來的發展影響最嚴重。因此, 《四百年》的最後兩章就檢討了央行與教育部的管制政策。

其實, 我寫書寫到後來, 出現一個困惑, 為什麼政府官員管制的思想那麼濃厚? 但我不知道如何回答這個問題。

旭昇: 如果你問我，我大概可以想像，一個最好的例子就是價格管制。政府透過管制價格可以讓民眾有一種被照顧的感覺。為了討好選民，怕選票流失，政府當然就會更努力地去管制價格。

聰敏: 我同意，但我的問題有一點不一樣。我的意思是，應該很少人知道，清帝國的官員的思維是，經濟發展並非官員的責任，這很明顯地表現在很多政策上。那我的問題應該是這樣，就是說 1895 年之前，清帝國也要收稅，但是當時政府官員的腦海裡並沒有想到說，如果政府能夠發揮某些重要的功能，比如說保障財產權有助於經濟成長，則政府稅收即可增加。

清帝國的官員完全沒有經濟發展的思維，好，那為什麼清帝國被推翻，中華民國成立以後，有些官員的觀念已轉變成，政府在經濟發展裡有重要角色? 1949 年底，國民黨撤退到臺灣，跟著來臺灣的官員大多也是認為，政府在經濟發展裡扮演重要角色，而不幸的是，官員大多認為，管制才能促進經濟成長。這些官員的想法到底是哪裡來的?

旭昇: 我想這是不是涉及到所謂的計畫經濟，畢竟管制是來自於計畫經濟的延伸嘛，對不對?

聰敏: 有可能。1959 年底，負責美國經濟援助的合作分署的分署長 Haraldson 提出「八點財經措施」時，其中一點就是，油電價格管制要拿掉。他說油電價格不應該由政府決定，而是要成立一個獨立的公用事業委員會來決定。另外，他也說公營銀行必須要民營化。但是，以上兩個建議，政府都沒有接受。一直到今天，油電的價格還是由經濟部決定，油電經常凍漲，而凍漲就是價格管制。

公營銀行也沒有變民營，而是換湯不換藥，名稱變成公股銀行。

旭昇：我覺得要改變管制思維並不容易。

聰敏：非常困難。沒錯，所以值得想一下的是，很難改變的原因是什麼？你剛剛說，政府的價格管制可能受到民眾歡迎，因此能獲得選票，我大概也同意。但是，我們必須用實際的例子來看才能講清楚。去年 (2023 年) 上半年的蛋價管制對小蛋農造成嚴重傷害，蛋農不可能歡迎這個政策，應該是說，反對都來不及。一般民眾呢？其實我不太會判斷。

有一段時間，蛋價管制使蛋商不願意把雞蛋賣到都會區來，造成所謂的「蛋荒」，超市裡放雞蛋的架子上空空如也。我當時還到超市拍了幾張照片 (圖 1.1)。我認為，如果民眾瞭解蛋荒背後的真正原因，他們應該會反對蛋價管制政策。我的意思是說，大部分的人應該會同意，雞蛋價格上漲一些是合理的。

那麼，為何會出現蛋荒？蛋荒的原因是因為產量減少，主要是因為禽流感。其實不只是臺灣，美國也因為禽流感而造成產量減少。但是，美國沒有管制蛋價，因此，蛋價大幅上漲。蛋價上漲後，願付價格較高的人，仍然買原先的數量，願付價格較低的人，會少吃一些蛋。少吃一些蛋是世界末日嗎？當然不是，市場上有很多蛋的替代品。我看了一篇 *Wall Street Journal* 的報導，才知道美國有一些消費者少買蛋，多買一些鷹嘴豆與酪梨，這兩樣都是蛋的替代品。

臺灣農委會的對策是管制蛋價，問題是，價格管制不能解決供給不足的問題。那你農委會到底要解決什麼問題？有些官員把價

圖 1.1: 蛋荒 (新北市超商, 2023-03-31)

格上漲歸咎於「蛋蟲」作祟, 媒體也附和這個說法。因此, 民眾被
誤導成, 蛋荒是奸商造成的, 而農委會的管制是要來「糾正」不良
的蛋商。如果民眾瞭解蛋價管制的來龍去脈, 他們真的還會歡迎
價格管制嗎? 我不是那麼確定。

旭昇: 價格管制不會增加產量, 也不會有效果 ……。

聰敏: 是啊, 雞蛋產量減少是因為禽流感, 價格管制不能使產量增加啊,
當然沒有效果, 哪有可能? 另一個例子是, 臺灣的夏天如果有颱
風來, 菜價會上漲, 原因是產量減少。以前, 官員還會說要查價等
等的, 問題是, 查價也不可能使產量增加啊, 產量增加是要菜農
與蛋農增產才有可能啊。

有些人把蛋荒歸咎於蛋商哄抬與囤積, 官員並煞有介事地派員

監控價格。這與清帝國末期,地方官員把月蝕的現象視為是月亮生病差不多是一樣的。

旭昇: 什麼意思?

聰敏: 我在《台灣經濟四百年》裡講了兩段紀錄,一次是在嘉義,另外一次是在宜蘭。清帝國末年,月蝕被視為月亮生病,或者是受到天狗的破壞。月蝕出現時,地方官員很快到了廣場,膜拜祈禱,民眾則敲鑼打鼓,過了不久,月亮終於又完整無缺地露臉了,地方官員完成拯救月亮的任務,鬆了一口氣,民眾也開心地離開。到了 21 世紀,可能還是有人相信月蝕是月亮生病,但比率非常低,這個改變我認為是自然科學教育的勝利。

回到今天,菜價與蛋價上漲時,官員煞有介事地查價等等,一段時間後,菜價與蛋價回到正常水準,官員與媒體就把它解讀為價格管制與查價有效。這跟敲鑼打鼓拯救了月亮基本上並無兩樣。以經濟學的概念來說,這是把相關性誤認為是因果關係。

旭昇: 出現月蝕的時候時,大家一起敲鑼打鼓倒也沒有什麼副作用,還可以趁機活動一下筋骨,對健康有幫助。不過,價格管制不僅無法解決問題,恐怕還會帶來副作用 ……。

聰敏: 對! 你說得對。價格管制創造另一個問題,買東西要靠一點本事,或者說特權。譬如說,你可能需要透過長時間排隊的方式購買商品,耗費的時間其實也是成本。或者是,靠關係才能買到商品,這衍生經濟學中的競租 (rent seeking) 問題。

旭昇: 不過,另一種支持價格管制的說法是,價格管制可以照顧到低所

得的家庭。

聰敏：這有可能，但是，有時候所得高的家庭反而受益更多。以油電凍漲而言，所有民眾的電價都下降，但有錢人與大企業用電較多，因此，受益較多的是有錢人與大企業。這已經是大家都知道的事，油電凍漲是以納稅人的錢補貼有錢人與大企業。如果把這些錢省下來，對窮人提供較多的補貼，不是更能達到目標嗎？另一個價格管制例子，現在大家也都知道了，臺灣的學費管制政策其實是在補貼有錢人，因為臺成清交的學生多數來自所得較高的家庭。

那麼，農委會管制蛋價的政策，窮人是否真的受益？我很懷疑。今年三、四月的蛋荒時，我在新北市買不到蛋，但當時中南部仍然有蛋可買，我一個學生住在桃園，也買得到。不過，價格比官方管制的價格高一些。我花了一點時間研究才瞭解，臺北買不到蛋的原因是，蛋商把蛋運到其他地區去了。事實上，雙北市願意多付一點錢買蛋的人很多，但是蛋商如果把蛋送到雙北，並且價格抬高一些，會引起媒體的注意。多一事，不如少一事，所以蛋商就把蛋運往願付價格高一點，而且媒體不會注意的地方去。

旭昇：但是大家還是很愛管制政策啊！

聰敏：沒錯，我認為很多人可能還是覺得價格上漲時，政府應該要管一下。農委會主委因為這次的蛋荒事件下臺了，但是贊成農委會主委應該下臺的人，可能有很多人的理由不是反對價格管制，反而是認為他沒有把價格管制的工作做好。事實上，我猜很多人不知道蛋荒是管制的結果。我自己一開始也不瞭解這是怎麼一回事，

後來花了一點時間，才瞭解其中原因。

我後來跟一些朋友聊過，其中有一些是經濟學家，大部分的人都不曉得蛋荒的前因後果。既然不曉得前因後果，當媒體說蛋荒是因為蛋商哄抬，大部分的人也就接受。那媒體記者為何相信「蛋商哄抬」的故事？臺灣大多數的媒體記者沒有時間，可能也沒有能力，針對特定議題去做專業報導。結果是，既然大家都這麼說，我也就這樣報導。

旭昇：這種不明就裡的狀況似乎是一再發生，很難改變。

聰敏：真的很困難。如果民眾相信價格上漲是哄抬的結果，當他看到任何東西的價格上漲時，第一個反應就是「廠商哄抬」。問題是，廠商是否哄抬，很難驗證。反過來說，如果民眾懂一點經濟學，瞭解價格機能的運作，當他看到東西的價格上漲時，第一個反應可能是需求增加或供給減少，而需求增加或供給減少事實上是很容易驗證的。颱風來襲會讓蔬菜的供給減少，禽流感也會造成雞蛋的供給減少，因此，颱風會造成蔬菜價格上升，而禽流感會造成雞蛋價格上升。一旦他能理解以上的推論，他就比較不會全盤接受「廠商哄抬」的解釋。

旭昇：所以這樣的困境到底要如何突破啊？事實上這些都是經濟議題，對於經濟學家來說，我們到底能夠做點什麼？

聰敏：我覺得改變的一個可能性是經濟學教育。我在最近改版的《經濟學原理》裡面特別加了一章，仔細討論三個價格管制，雞蛋、口罩、與油電凍漲。[32] 臺灣的經濟學教科書，內容大多模仿美國的

[32]吳聰敏與樊家忠 (2023)，《經濟學原理》，4版，臺北：雙葉書廊，第7章。

經濟學教科書，最前面的幾章分析市場機能的概念，但是談完市場機能後，通常接著就講外部性。模仿美國教科書的做法並無問題，問題是出在，美國可能是全世界物價管制最少的國家。你在美國問一個美國人說蛋價要不要管制？他會反問你，蛋價為什麼要管制？

但是，你在臺灣問一個人說，蛋價上漲，政府要不要出面管一下，可能有不少人回答，管一下比較好。你問他為什麼？最常見的答案是，蛋價上漲是因為蛋商囤積與哄抬，如果你再問他，你有證據嗎？他可能回你，「一直都是這樣子的啊！」

美國的經濟學教科書也會分析價格管制的弊病，但篇幅相對較少，很多說明是點到為止。我的猜測是，美國民眾對於市場如何運作，以及價格是由供需均衡所決定的，瞭解比較透徹。因此，教科書不需要花太多篇幅在價格管制的議題上。但是，臺灣的教科書如果也只花少許的篇幅在價格管制上，民眾「價格要管一下」的思維不會改變。

我在《台灣經濟四百年》的最後兩章講了央行與教育管制，也是同樣的動機。

2

陳旭昇: 會計逃兵的經濟學之路

聰敏: OK, 我想我記憶沒錯的話, 一開始你提這個寫書的計畫或者是想法時, 就是因為村上的那一本書:《村上春樹去見河合隼雄》,[33] 我那時候其實想去找這本書來看, 不過圖書館剛好沒有還是怎麼樣, 我後來也就放棄。所以如果回到這個脈絡底下, 你當初應該是從這本書那邊得到一點啟發, 你要不要先談一下這個部分?

旭昇: 當初會有這個想法, 其實也很簡單, 就是說我們之前出了那本《致富的特權》, 雖然我們已經很努力把它寫得稍微淺白一點, 希望大家都可以容易看得懂, 但是感覺上, 那本書還是有一點像在講課的感覺。後來我開始思考, 不管是政策也好, 或者是央行制度相關的一些東西也好, 能不能有什麼其他更輕鬆的方式來討論這些總體經濟議題。

---

[33] 村上春樹與河合隼雄 (2004),《村上春樹去見河合隼雄》, 賴明珠 (譯), 臺北: 時報出版。村上春樹是日本小說家; 河合隼雄 (1928–2007) 是日本京都大學名譽教授, 臨床心理學者。

所以我就想，是不是可以透過這種對談的方式，讓整個討論變得比較生動活潑，然後也可能會比較自然。一開始單純的想法是，透過閒聊來討論一些比較嚴肅的經濟議題，不過，在談論這些事情之前，或許可以先聊一下大家的求學歷程與學思經驗，讓讀者聽聽你的人生經歷。一旦讀者認識你多一點，可能會讓人產生親切感。畢竟我們談的主題比較生硬，我期待這樣做也許可以化解一點點那種僵硬、說教的感覺。

另一方面就是，一旦你知道受訪者的學思經歷與背景，你就比較容易瞭解為什麼他們會對特定議題有興趣，以及他們為什麼會有那樣的看法與思考。

聰敏：那村上那本書所談的東西，似乎是針對比較特定的議題？

旭昇：其實也沒有，基本上應該這樣講，當初村上在寫作那本書之前，已經跟河合碰過幾次面，也聊過幾次。

不過那本書的寫作背景應該是，那個時候村上他剛完成一部小說，我猜他應該是覺得需要放鬆一下。或是說，他覺得自己當時處於一個放鬆的狀態，可以跟河合有比較深入的談話。一開始應該就是一個要把這些對話記錄下來出書的企畫，聊的內容當然就是五花八門，當然還是有一些談話的主軸，但是整體而言其實還是以閒聊為主。

聰敏：所以這樣的話，我們這本書的性質就有點不太一樣，就是說一開始你在啟動這個計畫的時候，是有一個比較明確的公共政策議題，而村上的話就比較廣泛性，看看日本的社會現象等等。

旭昇：是的，所以當初的想法只是在格式上跟村上那本書有點接近，以一種對話的方式進行。

聰敏：有時候我們開始做一件事情，一開始有個期待，覺得可能會談成什麼樣的情況。那到了目前這個階段，對談已經做了幾次，目前的狀況跟你一開始設想的目標算是接近嗎？

旭昇：我覺得其實應該算是相當接近原來設定的目標。當初我們合作《致富的特權》這本書，[34] 寫下來的東西大多都是我們有共識的東西，不過我覺得可能還是有些東西 …… 那每個人可能還是有一些自己的看法想要講，但是在那本書裡面沒有提到，所以我就想說藉這個機會，剛好可以讓每個人把自己的想法講述出來。

雖然南光在當初並不是作者之一，但他對央行有第一手的觀察。現在他已經卸任央行副總裁了，我想他在卸任之後應該也會有些什麼話想講，剛好藉這個機會讓他可以聊一下這些東西。

聰敏：就以村上為例好了，我後來發現你的閱讀興趣還滿廣的，跟一般人比，這個當然是相對的。

旭昇：我是覺得還好。

聰敏：對！我們在聊的過程當中，反正你會提到這個，提到那個，所以這種閱讀興趣應該是從高中開始就有的？

旭昇：如果是講閱讀的話，因為家裡的書不算少，我從小就有大量閱讀的習慣。我爸媽不太鼓勵小孩子看漫畫一類的東西，當然偶爾在

---

[34] 陳虹宇, 吳聰敏, 李怡庭, 與陳旭昇 (2021), 《致富的特權: 二十年來我們為央行政策付出的代價》, 臺北: 春山出版.

外面還是會偷看,我到現在印象還很深刻,就是小時候去一間牙醫診所,等待的時候有《老夫子》可以看。[35] 不過我從小學的中高年級開始就是以閱讀文字的書籍為主,像是《讀者文摘》。[36]

我講一個事情你可能難以置信。我們家從我小的時候開始,一家人在餐桌上吃飯的時候,我們在餐桌上是沒有交談的,我們在吃飯的時候,我們就一人讀一本書。所以我們是一面吃飯,一面在看書。

聰敏:喔 ...... 是喔,對! 這個滿特別。

在你那個年代,經濟系或是會計系是所謂的社會組,每個階段每個人的興趣可能不太一樣,從事的活動也不太一樣,比如說到了高中,高二或是高三,有沒有哪一些東西對你來講,你會特別專注、特別有興趣,進一步導致你選擇往社會組這個方向走?

旭昇:其實我覺得如果真的要問的話,我大概從國中開始就有走社會組的傾向。其實人從小到大,可能對於未來的工作或者說未來職業的想像都不太一樣。我在念國中的時候,我的第一志願是想要考上師大國文系,將來當個國文老師。因為我一直對於國文跟文學很有興趣。

當然後來書愈讀愈多,對這個世界、這個社會的瞭解也愈多。那大致上知道說,念了師大國文,在我們那個年代,你如果念師大國文還是鐵飯碗,但是到了高中的時候,漸漸地會覺得說,當一個國中老師或高中老師好像已經有點不能滿足自己對於未來成就的這種期待了。

---

[35] 《老夫子》是香港漫畫家王家禧以長子王澤之名為筆名所創作的漫畫作品。
[36] 《讀者文摘》(*Reader's Digest*),是一本家庭月刊,1922 年於美國創刊。

那當然我在高一的時候就已經知道自己要走社會組，所以我沒有任何懸念，我是在高一的時候就做出決定。這其實也沒有什麼特別奇怪的地方，原因是這樣子，過去的年代可能來自家庭的壓力是，會覺得男生就是要念理工，但是我的家族全部都是念社會組的，也就是我的身邊從來沒有一個理工組的 role model。如果說有一個長輩是理工組的，你可能就會想跟他一樣，但是完全沒有。所以對我來講選擇社會組應該是理所當然。一方面我自己本身的傾向，二方面是家庭的整個環境就是這樣子。

聰敏：我有一點好奇，就是說，對你來講，在高中那個年代，社會組跟文學是同一個東西嗎？或者不是？

旭昇：基本上就是說，如果你問我的話，我在以前可能對於比如說國文，比如說像歷史，我都算有興趣，那當然有些就比較沒有興趣了，像是區域地理我的興趣就不大。如果說社會組是所謂的文法商，那我到高中的時候就傾向於想要念法商，而不是文學。文學是興趣，但是從對未來職業的想像來看，法商的相關工作對我來說有比較高的吸引力。不過，另一個原因是我對數學一直都滿有興趣的，我也還算擅長。

聰敏：你數學沒有問題，從你後來的研究看，就一定是沒有問題。你說你對文學、對國文有興趣，那是因為課本嗎？還是因為你自己閱讀了一些東西？

旭昇：就自己閱讀一些課本外的東西。

聰敏：我想也是，要不然的話，你說每天讀那些國文課本，應該很難培

養出興趣。

旭昇: 對, 課本內容當然大多都是比較無趣。我猜這也是為什麼後來我不再想當國文老師, 因為在國高中教國文, 不能自己決定教材, 就要教那些無聊的東西, 連自己都不喜歡了, 怎麼教學生?

聰敏: 你剛講到另外一點是父母在對你 …… 比如說考大學, 然後選擇志願的時候, 實際上是會有一點影響吧? 有些人可能是父母希望他們去當醫生, 就一直往那個方向走。但是, 你父母在這個地方對你來講應該沒有什麼特別的影響。

旭昇: 沒有, 我念高中的時候, 就希望將來能夠念法律。原因是因為看了一些書, 包含就是說, 那時候有一本書叫《丹諾自傳》……。[37]

聰敏: 我可能有讀過, 但是忘掉了。

旭昇: 那是一本律師的傳記。讀了那本書之後, 就會覺得擔任律師, 不只是社會的聲望高, 你還會覺得說那是在從事捍衛正義的工作。那你知道年輕人嘛, 高中的時候通常都比較有一點點熱血, 覺得說要追求正義公平, 要替這個社會去做一點事情。所以那時候就想念法律, 當然從小看到父親案頭的六法全書也會有一種莫名的崇拜。

不過雖然我父親本身是念法律的, 但是他其實是不贊同我念法律。他一直覺得說, 念法律沒什麼出路, 因為念法律系如果沒有考上律師或司法官也沒什麼用處, 可是根據他年輕時的經驗, 又覺得律師司法官並不好考。

---

[37] 丹諾 (1999), 《丹諾自傳》, 簡貞貞 (譯), 臺北: 商業周刊。

聰敏: 所以他後來的工作是在律師這個行業?

旭昇: 沒有,在他那個年代,律師或司法官的名額都被軍法官轉任占走了大半。就算是臺大法律系畢業,能夠考上律師的人也是屈指可數。[38] 他一開始去外面的公司當了一陣子法務,但是後來就棄法從商,到日本商社工作。

聰敏: 所以你父親在日本的商社工作,你大概知道他做什麼事情嗎?

旭昇: 就是貿易工作。基本上日本商社主要就是在做貿易,那時候臺灣的廠商想要出口商品,你要出口商品,今天我是一個 ...... 比如說,我是雨傘工廠的老闆好了,我想把我的雨傘賣到日本去,當然有一種是說,提著一卡皮箱自己跑去日本兜售對不對? 但是也有透過貿易商,就是所謂的 middleman 來出口雨傘。這種日本商社,負責的就是居中協調,幫你的商品去找日本的買家。或者是反過來,幫日本的買家在臺灣找製造廠商,然後在交易過程中賺取佣金。

聰敏: 有一段時間貿易商滿重要的。所以它的對象是日本的市場,商品是賣到日本?

旭昇: 是的,完全是日本市場。

聰敏: 好,所以你當初其實原來有在想說,法律是你的第一志願?

---

[38] 舉例來說,父親在1965年畢業時,律師考試的到考者331人,僅錄取6人,及格率為 1.81%,曾任軍法官免試檢覈者高達 60 人。參見劉恆妏 (2005), "從知識繼受與學科定位論百年來臺灣法學教育之變遷," 博士論文,國立臺灣大學。

旭昇： 剛剛提到說我父親他不支持或者說不贊成我念法律，但是他也不會管我 (聰敏： 他只是表達意見)，他還是隨便我選，事實上他也沒辦法改變我的決定啦。反正我的志願就是從臺大法律、政大法律一路填下去。當時我有一個很要好的小學同學，他立定志向學商，所以志願就先填臺大的商管科系，然後是政大商學院。

大學聯考成績公布後，我們的成績差不多，他的分數比我高了個幾分。交志願卡的前一天傍晚他跑到我家，聊到說，剛好兩人分數差不多，有機會在大學再次當同班同學也不錯。我說好啊，就把志願卡上的畫記全部擦掉，照著他的志願一路填下去。所謂的命運真的是非常有趣，放榜後，我們上了不同科系，我考上會計系，他則是進了法律系財金法組 ...... 欸，一個被他誤認是商學相關的科系。

聰敏： 是因為分數有點差距嗎？

旭昇： 原因是他的總分雖然比我高，但是數學比我低一點，會計系在數學加重計分對我比較有利，我們兩人就這樣走上截然不同的人生道路。

聰敏： 他也是臺大？

旭昇： 對，他念臺大法律。

聰敏： 那麼你們後來應該是有繼續在互動？

旭昇： 當然有，是我從小到大都很要好的同學。不過我到現在還是不太能理解，為什麼會計系要對數學加重計分？除了必修的微積分之外，好像沒有什麼課程需要用到數學。

聰敏：所以會計對你來講也是有一點意外？

旭昇：是非常的意外，而且你根本不知道在幹嘛。

聰敏：對，你不曉得它在幹嘛！

旭昇：我完全不知道那是什麼東西，對，然後糊里糊塗地就進了這個系。

聰敏：所以你大一是一個非常不愉快的經驗。

旭昇：在課業上是不太愉快。應該這樣講，會計它有一套邏輯，如果你喜歡那個東西，你能夠對上它的頻率的話，你可能會念得還滿不錯的。可是會計的東西我覺得跟我的頻率完全合不起來。

講個有趣的小故事好了，我去年 (2023年) 參加會計系的 60 週年慶祝會，會中有一個學姐在臺上以高亢而有點誇張的聲調說，「如果讓我再做一次選擇，我還是會選臺・大・會・計・系！」我聽了就認真地在臺下一一問同桌的同學，「如果再做一次選擇，你會選臺大會計系嗎？」出乎意料的是，大家的答案幾乎都是否定的，唯一例外是一個在會計系教書的同學 (笑)。

聰敏：這可能也跟個性有一點點關係。我在大四有去 …… 我以前也講過，我大學也有去修會計，那時候好像就覺得會計可能對畢業後的工作有幫助，所以就去修了。那個老師其實講的還不錯，對！考試就還可以。但是要說有多喜歡它，反正也就滿枯燥的。

所以你大一應該有修經濟系的課？

旭昇：有，是經濟系的老師來幫會計系教經濟學。不過大一修經濟學的時候，我其實不知道自己在學什麼。所以我大一的時候對經濟學

就沒有喜歡也沒有討厭，但是，沒有感覺，應該這樣說。我之前也講過，我的經濟學主要都是在實習課的時候跟助教學的。其實我是到了大二去修林大侯老師的個體經濟學，我才開始對經濟學產生興趣。

聰敏：所以你是大二轉經濟系？

旭昇：我沒有轉系。

聰敏：你是雙主修或者是輔系？

旭昇：也沒有雙修。我在會計系每一科幾乎都是低空掠過。所以想轉系也轉不出去，雙修更不可能，對我來講就是苟延殘喘地求生存，能夠謙卑地從會計系畢業就偷笑了。

聰敏：我也修過林大侯的課，因為那時候就覺得經濟好像有點重要。我們在電機系是有一門課叫「工程經濟」，如果沒記錯的話，是一學期的課。但嚴格來講，我也不曉得我在學什麼。

後來是因為覺得經濟好像有點重要，就去修林大侯的課。那時候上課是在法學院，應該是一學年的課，但我忘掉我有沒有完整修完上下學期，我不確定。修完以後，我上次有講說上課好像聽得懂，就是學一些無異曲線這類的東西。但現在回想，我當時有瞭解市場機制嗎？應該沒有。

所以你當初覺得經濟學有趣的地方是在哪裡？現在有辦法講清楚嗎？

旭昇：我覺得它有一個很完整的邏輯，從一開始就說，好，我們從一個人的偏好出發，然後經濟學家告訴你，我們可以用一個效用函數

來代表它，然後從效用極大化出發，一路一直聊下去，就可以得到經原裡面所看到的需求曲線，[39] 我覺得這非常有趣。然後接下來到了廠商行為的分析，就告訴你廠商在極大化它的利潤對不對？一路下來你會覺得說你在學的東西非常有系統、有條理。

聰敏: 嗯，有邏輯有系統。

旭昇: 然後另外一件事情是你不需要背太多東西。基本上應該這樣講，在學經濟學的時候，你只要搞懂了，不需要背太多東西，你就照着一路一路推演下去，就會得到結果。

　　但是會計那裡就不一樣，會計那裡就是，如果不去背一些什麼東西，你在考場裡面就是什麼都寫不出來，我覺得對我來講這是很大的一個差異。

聰敏: 但是這是你大二時的感受。

旭昇: 對！所以拿大二個體經濟學來跟大一經濟學比較似乎也不太公平，畢竟不同年級，讀書的心態也不太一樣。

　　在大一修經濟學的時候，我覺得人都是這樣子的，因為剛進到大學，就是花花世界的感覺，你從高中剛上大學，可以吸引你的事情太多了，所以你專注在課業的時間也稍微比較少一點。法商學院的學生在大一的時候都是先在校總區上課，大二之後才去徐州路校區的法學院。

　　當然就是說，相對來講，校總區會讓學生想要享受大學生活。但是等到升上大二之後，就所有的人都被關到法學院那裡。小小的

[39] 經濟學原理，簡稱經原，是經濟系的經濟學入門課程。

71

地方，根本沒有什麼娛樂，也沒有什麼特別有趣的東西。那就變成說你會比較專注在課業上。

所以到底是因為大一經濟學的內容太過無趣，還是說因為上了大二之後開始比較專心在課業上，才開始領略到經濟學的樂趣，這我不知道，但是至少我當初的經驗是這樣。

聰敏：我覺得我們在從念大學開始，接下來念研究所，一直到現在在教書，我們對經濟學的理解其實也不斷在改變。不斷改變的話，你剛提到的是說，就個體經濟學來講，整個系統非常有邏輯，那從另一個角度來講，是不是我們在大一也有可能教出這個東西，還是你覺得有點難度？

旭昇：我覺得應該可能。對經濟系的學生來說，到了大二的時候才修個體經濟學跟總體經濟學，大一時學的叫經濟學原理，但是內容也是涵蓋個體與總體。

如果在大一的經濟學原理教得比較深入，就會跟大二的課程內容重疊，但是如果教的內容只是像一般通識課程，介紹一下經濟學的一些基本概念，對我來說就是在浪費時間。

應該說，經原課本中大多數的內容，有一些瑣瑣碎碎的東西，其實學生自己讀就能懂，根本不必浪費大家的時間到課堂上去聽名詞解釋。我倒是覺得，應該在大一經原教給學生的，是經濟學的思考模式，以及瞭解經濟學是以科學的方法去探究經濟學的議題，解釋經濟現象。

如果問我的話，我覺得最適合所謂「翻轉教學」的課程就是經濟學原理。學生自己先把課本讀過一次，到了課堂上老師就是直接

Who were important teachers for you?

Well, Friedman was the big influence here. He taught our first Ph.D. level price theory courses, just basic economic theory. Friedman is a really gifted teacher plus a superb economist. He spent almost all his time on applying economics. He would start with some real world situation, some quote from the newspaper, some Wall Street Journal editorial, some sentence. And then he would try and get into a class discussion. He would draw a diagram, and then try and get at the statement to see whether it was true or not true and under what conditions it would be true. Of course, he wasn't good for teaching tools, but I was picking up those on my own anyway, through my readings.

圖 2.1: Lucas 談 Friedman 的教學方式

來源: Arjo Klamer (1983), *Conversations with Economists: New Classical Economists and Opponents Speak Out on the Current Controversy in Macroeconomics*, Totowa, N.J.: Rowman & Allanheld, 頁 30。

透過經濟學去分析相關時事、政策與經濟現象, 而不必重複課本內容。照這種教法, 只要修一學期的經濟學原理就夠了。如果要維持兩學期的課, 可以把學分變少。

Lucas 在1980年代初期接受訪問時說, 他在芝加哥大學修 Friedman 的價格理論課程的時候, Friedman 的教法就是, 從實際的經濟現況或是新聞報導出發, 可能是一篇文章, 甚至是《華爾街日報》上的一段話, 然後告訴學生如何以經濟學原理去分析這些現象 (圖 2.1)。

我想像中的經濟學原理應該可以這樣教, 臺大經濟系的學生都

很聰明, 要看懂像是經原那種程度的教科書應該不成問題。上課時老師只要談一下如何以經濟學的概念來瞭解社會現象, 引導學生討論跟思考, 然後解決他們的疑惑就可以了。

聰敏: Friedman 的教法也是我夢想中的教法, 但我自己做不到, 能力不足。Lucas 講的是芝加哥大學博士班一年級個體理論的課程, 而不是大學部的經原課程。他也提到, Friedman 是頂尖的經濟學家與一流的老師, 臺灣並沒有這樣的人。Friedman 已經過世了, 如果 Friedman 在臺大教經濟學原理的課, 我很難想像會是什麼情況。你自己也說, 大一的學生剛進入大學的花花世界, 通常花很多的時間在課外活動上。

另外, Lucas 還說, Friedman 並沒有花時間在教分析工具上。但是, 他認為這不是問題, 學生可以自己補起來。相對的, 臺灣的經濟學課程, 不管是大學部或研究所, 很多老師會花很多時間在推導上, 而且, 愈教愈難。為什麼會這樣子? 我自己認為, 對老師而言, 推導比較容易教, Friedman 的教法比較難。因此, 老師們選擇比較容易的教法。結果是, 學生們學了很多的數學, 但對於經濟學的基本概念一知半解。

下一個問題, 你從事那些課外活動呢? 比如說社團活動, 你參加哪個社團?

旭昇: 我就是在書法社, 我一直都在書法社。

聰敏: 是從小就開始學書法嘛?

旭昇: 對, 這個故事不知道我有沒有講過, 我會從小開始拜師學書法是有原因的。男生小時候的字通常都不太好看, 在小學的時候, 往

往就會有一個很優秀的女同學, 對不對? 字又很漂亮, 基本上老師就會讓她抄寫成績, 所以她知道全班的成績。

我在班上成績尚可, 但是就是無法超越她, 即使偶爾考試我可以考贏她, 但是到期末計算總成績的時候, 我一定都是第二名這樣子。理由很簡單, 因為最後算總成績的時候, 就是什麼東西都要加進來了, 印象中我連體育的分數都比她差。

聰敏: 真的比她差?

旭昇: 嗯, 再譬如像是寫字課成績, 那時候不叫書法, 那時候叫寫字, 所以我寫字課的成績當然也比她差。

聰敏: 所以她書法很好?

旭昇: 對。結果有一年很特別, 我到現在印象還很深刻。那一年老師把她的寫字的成績跟我的寫字成績打同分, 然後因為她是抄寫成績的人, 所以她知道這件事。你知道當時小學在期末考完後都有大概一個禮拜無所事事的時光, 然後就在那一段期間, 她就當著全班的面前, 質問老師說為什麼我的寫字成績跟她一樣。

她的講法大致上就是, 陳旭昇字寫得那麼醜, 為什麼他的分數會跟我一樣。老師給的回答我到現在都還記得。她說, 陳旭昇的字雖然比較醜, 可是他都很認真, 妳的字雖然好看, 但是妳有時候就會比較草率。

聰敏: 答得也還不錯。

旭昇: 對呀, 答得也不錯, 但是不管怎麼樣, 對我來說, 在全班面前被這樣羞辱, 實在不好受。所以我就下定決心要把書法學好, 至少不

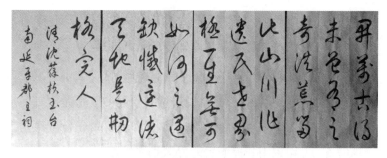

圖 2.2: 陳旭昇臨摹廖禎祥老師之作品

「開萬古得未曾有之奇, 洪荒留此山川, 作遺民世界; 極一生無可如何之遇, 缺憾還諸天地, 是創格完人。」

要到會被批評是字醜的地步。所以我常開玩笑說, 我學書法的背後理由就是一個知恥而後勇的小故事。

聰敏: 你父母應該不知道這件事情?

旭昇: 不知道, 不過說實話, 就算跟他們說, 他們也不會在乎這種小事。反正我也沒解釋為什麼, 就是主動說我想去外面學書法。從小父母就不認為小孩子需要栽培什麼才藝, 他們認為小孩子就是出去玩就好了, 不需要抹煞快樂的童年, 所以我從來都沒被強迫參與任何課外活動。

聰敏: 這是一個滿精采的故事, 那就一直持續到?

旭昇: 差不多是到念研究所的時候, 不過後來出國之後就斷掉了。我最近有空的時候也會寫一下字, 算是一個暫時遠離 3C 產品的機會。[40] 其實系上李怡庭老師的書法也是嚇嚇叫, 李宗穎老師跟我

---

[40] 圖 2.2 是最近的一個練習作品。

一樣, 也曾經擔任過臺大書法社的社長。

聰敏: 所以回到修課, 整個來講, 經濟系的課, 當然那時候修課也相對上是有選擇的, 所以你可以選一些你自己認為好像跟你的 tone 比較接近的?

旭昇: 因為修了個經之後就覺得說我好像對經濟學還滿有興趣, 所以我之後就繼續修了經濟系的課程, 像是總經, 國際經濟學, 經濟數學等等就一路修下去。

聰敏: 有時候我會跟一些碩士班的學生聊一下。我不能講說百分之百, 但是有很高的比率, 他們覺得在大學部的時候學的內容好像比較有趣, 到了碩士班之後, 他們覺得要花很多時間在做計算。當然也不見得說沒有辦法應付這些計算, 但是在大學部的課程裡面會多一點點 intuition, interpretation 等等, 但是研究所這部分好像比例上滿少, 或者說幾乎全部都沒有了。你那個年代也是這個樣子嗎?

旭昇: 我們那年代其實還好。比如說我們那個時候, 我的研究所個體理論是周建富老師教的, 然後下學期就是巫和懋。當然就是說, 不可否認, 研究所的個體就是會稍微多一點數學。但是在我們那個年代, 個體的教科書就是 Varian。[41] 我覺得 Hal Varian 是個有趣的人, 所以他寫的教科書不會那麼枯燥無味。雖然說數學多了一點, 我是覺得讀起來還不錯。我覺得 Varian 最強的就是, 他會用比較 intuitive 的方法跟你講一些東西。下學期巫和懋用的是

---

[41] Hal R. Varian (1992), *Microeconomic analysis*, New York: Norton。

Kreps 的書,[42] 那一本書也是有很多非數學的文字推理與討論。後來出國去念博士班的時候, 用的就是 Mas-Colell 等人的書, 那個就比較枯燥了, 比較沒有樂趣。[43]

至於總體理論的話, 某種程度上算是幸運, 那時候我們總體上學期是陳師孟老師, 下學期是林向愷。他們在研究所課程都教得不錯, 唯一美中不足的應該是, 林向愷在上課的時候眼睛都不看臺下學生, 而是望向遠方, 有一種很疏離的感覺。而且林老師總是很嚴肅, 沒有笑容, 讓人不太敢去問他問題。

我覺得陳師孟比較特別的是, 他教的東西比較像在講故事。就是某種程度上有一點點總體經濟史的味道, 讀起來也還滿有意思的。所以你當年念博士的時候, 個體的教科書是用哪一本?

聰敏: 我那個經驗有點特別, 因為我在臺灣基本上沒有學過經濟學, 在政大企研所的時候有修一門總體的課, 但我必須講說, 其實不曉得她在教什麼。我認為她也不曉得她自己在講什麼。我到國外去, 第一年在 Indiana, 當時是用 Silberberg。[44]

旭昇: 我知道那本書, 但是 Silberberg 那一本應該是類似經濟數學的教科書。

聰敏: 對, 是經濟數學, 它其實不是真的是個體教科書, 你講得完全正

[42] David M. Kreps (1990), *A Course in Microeconomic Theory*, Princeton, New Jersey: Princeton University Press。

[43] Andreu Mas-Colell, Michael Dennis Whinston, and Jerry R. Green (1995), *Microeconomic Theory*, New York: Oxford University Press。

[44] Eugene Silberberg (1981), *The Structure of Economics: A Mathematical Analysis*, Boston, Mass: McGraw-Hill。

確。所以我上次也講過, 在那個年代就是說, 某個老師上課能夠確定他要講什麼東西, 然後把東西講清楚, 我就覺得說, 這真的是太感謝了。

那一本書對我來講就是說, 數學上沒有問題, 上課也是按照整個課本這樣教下來, 但是講到說市場機制到底是什麼意思等等, 我應該是似懂非懂的。

旭昇: 那本書應該是經濟數學, 所以我覺得在市場機制這方面的討論會比較缺乏。

聰敏: 沒錯!

旭昇: Varian 的書就比較有趣, 研究所用的是個體理論的那一本書, 但其實他還有一本大學部用的 *Intermediate Microeconomics*,[45] 我們在美國的時候都會戲稱大學部的那本叫 baby Varian。

有趣的就是說, 其實 Varian 那本研究所個體理論的章節, 跟大學部那本幾乎是一致的。所以如果你在讀個體理論這邊的東西, 你覺得不是那麼瞭解它的經濟意義的時候, 就回來讀大學部的那本, 那邊當然就會比較多文字敘述, 比較多經濟直覺, 使用比較簡化的數學。兩本書對照著看的話, 就可以有再更深入一點的體會。

聰敏: 所以你在臺大碩士班 …… 好像你上次有提到說, 讀一讀之後你就發現說, 想要出國讀書。

---

[45] Hal R. Varian (2019), *Intermediate Microeconomics: A Modern Approach*, New York: Norton,

旭昇：我應該是講說，我大概是在念大學部的時候就打算要念博士了。

聰敏：你在讀大學的時候，就開始發現自己對於經濟這一塊有興趣？

旭昇：對！就發現對經濟學有興趣，也希望能夠學更進階的東西，然後在大學裡教書。你看，我其實對於教書這樣的工作是有興趣的，小時候是想當國高中老師，上了大學後就會想當大學教授。

　　　然後進了臺大經研所之後，就更強化了我的這個想法，更確定想念博士，那時候本來是打算要留在臺大念博士了。

聰敏：喔！是嗎？

旭昇：我打算在臺灣念博士。我上次也講過了，我碩士班畢業後在左營的海軍基地服預官役，放假回到系上找老師聊天，早上去找張清溪跟劉鶯釧老師，然後就講好說要回來念博士。

聰敏：你之前講這段的時候我沒聽懂，你是說碰到劉鶯釧老師對吧？

旭昇：對！我跟他們兩人聊完之後，我就在經研所那邊閒晃，快到中午的時候就在走廊上遇到劉鶯釧老師，劉老師用臺語跟我講說：「吳聰敏叫你下晡去找伊。」我當天下午就去找你，敲門一進去，你就問我說：「你要念博士？」，我說對，你就說，要出國念！所以我就是在當下才決定出國念書。

聰敏：喔，是這樣子。我一直講說我媽媽在生我的時候給我的記憶體太少，所以很多事情發生，然後事情過了以後我就把它忘掉。

旭昇：因為你只是給眾多學生中的一個人提供建議，所以你不會記得

也很合理。但是對我而言, 卻是我人生的一個重要時刻, 所以我當然印象深刻。

聰敏: 其實我好奇的是, 我為什麼會叫學生不要在臺灣讀博士班。

旭昇: 我覺得你應該有說什麼, 但是我也忘了, anyway 應該很有說服力, 所以我就被說服了。

聰敏: 嗯, 我是在問我自己, 我在問我自己是說, 為何在那個年代一直到今天, 我大概都會跟學生講說, 如果你要讀博士, 你如果對研究有興趣, 不要在臺灣讀博士。我現在是在問我自己, 我這個強烈的印象是怎麼來的? 我猜應該是說我出去讀書, 對我來講, 是開了我的眼界的, 各方面都是。不只是在讀書或研究上面, 我可能在那時候慢慢已經知道說, 你如果一直在臺灣的話, 你喪失了很多開拓眼界的機會, 可能是這樣。

旭昇: 沒錯, 從這點來說, 我真的要非常感謝你, 不然的話, 根本沒有那個機會去接觸國外的研究環境或是生活經驗。

聰敏: 所以你後來就申請然後出國了, 你碩士班成績應該是滿好的, 對不對?

旭昇: 勉強可以啦。

聰敏: Wisconsin 不是那麼容易, 沒有勉強, Wisconsin 也不是那麼容易可以進得去的, 對。

旭昇: 是你推薦信寫得好。

聰敏: 我要去我的電腦裡面找一下,我搞不好都沒有留下來。那個年代應該有電腦檔案。

旭昇: 那個年代我們申請的時候,推薦信都是寄紙本,不過應該有電腦檔案,我的碩士論文都還是用 cwTₑX 排版。[46]

聰敏: 所以我要再回去找一下,看我那時候到底怎麼樣寫你的推薦信。那出國對我來講是一個開眼界,對你來講應該也是。

旭昇: 我覺得一開始當然就是日常生活的差異了。就是說你去了之後,你開始瞭解說,原來有一個跟你過去在臺灣完全不一樣的生活模式,然後某種程度上其實滿新鮮的。在那個時候我就舉最簡單的例子,現在聽起來根本沒有什麼,但是那時候發現,在美國的加油站是自己加油,在臺灣的時候,你根本沒有辦法想像說,加油站的那個 pump (加油機) 是可以讓顧客自己去操作的。

聰敏: 所以這個讓你印象深刻。

旭昇: 對我來講印象深刻,當然這就是一開始覺得新奇的東西。另一件事情就是使用個人支票,當然也是在臺灣沒有辦法想像的事情。對,竟然可以擁有一個支票本,然後消費都是以支票為主,而支票就等同於現金 (聰敏:這點沒錯)。之前在臺灣,一直到出國前,我連信用卡都沒有。所以到美國發現有支票這種東西的時候,就覺得非常的神奇。

聰敏: 那人跟人之間的互動呢? 其實美國有很多 ......。

---

[46]cwTₑX: https://homepage.ntu.edu.tw/~ntut019/cwtex/cwtex.html,由吳聰敏與吳聰慧合力發展。

旭昇：我覺得互動的話應該這樣講，比如說我們在臺灣的時候，尤其是在我們那個年代，人與人之間其實相當拘謹。到了美國之後，第一個要習慣的就是開始跟陌生人打招呼。也許只是擦肩而過，只要有 eye contact，就會微笑點頭致意。對於這個也是印象深刻，因為在臺灣根本不可能。你如果在路上隨便跟一個陌生人打招呼，人家還以為你瘋了，可是在美國大家都很自然而然地打招呼。

聰敏：可能因為 Madison 是一個小 town。

旭昇：是 college town (大學城)，所以算是一個小 town。

聰敏：我第一年是在 Indiana 的 Bloomington，這是一個小鎮。一年之後，轉到 Rochester 去。其實 Bloomington 跟 Rochester 基本上都算是小鎮，Rochester 比較大一點。我想這種陌生人之間的親切互動，小鎮的話感覺會更強烈。

旭昇：對! 如果我當初去念書的地方是洛杉磯或者是紐約這種大城市，感覺可能就會不太一樣，或許不會這麼友善。所以某種程度上，我覺得自己運氣也還滿好的，去了一個相對來講是比較友善的地方。

不過這種第一印象都是很表面的東西，慢慢地就要開始去適應文化上的差異。當然也無可避免地有時候會因為語言不好而有一些歧視的狀況。或許也不完全是歧視，但是明顯可以感受到不耐煩跟輕蔑。尤其是比較基層的人，他們可能覺得，你這個英文講得二二六六的外國人，像個笨蛋一樣，怎麼能夠念博士。

聰敏：老師跟學生之間的互動應該也很友善?

旭昇：老師跟學生的話其實我覺得還好。基本上我那個年代,經濟博士班第一年學生就是 nobody。

聰敏：對,我們那時候就壓力滿大,這個可以理解。

旭昇：不只是壓力大, 第一年的博士班學生只有一個名字, 就叫 first year student,基本上沒有老師想認識你。

聰敏：是嗎?

旭昇：至少我們那時候是這樣,可能對老師們來說,你能不能在系裡面生存下來都還不一定,有可能資格考沒通過就滾了。跟老師之間的互動,大概是考完資格考之後,上了二年級才開始跟老師變得比較有互動。

聰敏：你們那時候一年級班上大概有多少人?

旭昇：我們那屆進去40個。40個人所以算滿多的, 我們是個大系。畢業的時候大概只剩20個左右。

聰敏：就是剩下一半 ......, ok。我剛問的跟你講的可能不完全一樣,我剛問的是說, 比如說博士生跟系上老師也都是叫 first name (直接叫名字)。在臺灣的話,通常會稱呼某某教授也好,或是某某老師。譬如, 學生見到你會叫「陳老師」,而不會叫「嗨,旭昇!」

旭昇：對,那當然是這樣。到了二年級考過 qualify (博士資格考) 之後,就比較會 ......,或是說比較敢用 first name 去叫老師。

聰敏：那上課的內容呢? 你在臺灣也上過碩士班,我想要問的應該是

這樣, 就是說你在臺大待了大學部四年, 然後研究所兩年, 你在這邊學這些東西, 對於這門課或是對這個領域已經有一些基本的理解。然後到了 Wisconsin 去, 對經濟學的理解有變得比較不一樣? 還是說是延伸下去的?

旭昇: 我覺得個體來講其實是差不多的, 因為個體的東西本來就沒有什麼差異, 說句實話, 你在哪裡學個體, 只要用的課本是一樣的, 我覺得應該都差不多。

聰敏: 對, 其實我同意。計量可能要看怎麼教。

旭昇: 對啊, 我覺得計量的部分, 感受到的有點不太一樣。

聰敏: 能講一下所謂不一樣, 大概是一個什麼樣的情況?

旭昇: 應該這樣講, 我在 Madison 時, 計量的老師是 Bruce Hansen,[47] 他不會花太多時間在數學推導, 比較多的時間是在解釋那些數學式子。反倒是在臺大經研的時候, 總覺得就是一直在抄數學, 老師一直導一直導, 學生一直抄一直抄。

至於總體就又不一樣, 因為我剛才講過, 總體是跟陳師孟老師學的, 他基本上是有一點思想史的味道。

聰敏: 嗯, 有點思想史, 總體思想史。

旭昇: 舉個例子來講好了, 那個時候他有教到所謂的失衡學派,[48] 但是那已經是國外大學不會再教的東西了。但是學這些其實也不壞,

---

[47]Bruce Hansen 目前 (2024年) 是威斯康辛大學經濟系教授。

[48]失衡學派是 1960–70 年代的總體理論, 大致在 1980 年代就已鮮少被提及。

在進一步學習深入的總體理論之前, 能夠先瞭解整個總體研究的演進, 其實也不錯。或許是因為我喜歡歷史, 所以我修課表現也還不差。當時的成績還是百分制, 我在學期總成績拿到100分, 至今印象深刻。

到了 Madison 之後, 因為我第一學期的總體老師是 Minnesota 畢業的, 所以非常中規中矩, 從 Ramsey-Cass-Koopmans model 開始教起,[49] 不過是用很細膩的方法進行, 有關 Kuhn-Tucker conditions 的討論相當細膩,[50] 對於 corner solutions 不會輕易放過。[51] 還有帶到 labor search and matching,[52] 最後聊到一點貨幣經濟學。

聰敏: 你剛剛講到說, 計量的重點不是放在推導上面, 而是放在解釋上面, 我認為那是功力的問題。

我覺得啦, 就是說這個老師要有相當的功力, 然後他知道什麼東西是重要的。在有限的時間裡面, 他也可以專注在推導上, 但是, 他覺得對學生來講, 把 intuition 講清楚更重要。推導的部分就留給學生自己去把它 work out。他強調的是解釋的部分, 其實功力不足的人是沒有辦法做到的, 我覺得是這樣。

---

[49] Ramsey-Cass-Koopmans model 為一個具有個體基礎的新古典經濟成長的理論模型。

[50] Kuhn-Tucker conditions 為最適化的條件。

[51] corner solutions 亦即「角解」, 指的是最適選擇點位在預算限制線的端點。舉例來說, 假設消費者有「油條」跟「豆漿」兩種食物可以選擇, 如果消費者選擇只吃油條, 就是一種「角解」。

[52] 討論失業者在勞動市場上尋找工作 (search), 或是失業者與雇主相互匹配 (matching) 的經濟理論。

旭昇: 這我同意啊! 不過也有可能是我在臺大念書的時候, 對於矩陣運算比較不嫻熟, 所以才有一直在抄數學的錯覺。

聰敏: 另外, 我想問一下的是, 除了生活上的差異, 根據你的個人經驗, 你覺得在美國讀博士班跟在臺灣念有什麼差別?

旭昇: 我覺得同儕是很大的差異。臺灣博士班的 group 本來就比較小, 你幾乎不會有太多的同學。我覺得在美國讀博士一個最重要的優點就是, 你能夠遇到來自世界各地一流的學生。我在念書的時候, 我覺得一方面會從老師那邊學到一些東西, 但是從同學那邊, 我覺得我學到的東西也不少。

聰敏: 是這樣沒錯。

旭昇: 剛剛講到出國念書感受到的不同, 都是生活上的一些差異, 不過就求學而言, 我觀察到一點臺灣學生跟美國學生不同的地方。就是我覺得美國人傾向於用語言在做推理跟思考, 但是臺灣學生, 至少是我啦, 傾向於轉換成數學去推理。所以老師在問問題的時候, 我是從英文, 翻譯成中文, 然後再從中文翻譯成數學, 等到推理出來後, 又要再翻譯成英文回答, 已經慢了人家好幾拍。

我覺得尤其是 game theory 的部分,[53] 我有位日本同學, 數學嚇嚇叫, 後來是做計量理論, 但是英文比較不靈光, 在學 game theory 的時候好像就比較吃力。不過這只是個人觀察而已, 樣本點也不多就是了。

---

[53] game theory, 一般稱為賽局理論, 討論人們如何在取決於他人的行動或預期行動下, 做出決策的一種理論。

聰敏: 那你出去之前就已經決定要選什麼領域了嗎?

旭昇: 對! 我一直對總體有興趣, 我在臺大經研所就是跟毛慶生老師寫總體的論文。

聰敏: 接下來在那邊也一直是這樣?

旭昇: 對! 我一直都是專注在總體。

聰敏: 你碩士班那時候論文做什麼?

旭昇: 就是做 RBC 的東西。[54] 一個考慮貨幣政策與財政政策的 RBC 模型。

聰敏: 我們在當學生的時候, 我們對很多問題並不清楚。什麼東西是重要的, 什麼東西不重要也不是很會判斷。另外就是說, 我想要做一個東西, 這個東西應該用什麼方法把答案找出來, 我們在碩士班的時候也沒有判斷能力。當然就是指導教授跟你講說你可以怎麼做, 然後你就照著把它做好, 反正就是從過程當中學到一點東西。

旭昇: 哈哈, 毛老師才沒有這麼好, 當然我不知道他的其他指導學生跟他的互動是怎樣, 但是我當初題目都是自己找, 然後我只是給他看一下, 他覺得 ok 這樣子。

---

[54]RBC, 亦即 Real Business Cycles (實質景氣循環模型)。奠基於 William Brock 與 Leonard Mirman 在 1972 年的研究, Finn Kydland 與 Edward Prescott 延伸他們的模型去探討景氣波動, 並發現實質面的衝擊 (主要是技術性衝擊) 可以解釋美國大部分的景氣循環現象, 所以稱之為實質景氣循環模型。

反正我就是修他的課, 他上課會教一些模型, 教一些 paper (論文), 然後我就從那邊出發。我的意思就是, 我都是弄好之後才去找他的, 他也沒跟我說怎麼弄。

聰敏: 我剛可能講得比較簡化一點了, 我要講的好像是這樣, 就是說我剛才碰到毛老師, 因為他現在還在授課。然後他就對我說, 他現在有一個在職班的學生, 可能六月畢業的時候會找我去當口試委員。他的學生不少, 有些學生要花他不少時間。

你的情況應該有另外一個解釋, 他覺得你是非常上軌道的, 他不需要給你太多的 input, 你就會生出一個碩士論文出來。

旭昇: 我常跟學生在講這件事情。反正我當年第一次去找毛老師, 就是問他是否願意指導, 他說好, 所以這是第一次 meeting。第二次呢, 我已經把一個模型導出來, first-order conditions (一階條件) 全部寫好了給他看, 他看了之後就說好, 然後我問接下來能做什麼? 他就說, 「我看你這個得做 calibration。」[55] 那時候我心中的 OS 是說:「什麼是 calibration?」但我不敢問。

聰敏: 他上課沒講嗎?

旭昇: 沒講, 當時他沒有教這東西。反正他就說, 你要做 calibration。我說好。然後他說, 「你這個要用 GAUSS 喔!」[56] 我說好, 但是那時候我心裡想的是, 「GAUSS 是什麼?」接下來他就端出了一大

[55] calibration, 亦即模型調校, 意指透過模型參數的調整, 使得模型的理論性質與實際資料的性質能夠吻合。
[56] GAUSS 是一種用於數學和統計的矩陣程式語言。

本 GAUSS 的 manual (使用手冊), 跟我說, 就是要用這個軟體。最後一句話就是:「這個 GAUSS 的 learning curve 很陡喔!」

聰敏: 你記得很清楚。

旭昇: 真的是歷歷在目, 他也沒有跟我講說 calibration 是什麼東西, 他只告訴我說這個電腦軟體的學習曲線很陡, 然後就一副: 就這樣吧, 你好自為之這樣。

反正我就自己回去把 GAUSS 學起來, 把 code 寫出來。然後把 calibration 做出來, 下一次去跟他見面的時候, 就是把 calibration 的結果, 像是 moment matching 啦, impulse response functions 這些東西做出來給他看。我們沒碰過幾次面, 我就把碩士論文寫出來了。對, 所以現在如果學生要找我指導, 我就會把我跟毛老師的相處過程講給他們聽。

聰敏: 好, 這個是一個有趣的對照, 所以你在 Wisconsin 跟指導教授互動的過程應該跟臺灣是有點不太一樣?

旭昇: 我覺得差不多欸。我在美國跟指導教授的關係也差不多是這樣子。我會跟指導教授稍微聊一下我想做什麼, 然後他也不會指定什麼東西給我, 他只是認可說好, 這個方向可以, 那接下來就自己去找文獻自己做。

基本上我每次都是寫好一些東西, 有一些進度, 我才會再跟老闆 meeting。他看了之後就會給我一些意見與建議, 像是論文審稿人寫審稿意見那樣。不過因為是指導教授, 所以內容都是修改建議, 他就跟我講說要怎麼改, 研究方向可以怎麼精進, 然後我

就繼續再去做。整體來講，會覺得我在美國跟指導教授互動的感覺，其實也很像跟毛老師的互動。

聰敏：我感覺這跟你做事的風格比較有關。第一，你的行動力非常強。有些事情你一想到，你就說我們要來做這件事情。你會整個先想過一遍，包含比如說我們上次做那本書。你會先想過一遍，想過一遍以後，你對於我們要做什麼，要如何做，都已經清楚。我認為並不是所有人都是這個樣子，你這種應該是非常少數的。

你的指導教授發現竟然有這樣子的學生，反正指導教授他自己本身也很忙，有一個這樣的學生，他也覺得非常好。對，可能是這樣子。所以這樣講，指導教授對你的幫助感覺上好像也沒有特別多。

旭昇：其實幫助很大。在臺大，是寫好論文後才找口試委員，但 Madison 的規定是，寫博士論文前要先把 committee member (論文口試委員) 決定下來，論文的 proposal (提案報告) 要由三位口委審核通過後，才能開始寫論文。

我覺得應該要這樣講，就是說在關鍵的地方，指導教授或是 committee member 還是有辦法點出很多你的盲點，可以省去你不少摸索的時間。舉例來說，我當時在寫一個理論模型，然後報告給 committee member 聽，基本上我對模型還沒有想得很清楚，寫得有點複雜，設定上又有點卡卡的，前後不太一致。結果他們聽著聽著當場就馬上看出問題，跟我說，啊你就怎麼怎麼做就好了，問題馬上迎刃而解，模型也變得較為簡潔有意義。我覺得這個是很重要的。

聰敏: 這個當然是。

旭昇: 他們能夠讓你的東西變得更好,我覺得這樣的幫助對我來講相當重要。因為你自己悶着頭,就是弄不出什麼,或者說你弄出來的東西就是不夠精采,那他們只要稍微指點一下,給你個修改方向,你的東西就會不一樣了。我覺得跟著他們學習這些讓我受益很大。

聰敏: 我不曉得你的指導教授是誰。

旭昇: 我指導教授是 Ken West。[57]

聰敏: 他也是滿大咖的。

旭昇: 還算有一點點名氣。他主要有名的貢獻在計量理論,他是 MIT 的博士,[58] 也是 Stanley Fischer 的學生。[59] 其實他的博士論文是做總體的,是做有關存貨 (inventory) 的東西。不過,他後來就做了一些計量的研究,我猜跟他大學部是念數學的有關。他比較有名的貢獻是 Newey-West HAC standard error 估計式,[60] 不過他還是做了不少總體與國際金融的相關研究。

---

[57]Kenneth D. West 目前 (2024 年) 是威斯康辛大學經濟系教授。

[58]Massachusetts Institute of Technology, 麻省理工學院。

[59]Stanley Fischer 是美國經濟學家,美國 Fed 前副主席,以色列銀行前總裁。Fischer 過去任教於麻省理工學院,著名的博士指導學生有 Frederic Mishkin (美國 Fed 前理事), Ben Bernanke (美國 Fed 前主席), Olivier Blanchard (IMF 前首席經濟學家), 植田和男 (日本央行現任 (2024 年) 總裁), Greg Mankiw (美國白宮經濟顧問委員會前主席), 以及 Ilan Goldfajn (巴西央行前總裁)。

[60]在估計標準差時,考慮序列相關與非均質變異的估計方法。

聰敏： 其實你做的東西非常廣，至少我所知道的部分是，你做的東西跟
國際金融相關性比較高，是這樣嗎？還是我這個理解並不正確？

旭昇： 對，我的博士論文中有兩個章節是國際金融的實證研究，另一章
是傳統的 DSGE 總體理論模型。[61] 不過，不管是理論還是實證，
是 closed economy (封閉經濟體) 還是 open economy (開放經濟
體)，我很注重的是 policy (政策) 的議題。一直以來，我的研究大
多都專注在貨幣政策跟匯率政策的影響。

畢業後回到臺大，我也開始做一些 energy (能源) 的東西，但是也
是放在總體經濟的角度去看 energy 的議題，比如說我會關心的
東西像是 oil price shocks (能源價格變化的衝擊)。我會想看 oil
price shocks 對經濟體的影響，對通膨的影響，對 recession (景
氣衰退) 的影響等等。

聰敏： 對，有一段時間就有一些研究在討論說，oil shock 事實上是可以
解釋大部分美國戰後的景氣波動。

旭昇： 你講的是 James Hamilton 的研究？[62]

聰敏： 應該是。對，就有一段時間，因為1973–74跟1980–81兩次石油危
機時，油價飆漲的影響都滿嚴重的是吧？從那邊應該是有產生出
一些重要的研究結果出來。

旭昇： 沒錯，後來有另外一位經濟學家 Lutz Kilian 也做了不少跟 oil

---

[61]Dynamic Stochastic General Equilibrium，動態隨機一般均衡模型。是目前
(2024年) 總體理論的主流模型之一，強調個體基礎，跨期最適選擇以及全面均衡。
[62]James Hamilton 目前 (2024 年) 是加州大學聖地牙哥分校的經濟系教授。

price shocks 相關的重要研究。[63] 不過在 oil supply shocks 方面, 就是你提到的石油危機, Hamilton 跟 Kilian 的看法不太一樣。Kilian 認為石油危機造成的供給面衝擊不太重要, 但是 Hamilton 持相反的看法。

聰敏: 你在 Madison 那邊, 應該待了 4 年吧?

旭昇: 5 年。

聰敏: 畢業有想要在美國找工作嗎?

旭昇: 我有上美國的 job market, 不過沒有很認真找, 只是抱著一種見識見識美國 job market 的心態, 讓自己的經驗不要留白, 並沒有說一定要留在美國, 所以也拒絕了一些主動來接觸我的面試機會, 畢業後我就直接回臺灣。我當時做的東西跟匯率有關, 所以除了學界, 也會有一些國際機構或是投資銀行對我做的東西有興趣, 主動想要面試我, 但是被我拒絕了, 畢竟我志不在業界。

聰敏: 對了, 你剛提到說, 你從小學就有很大量的閱讀, 然後這個習慣應該是一直持續。我好奇的是, 你的閱讀習慣跟研究之間的關係……

旭昇: 我只能說閱讀習慣對寫作很有幫助, 就是說對論文寫作有幫助。

聰敏: 我覺得我的問題可能不在這個點上, 我想說的是, 比如說你剛剛講說你的研究主要是跟 policy 有關的, 對! 所以我的問題是這

---

[63] Lutz Kilian 目前 (2024 年) 是美國達拉斯 Fed (Federal Reserve Bank of Dallas) 的資深經濟政策顧問。

樣，就是說，有時候你讀這一個，讀那一個，然後它不見得是跟經濟專業直接相關，但這些東西有沒有可能就會直接間接影響到你對研究議題的選擇？我是在問這樣子的問題。

旭昇：忽然被這樣問，一時之間還真想不到有沒有這樣的例子 ......我倒沒有這樣體會過，對。因為我閱讀的東西都比較像是歷史或文學的作品。至於研究議題的靈感大多還是來自經濟新聞、專業的書籍或是期刊論文。

聰敏：我們上次提到一個人，你提到余英時。我認為讀余英時的人沒有很多，我以前有一段時間很迷他的作品，我覺得他很厲害。當然我就是讀他的作品。你如果問我說，余英時的東西對我經濟研究有沒有直接的相關，我可能也回答不太出來。

但是，你提到余英時我是滿驚訝的，好小子，你也讀他的東西。我覺得如果讀的範圍廣了，有時候直接間接會影響我們，但是我們自己可能沒有意識到。

旭昇：有可能，但是我們也說不出影響在哪裡。

3

李怡庭: 貨幣理論的追尋之路

旭昇: 能不能稍微聊一下你的求學跟學習的歷程。你在念高中的時候，對於未來是否已經有比較確定的方向?

怡庭: 沒有，其實高中時還沒有什麼太大的想法，嗯 ......，我想 ...... 我們那個年代啦，反正你就考聯考，然後就是聯考幫你分發。我們那時候分組，有文史、社會科學什麼的 ... 你可能不知道，就是乙組還有 ... (旭昇: 甲乙丙丁。) 欸，到你那時候還是嗎?

旭昇: 不是，我們後來把社會組叫作第一類組，不過因為我父親念法律，是丁組，所以我知道。

怡庭: Ok。社會組在那時候就是乙組跟丁組嘛，乙組是文史哲，丁組就包括經濟、管理啊。那時候就覺得說找一個將來比較容易就業的科系。

考大學就填志願啊，那時候第一志願就是國際貿易，然後就考上了，我們那時候叫法學院商學系國貿組，進去以後就改成國貿系。

所以沒有什麼特別想法 ......, 很簡單, 就是要出去工作, 然後你就照著科系分數這樣往下填。

旭昇: 其實大家都差不多, 都是分數到哪就念什麼科系。你進了大學後有參加社團嗎?

怡庭: 進了國貿系之後, 我就覺得大學跟高中很不一樣, 我參加了一些社團, 認識很多人。社團裡遇到一些學長姐, 我發現有些人 ...... 到了大二、大三就想要轉系, 我們還有個學長, 幾乎讀過臺大的每個學院, 他畢業的時候, 社裡還有學長把他的事蹟寫成海報張貼在校園裡, 就是那種, 社團裡頭就有那樣比較特別的學長。

旭昇: 所以你是什麼社的?

怡庭: 就是讀書性的社團啦, 也有音樂性的社團。

旭昇: 是什麼讀書性的社團?

怡庭: 三民主義研究社, 它現在已經不在了。它名目上叫三民主義研究社, 但是實際上涉獵的領域很廣 ......。

旭昇: 喔, 這沒有什麼, 就跟駱明慶他們那時候的大陸社也是這樣。

怡庭: 對, 對。我也去過大陸社看過。當時就是在社團裡, 跟著學長姐念書, 經濟、哲學、歷史、社會學等等都在讀。

我想那時候年輕人就是喜歡讀很多書 ...... 那時候學校側門新生南路上很多賣書的攤子, 也許到你這個時代已經沒有了, 很多是影印的書和盜版書, 有些可能是禁書。

旭昇: 我們那個年代已經沒有這種書攤了。

怡庭: 已經沒有了啊 …… 大概就是會讀那一類的書,反正我就是跟著讀。其實我大二的時候曾經有過想要轉系的念頭,我覺得年輕的時候很容易受到同儕影響,特別是你覺得這些學長姐都很有自己的想法,很有內涵,你就會想說,我應該轉到某一個系,念很多書,希望自己能夠變成跟他們一樣。不過那時候也沒有真的轉系就是了。

然後,我想想看 …… 到了大三暑假,因為我是國貿系嘛,周圍的同學都開始在想說未來要怎麼辦,很多人就開始補 GMAT,[64] 要出國念 MBA 啊什麼的,[65] 我也跟著去補習,然後就跟著去考 GMAT。

我當時大概是想,反正就是把商學這條路一路走下去,所以我大四的時候還計劃認真修課,我從來沒有那麼認真 (笑)。會計啊、管理相關的選修課我都去修。然後你知道,我就是沒辦法喜歡這些科目,可能腦袋就是不適合念這些東西吧,我也不知道怎麼說,那時候就覺得念起來 …… 我總覺得有點茫然。

旭昇: 念得不踏實嗎?

怡庭: 也不是不踏實。就是說,我當然知道我以後要出去工作,念這些東西很重要,大家也都是到大三、大四才在拚這些東西,可是我總覺得我好像沒有辦法靜下心來,好好地去念。後來我把這些課

---

[64]Graduate Management Admission Test, 簡稱 GMAT, 是申請美國商學院入學時, 大部分學校會作為入學許可考量的標準化考試。

[65]Master of Business Administration, 簡稱 MBA, 亦即商業管理碩士。

都退掉了,然後就去修了經濟系的課。

事實上我大二的時候有去經濟系修個經跟總經,[66] 但是那時候也沒有特別喜歡或不喜歡。我一個社團的同學,他是工管系的,他就說他要去考經研所,也許想要繼續深造。我就想,這聽起來不錯,那我也去考吧。其實我以前沒有那麼清楚說我一定要做什麼,別人有一些想法,那我就跟著試試看,既然商學的東西我不是那麼喜歡,或許我可以試試看轉念經濟。

因為我把原來會計、管理的一些選修課都退掉了,但是不足的學分總要補回來,那時候畢業學分要求很多,所以我就去經濟系修了一些課,然後就開始準備考經研所。

旭昇: 那時候是怎麼準備的?

怡庭: 好像讀一本經濟系的同學在讀的總經教科書 ...... 因為我們都在圖書館念書,就會打聽一下經濟系的人都在看什麼書,印象中有很多章,然後我就算一算,哇! 那我幾天就得念一章,考前才念得完,好吧,就拚了這樣子。

我就這樣幾天念個一章,幾天念個一章 ...... 那時候也真的不曉得是哪來的 ...... 勇氣? 我覺得我這個人大概冒險的精神是有的,所以我就想試試看啊,大不了就是沒考上也不會怎樣啊,我不覺得說這有什麼壓力 ... 我沒有多想什麼,我就覺得,好! 我想做,那我就去做。我還特別記得,我的統計很爛,你大概要笑我。然後呢,我忘了是誰,反正經濟系有很好心的人,我忘記跟誰借的,借到了 (可能是) 張素梅老師的筆記吧。

---

[66] 個體經濟學與總體經濟學的簡稱。

旭昇: 喔, 張素梅老師那時候的統計班應該是相對較為嚴格。

怡庭: 對, 應該是。我就想說好吧, 就開始念這些筆記。就這樣子, 在一個很短的時間裡, 逼自己念很多書, 然後就去考試了。我那時候大概考了三個學校, 結果只上了一所, 就是臺大。我事後想想, 覺得這都是緣分啦, 然後我就去念了。

旭昇: 那先不要講研究所, 大學的時候, 你念的課程裡面, 當然也包含在經濟系選修的課, 其中有哪一個課程讓你覺得印象比較深刻? 某種程度上會讓你覺得說想要繼續念經濟研究所的, 有沒有類似這樣的一個課程?

怡庭: 好像沒有, 我大學的時候真的不曉得在幹什麼, 就是這邊也念一點, 那邊也念一點, 我大概那時候念了很多不同領域的東西。

旭昇: 那為什麼會覺得可以念經濟研究所, 我的意思是說, 在這些課程中, 有那一門課會讓你覺得說, 你會希望繼續多瞭解一點經濟學。

怡庭: 其實真的沒有, 但是有一個很奇怪的緣分, 就是我有一次在上我們國貿系的課, 老師也不曉得為什麼突然就講起了經濟學家的故事, 我記得是 John Stuart Mill 吧, 他就說這對父子檔常常在黃昏的時候去散步, 討論經濟啊、哲學、歷史啊, 我那時候聽著聽著就想說, 欸, 這個很有意思。

那時候大概有被觸動到, 我永遠都說這是緣分, 就是你不曉得為什麼。不過我想我那時候在社團裡跟著學長姐念哲學、歷史、社會科學方面的書 —— 也包括經濟學, 當時就覺得說, 如果我可以藉由經濟學的鑽研, 讓我有一個工具來關心這個社會、關心大

眾的話, 或許是不錯的。隱隱約約我是有那樣的一個想法。但是你要問我說是不是有特定的人、特定的課, 或者是特定的書影響我, 我說不上來, 但我那時候是有這樣的一個想法。

旭昇： 所以你在大學時代是這樣看待經濟學。不過等到進了研究所之後有幻滅嗎? 突然發現說怎麼好像跟自己想的不太一樣。

怡庭： 對, 完全幻滅。

旭昇： 怎麼說?

怡庭： 因為我數學不好, 統計又不好, 所以我進去以後就覺得好痛苦。為什麼個經這麼難? 為什麼計量這麼難? 那時候計量是劉鶯釧老師教的。

旭昇： 嗯! 講到劉鶯釧老師, 我想到一件事情。聽說劉老師她在教計量課程的時候, 如果要採用新的課本, 她會在暑假的時候把後面的習題全部自己做過一遍。這一點我真的非常非常佩服。

怡庭： 對, 對, 太佩服了。

旭昇： 所以我可以想像她教起計量來應該會相當嚴格。

怡庭： 總之, 那時候覺得真的是幻滅。我想, 這麼多數學, 要怎麼經世濟民呢? 當然, 讀博士班自己開始做研究以後才發現, 原來數學是幫助我們建構嚴謹分析架構很好的工具。不過這是後話了。

旭昇： 欸 …… 那時候總經是誰教的?

怡庭： 陳師孟老師。

旭昇: 那跟我一樣, 我的研究所總經也是陳老師教的。你修課的時候, 他出書了沒?

怡庭: 他正在寫書, 所以我們應該是看他寫的 notes, 可能是書的初稿。

旭昇: 我們修他課的時候, 他就直接用他那本《總體經濟演義》。不過上他的課也是滿辛苦的, 說真的。就是我覺得 …… 因為陳老師知道的東西很多, 而我當時只是個碩士生, 我沒有能力去判斷說這個教材有多深入, 但是就廣度來講, 我覺得陳老師教的內容真的是非常廣, 這一點會讓我覺得, 學生要消化他教的內容, 其實有點辛苦。

怡庭: 我想應該是。總之可能是我的基礎不好, 上課滿辛苦的, 那時候就覺得說好吧, 不然我就去修一些有助於以後找工作的課程, 像貨幣啊或者是產業。

旭昇: 所以不會再去修一些理論的相關課程, 像是計量理論一類的。

怡庭: 計量是絕對不行, 只要過了我就很開心了。不過那時候有一個特殊的機緣, 就是碩一下的時候, 陳師孟老師叫我們寫報告, 老師那時候有給一些讓我們寫報告的題目, 大概有十幾二十個題目吧。我就看到一個題目是有關怎麼樣用總體模型來分析美援, 我當時想這題目不錯, 然後就寫了報告。

後來我就去跟陳老師聊一下, 畢竟都寫了報告, 總想要知道一些 feedback。陳老師就說, 如果你對這個題目有興趣的話, 可以找吳聰敏老師。我那時候就想說好, 老師這樣建議, 那我就去找吳老師。

旭昇：所以這就是你為什麼會找吳老師寫論文的原因?

怡庭：對,其實是有這樣的一個脈絡。

旭昇：那你之前有修過吳老師的課嗎?

怡庭：沒有,完全沒有。

旭昇：所以你就是直接敲門去找他聊一下研究方向。

怡庭：應該是這樣。喔,但是不能說沒有聽過他的課,因為大四準備考經研所的時候,大家就說趕快去旁聽一些老師的課,他們可能是出題的老師。結果一堆人想去旁聽陳師孟老師的課,但是他的課堂總是滿的,我老是占不到位子,我就想說好吧,去聽吳老師的課,他那時候應該剛回來臺大。我就這樣一面跟著課,一面自己一直念。所以也算是聽過他的課。

旭昇：哈哈!我發現我們好像有些地方真的都滿接近的,我當年要準備考經研所的時候,也是想說,因為我本來修課是修凱因斯學派的東西,但是後來聽說臺大經研所都是要考新古典學派的東西。

怡庭：那你資訊還比我多。

旭昇：是喔,所以我就想說那就得去旁聽一下。當時教新古典的還有毛慶生老師,可是你知道毛老師的課也是一樣,就怎麼進都進不去。那時候如果要旁聽毛老師的課,不要講旁聽了,連修課學生都不太擠得進教室了,怎麼可能還有空位讓你旁聽。

怡庭：對,沒錯,當時陳師孟老師的課就是這樣子,一堆人。

旭昇: 所以我也是去旁聽吳聰敏老師的課。

怡庭: 我們這樣子是不是對吳老師很不敬 (笑)? 不過吳老師當時是剛回來, 所以修課學生比較少 ...。

後來研究所的時候我就去修了, 欸, 是修嗎? 還是旁聽? 吳老師那時候好像是教總論三吧?

旭昇: 總體三, 對, 研究所的總體三。[67]

怡庭: 那時候好像就是要跟他寫論文了, 老師就說那你來聽課, 我就去聽了。我忘記是修還是聽, 反正我就乖乖的在那邊上課這樣子。

旭昇: 我真的跟你都一樣, 我也去修了他的總體三。

怡庭: 喔, 真的啊?

旭昇: 對, 前一陣子我才挖出來, 我找到他總體三的 syllabus, 我把它拍照寄給他, 跟他說這是你那時候的 syllabus。我在臺大念書, 包含大學跟研究所總共六年, 唯一留下的一份 syllabus, 就是吳老師的那一份總體三的 syllabus (參見圖 3.1)。

怡庭: 這樣子, 我說不定也有。

旭昇: Anyway, 反正最後你就是跟著吳老師寫論文。

---

[67]「總論三」或是「總體三」就是研究所課程「總體經濟理論三」的簡稱。當時臺大經研所碩士班必修課為「總體經濟理論一、二」, 但是可以選修博士班必修課「總體經濟理論三」。

總體經濟理論3

吳聰敏, 1995.9

本課程的內容將包含下列主題: 政府財政赤字、中央銀行獨立性、社會福利制度之經濟分析、及經濟成長。前三項主題是台灣所即將面臨的重要問題。任何對總體經濟分析有興趣的人, 似乎值得花一點時了解這些問題的性質及因應之道。

　　我希望這門課不只是紙上談兵。經濟理論分析的結果通常有政策的涵義。既然這門課的主題是由台灣切身的問題出發, 我們的討論結果應該可以用來了解台灣的問題。修這門課的要求是你在學期結束時須交一份報告。你的學期成績將決定於報告的品質及上課的討論表現。

　　以下是幾個可能報告題目, 提供參考:

1. 台灣財政赤字問題之解決 (generational accounting approach),
2. 對 (台灣) 中央銀行組織法修正草案之分析,
3. 評估台灣的貨幣政策,
4. 評估「國民年金草案」,
5. Supply-side economics: the case of Taiwan.

基本上, 我要求你的報告中有實際資料的分析。

　　我的研究室是在經濟系館105室, 電話: 351-9641分機523。你如果想和我討論問題, 請在星期一下午2:00-3:00, 或星期四下午1:00-3:00來找我。其他時間, 請事先約定。(必要時, 你可以和我的助理張素惠小姐聯絡, 她的電話是: 351-9641 分機 281。)

課程大綱

第一部分 公債

Barro, R.J. (1989) "The Neoclassical Approach to Fiscal Policy," in Barro, R.J., (ed.) *Modern Business Cycle Theory*, Oxford: Basil Balckwell. pp. 202-223。

Lucas, R.E., and N.L. Stokey (1983) "Optimal Fiscal and Monetary Policy in an Economy Without Capital," *JME*, 12: 55-93.

Lucas, R.E. (1986) "Principles of Fiscal and Monetary Policy," *JME*, 17: 117-134.

"Optimal Taxation Over Time," lecture notes.

王篤盛、吳聰敏 (1995)〈日治時期台灣政府財源結構之研究〉, 台大經濟系。

Grilli, V, D. Masciandaro, and G. Tabellini (1991) "Political and Monetary Institutions and Public Financial Policies in the Industrial Countries," *Economic Policy*, 13, 342-392. (Read 342-360.)

Kotlikoff, L.J. (1993) "Federal Deficit", in D.R. Henderson (ed.) *The Fortune Encyclopedia of Economics*, New York: Warner Books, 253-257.

Auerbach, A.J., J. Gokhale, and L.J. Kotlikoff (1992), "Generational Accounting: A Meaningful Alternative to Deficit Accounting," in D. Bardford (ed.), *Tax Policy and the Economy*, vol. 5.

"The hole in your future", *Economist*, Sept. 9-15, 1995, p. 86.

• **Optimal taxation with capital**

Lucas, R.E. (1990) "Supply-Side Economics: An Analytical Review," *Oxford Economic Papers*, 42: 293-316.

圖 3.1: 1995 年吳聰敏《總體經濟理論三》的課程大綱

怡庭：對，那時候就跟吳老師做，老師當然有給一些方向啦，不過我想那時候吳老師也還剛開始嘗試瞭解有關美援的這些東西。

我那時候跟洪嘉瑜，[68] 我們都是在寫跟歷史有關的，所以常常去法學院的圖書館，他們把一些比較沒有用的，可能比較少人借的，或者是不能外借的那些關於歷史的文件或者書就放到地下室，所以我們兩個常常在那邊碰到面。

旭昇：所以洪老師那時候是跟誰做論文？

怡庭：洪嘉瑜老師應該是跟熊秉元老師做，[69] 她好像是做三七五減租的東西。我那時候其實也不知道看這些東西會有什麼用，我只是想說，也許去看看當時臨時省議會的一些會議紀錄或公報什麼的，說不定對於瞭解當時美援進來後，到底有些什麼物資、這些物資怎麼被利用等等，會有幫助，不過當時都只有一些很模糊的概念。

旭昇：可是你一開始是看美援，為什麼到最後題目是做惡性通膨？

怡庭：這我就真的不記得，到底我是對惡性通膨的結束有興趣，還是基本上對美援有興趣，才去鎖定美援怎麼結束臺灣惡性通膨的……也可能是吳老師建議的方向。對不起，這部分我就不太記得了。

但是我很高興做了那個題目，因為那時候吳老師建議我去看 Sargent 的那本書，[70] 就是 *The Ends of Four Big Inflations*。[71] Sargent

---

[68]洪嘉瑜目前 (2024 年) 為東華大學經濟系教授。

[69]熊秉元曾任臺大經濟系教授。

[70]Thomas J. Sargent 為諾貝爾經濟學獎得主。

[71]Thomas J. Sargent (1982), "The Ends of Four Big Inflations," in Robert E. Hall

那本書很特別，其實是在講述歷史，就是一次世界大戰之後這四個國家——德國、奧國、匈牙利跟波蘭——它們的惡性通貨膨脹怎麼結束的。那你看他那本書，通篇沒什麼數學式，主要就是用文字敘述理論分析架構，當然我就看得還滿過癮的，然後我就覺得說這個可以讓我在不懂數學的情況之下，瞭解一些跟社會、民生、人類這種福祉相關的議題，我覺得這樣子還不錯。

那 Sargent 的基本論述就是說，一次大戰後這四個國家因為龐大的財政赤字，就採取通貨膨脹來因應，也就是政府向央行借款來支應高額的財政赤字，讓人們預期未來有高通膨，造成物價持續上漲的動能，最後導致惡性物價膨脹。他就看到，只有政府改變決定財政赤字的結構，不再依賴央行大量發行通貨來挹注支出，也就是實現了政策體制改革，讓民眾相信政府會嚴格約束財政赤字，一旦民眾相信了，他們的行為就會改變，物價就會穩定下來。

當時看到 Sargent 說，很重要的地方是，要讓民眾相信政府實現了政策體制改革，他們的行為才會改變，物價也才能穩定，就覺得這真是真知灼見啊！一直到現在，這個理論仍在幫助我思考央行怎麼穩定物價。那時候我也真的從這本書學到了什麼是 rational expectations,[72] 什麼是 inflation (通貨膨脹)，甚至什麼是貨幣政策等等。剛開始沒有想到說，我是不是會對這個特別有興趣，但是我那時候看了，漸漸地我就很有感覺，覺得這可以用來解釋臺灣惡性通貨膨脹的結束。然後我就開始寫論文。

(ed.), *Inflation: Causes and Effects*, Chicago: University of Chicago Press, 41–98。

[72] rational expectations, 理性預期，指的是人們會有效使用所有可以得到的資訊來做出預測。

其實我本來是想, 寫完論文後就要出去工作了嘛, 不過在寫論文的過程中, 慢慢體會到研究的樂趣。當時就一直找資料, 然後就在那個資料裡面, 開始想問題。我猜這大概跟我大學在社團訓練出來的習慣有關吧, 就是讀東西, 思考問題。有一天吳老師就跟我說, 欸你可以開始寫了, 我就說好, 那我就開始動手寫了。然後有一天老師就問我說, 你有沒有想要出去念書? 我就想說, 欸, 對齁, 或許我可以出去念書。

對, 所以如果你問我說我有沒有什麼樣的志願, 或特別的想法或什麼觸發, 你應該可以看出來, 其實並沒有。但是或許有, 只是我需要有一個提醒, 比如說吳老師這樣問我, 我就覺得說欸, 似乎可以好好想一下。那時候也許是因為寫論文寫得還滿有 ......覺得滿有趣的。

旭昇: 所以就是對研究本身, 發現有那麼一點趣味。

怡庭: 不只是研究本身, 還包括看了我剛才講的 Sargent 那本書。我總覺得經濟學 ...... 雖然我在研一的時候看到那麼多數學, 讓我覺得有點失望, 到底我們可以用經濟學做什麼。因為我本來覺得, 我們可以用經濟學這個工具來關懷這個社會吧, 我這麼想, 雖然說很文青, 但我就是這樣想。開始做碩士論文研究時, 我在閱讀跟寫作的過程中又回到這個想法, 我覺得我好像又被燃起了原來那樣的一個初衷。

旭昇: 你的碩士論文 ...... 應該那是你的碩士論文? (怡庭: 對。) 結果你把它發表在一個什麼臺灣社會學 ...... 季刊, 對不對?

怡庭: 《臺灣社會研究》季刊。

旭昇： 這個還滿有趣的, 就是說為什麼會 …… 因為一般來講, 如果念了經研所, 你會想到的是說, 會想要發表在比較經濟學的期刊, 但你怎麼會想到要投到一個社會學研究的期刊?

怡庭： 我當時完全沒有投稿發表的概念, 只覺得自己非常自由地去想東西、寫東西。其實那應該不是我想要投稿, 我記得可能是吳老師說欸, 你好像可以投到哪裡, 我就說好啊。老師那時候應該是在那個期刊當編輯委員。

說真的我也不知道投稿是怎麼一回事。但我總是有一個印象就是, 在那時候, 做那樣的題目, 決定那樣子寫, 跟老師聊, 我覺得是很自由、很開闊的一個方式 ……, 對, 我覺得可能不見得每一個老師都可以或願意這樣子帶學生 ……。

旭昇： 沒錯, 吳老師的風格就是這樣子。

怡庭： 我覺得吳老師的確是這樣, 他會給你適當的指導, 可是他會讓你去發揮, 他會給你一些建議, 就是這樣子。對, 我覺得很棒。

旭昇： 你如果問吳老師的話, 他會跟你講說, 「因為我自己也不知道」, 他一定會這樣講。因為「自己也不知道要怎麼做」, 或者「自己也不知道方向在哪裡」, 所以就讓學生自由發揮, 他應該會講這種玩笑話啦。

怡庭： 有可能, 不過我覺得對美援的瞭解, 老師是在很後來他又看到一些資料之後, 才把來龍去脈搞得更清楚。

Anyway, 吳老師的指導方式很有他的風格。比如說像我後面, 我

的學妹就是高櫻芬嘛,[73] 她後來跟老師做臺灣貨幣與物價長期關係的研究。我覺得我們大概都很喜歡老師帶學生的風格,我們也的確很自由地去學到了很多東西。

所以就這樣子,既然老師鼓勵,我就想好吧,那就出去念嘛,那時候就決定要繼續念經濟。碩士班畢業後我先留在學校當吳老師一年的專任助理,在那一年就去考 GRE 啊,[74] 然後申請學校。

旭昇: 當初在申請學校的時候有特別考慮什麼嗎? 畢竟不可能申請個三、四十家,有什麼選擇的準則嗎?

怡庭: 因為申請國外學校很貴,那時候都要寄紙本的,申請費很貴,郵寄費也很貴,什麼都貴 ...... 我記得我申請了十幾家吧,可能有些是老師建議的,因為我那時候覺得比較想念總體方面的。

你知道我們那時候申請有多困難嗎? 我們要先寫信去學校,去要 application form (申請表格),對,你們也是這樣嗎?

旭昇: 差不多,但是有的學校已經可以寫 email 去要,或在網路下載申請表。

怡庭: 我們那時候沒有 email, 沒有 internet, 一切都是靠 fax, 或者是紙本的信件。

旭昇: 所以最後為什麼會選擇去 UPenn 念書?[75]

---

[73]高櫻芬目前 (2024 年) 為中央大學財金系教授。

[74]Graduate Record Examinations, 簡稱 GRE, 是由美國的教育測驗服務機構 (Educational Testing Service) 所提供的標準化測驗,許多美國大學的研究所在決定入學許可時,會採計 GRE 成績。

[75]UPenn (或簡稱 Penn) 是賓夕法尼亞大學 (University of Pennsylvania) 的簡

怡庭：我覺得最後去 UPenn 念書真的是因緣際會，主要是因為其他學校的申請結果也不是太理想，UPenn 除了給我入學許可，更特別的是也給我獎學金，那我想說這當然要去念啦。

旭昇：Penn 的天氣不算是太好，你在申請學校的時候有考慮過氣候的因素嗎？

怡庭：完全沒有這方面的考量 …… 喔，其實費城的氣候算是不錯的 …… 我唯一想的是，我不能申請太好的學校，比如說 Top 5，因為 …… 我猜想啦，就算我能夠申請到，也不會有獎學金，沒有獎學金我是不可能出去念的。我覺得那時候國外學校應該還滿強調數學的吧？因為我數學成績很爛，所以我也不曉得 UPenn 為什麼會要我。也許那時候他們的考量不太一樣。

但是說真的，我想 UPenn 那年很特別，大概收了四十幾個學生，比以往多。

旭昇：收的人數多，我覺得應該砍的也是很凶吧，對不對，可能畢業的時候同一屆的同學只剩一半而已。我當年進 Wisconsin 博士班的入學人數也是 40 幾個學生，[76] 最後畢業的同學大概只有 20 個左右。

怡庭：喔，對，真的是會砍。我剛到 UPenn 的時候，其實非常不適應，結果第一學期成績真的是不能看，我甚至想說那要不然就回臺灣好了。

稱，也稱為賓州大學。

[76] 威斯康辛大學麥迪遜校區 (University of Wisconsin–Madison)。

旭昇: 你們那時候的總體是誰教的?

怡庭: 呃, Fumio Hayashi, Hayashi 教我們總體。

旭昇: What!!

怡庭: 是的, 他教總體, 不是教計量。然後另外一個你可能比較不知道, 就是 Bill English。

旭昇: 這個我就不知道。

怡庭: 我們的計量老師是 Diebold。

旭昇: 喔, Francis Diebold。

怡庭: 嗯, 計量那個 ...... 我真的是沒有辦法。我們的個體老師是 David Cass。總之上學期結束時我就覺得我沒辦法了, 回臺灣好了, 後來想說反正有獎學金嘛, 再撐個半年試試看, 沒過就算了 ......。[77]

旭昇: 我想資格考大概會砍一半。

怡庭: 我們那時候怎麼考資格考, 現在的人大概很難想像。因為我們總共修了六門課, 總體 (一) (二)、個體 (一) (二), 計量 (一) (二), 我們就是一星期一、三、五, 上、下午共考了六個考試。

旭昇: 你們等於是一門課一個考試。

---

[77]Fumio Hayashi (林文夫) 目前 (2024 年) 為日本政策研究大學院大學兼任教授; William B. English 目前 (2024 年) 為耶魯大學 (Yale University) 教授; Francis X. Diebold 目前 (2024 年) 為賓州大學經濟系教授; David Cass (1937–2008) 曾任賓州大學經濟系教授。

怡庭：對，所以在考資格考前，就是一直做考古題，做到你只要一看到題目，就可以反射地把它寫出來，沒有時間讓你想。

所以如果你問我說有什麼轉折，我轉折還滿多的，就常常已經覺得說喔，好吧，那就算了。但也總能夠繼續再走下去……。

旭昇：不過我想主要也是因為考過資格考之後就像吃了定心丸了。

怡庭：考過以後我就覺得還不錯啊，反正接下來就是寫論文。我覺得我那時候大概開始對自己有一點點信心，因為我個體資格考考得不錯，就被 Cass 找去當個體理論的 TA，那時候就是考得最好的學生才能當 Graduate TA，所以我好像對自己有一點點信心了。[78] 之前我都覺得對自己沒有什麼信心。

旭昇：我想通常…… 我記得我那時候剛去 Madison 念書的時候，有一個老師是這樣講，就是那個 Rody，做總體的那個，他現在在 WashU。[79]

怡庭：Manuelli。

旭昇：對，Rody Manuelli。他就說將來沒有人會看你的成績單，博士生畢業出去找工作，沒有人會看你的成績單，不用擔心成績。他都會這樣給我們打氣就對了。他就說反正就是好好把資格考考過，然後做出比較好的研究，這比較重要。他說沒有人會再去回頭看你的成績單，你到底個體是拿 B 還是拿 A。

---

[78] TA, 即 teaching assistant (課程助教)。
[79] 即 Washington University in St. Louis。

怡庭: 當然, 當然, 我相信。事實上研究生的生活就是從考過資格考那一天開始, 對不對? 就像我們剛進去的時候, 他們就說博一生是 nobody, 開始有名字是你考過資格考以後。

旭昇: 欸, 奇怪, 好像我們那個年代都是這樣子, 我們那時候是說, 第一年進去的時候你就只有一個名字, 叫 first year student。第一年進去都這樣, 那真的是到了考完資格考之後, 過了之後, 老師才會叫你的名字, 我們那時候也是這樣。不過好像現在都已經不是這樣了, 差好多喔, 我覺得現在的改變好大。

怡庭: 不一樣了。我覺得他們現在對學生就是一進來就很照顧。

旭昇: 我聽說有些學校甚至改成可以用修課的成績替代資格考, 目的是希望學生能盡快專注在研究上。所以你考完資格考之後, 是怎麼挑研究領域的?

怡庭: 我覺得我在 Penn 真的學到很多東西, 也認識了一些老師。後來我都跟學生說, 你如果沒有特別一定要念什麼領域的話, 你就用消去法。我就是用消去法, 所有跟計量有關的我都把它消掉了, 我去修還有旁聽一些像總體、貨幣、產業還有公共經濟學啊, 到 Wharton School 去聽 finance 方面的課等等。[80]

旭昇: 那為什麼會選擇找 Randy Wright 當指導教授?[81] 我意思是說即使一樣要做貨幣, 為什麼會想到做貨幣搜尋模型?[82] 是修他的課

---

[80]Wharton School, UPenn 的商學院。

[81]Randall D. Wright 目前 (2024 年) 為威斯康辛大學財金系與經濟系教授。

[82]貨幣搜尋模型 (search monetary model) 利用人們隨機相遇的設定來捕捉交易的不確定性, 以及經濟社會中的許多交易障礙。

嗎? 還是?

怡庭: 我是旁聽他的課。我修了 Abel 的課,[83] 那時候 Abel 在 Wharton, 教的是一般總體, 像是 capital accumulation 和 growth 這些議題, 我本來以為我對這個有興趣, 不過修完以後覺得沒有什麼特別的靈感。那時我也聽 Randy 的課, 聽著聽著, 我覺得這個實在太有趣了, 但當時也說不上來為什麼。那什麼是有靈感、什麼是覺得有趣? 後來想想, 我發現每次在課堂上聽到貨幣的模型或故事, 就忍不住東想西想, 想歷史上我們看到的這些和貨幣相關的事件, 想這模型可以怎麼改造, 忍不住拿起論文一讀再讀, 好像每次都看到什麼新的東西。當時就是這樣的狀況。

因為系上規定要寫 third year paper, 我聽完 Randy 的課之後, 就開始往貨幣搜尋模型的方向寫。[84] 他跟 Kiyotaki, 他們在 1989 年發表了這個領域的第一篇文章,[85] 我去聽課的時候是1991吧。所以其實他們剛發表沒多久, 他們也還在做新的 ... 就是說接下來要延伸的方向。聽課那時候 Randy 在 Wharton 給了一個演講, 我去聽了, 發現原來這個模型可以應用在解釋跟訊息不對稱有關的貨幣問題, 恰巧之前有人來系上演講, 用 Arrow–Debreu 一般均衡模型, 外生加入交易成本, 談商品貨幣的訊息不對稱問題。聽完 Randy 的演講, 我就強烈感覺到搜尋模型更好。

[83] Andrew B. Abel 目前 (2024 年) 為賓州大學華頓商學院教授。

[84] 美國的經濟博士班通常會在學生通過資格考後, 要求學生選擇研究領域做初步探索, 並做一篇相關論文, 有時稱作 field paper (領域論文或學門論文), 有時叫 second year paper (在二年級繳交), 或是 third year paper (在三年級繳交)。

[85] Nobuhiro Kiyotaki and Randall Wright (1989), "On Money as a Medium of Exchange," *Journal of Political Economy*, 97, 927–954。

我去旁聽 Randy 的課的時候, 他有介紹一些經濟學的經典著作, 比如像 Adam Smith 的書中, 跟貨幣有關、跟交易有關、跟市場有關的東西, 還有奧地利學派跟貨幣有關的一些著作。我真的就仔細地去看了那些東西, 讀著讀著我覺得還滿有意思, 讀經典著作還滿好玩的。然後我就開始 …… 我就覺得說原來可以這樣用貨幣搜尋模型去談這麼有趣的問題。那我也來想想看, 或許我原來有的一些疑問也可以用這樣的模型來探討。

旭昇: 其實我有注意到, Randy 他在 86 年到 92 年之間大概發表了 19 篇論文, 但是其中只有 2 篇是跟貨幣搜尋有關, 其他全部都是以 job search 的東西為主, 你知道其實他原來是做 job search 的總體勞動經濟學家。[86] 所以當你在 Penn 念書的時候, 剛好是他跟 Kiyotaki 才剛開始在摸索貨幣搜尋這個東西。

怡庭: 是, 沒錯。

旭昇: 所以某種程度上我覺得你那時候也算是見證一個新的這樣的一個學派 …… 我們可以講 …… 現在大家都把貨幣搜尋理論稱為新貨幣主義學派嘛, 對不對? 所以我的意思是說, 其實你在 Penn 的時候, 剛好是見證了這個學派正在萌芽發展的一整個過程嘛, 對不對?

怡庭: 對, 的確是。我覺得那是一個非常特別的機遇, 我確實見證了一個學派開始萌芽的階段, 而且值得回味的是, 身處其中, 我當時是以什麼樣的態度面對這樣的一個歷史發展。

---

[86]Job search model (尋職模型) 透過勞工的尋職行為解釋失業現象。

現在回想起來 ... 我事後去看當時的發展, 發現說, 就像你講的, 他們跟 money search 有關的就是兩篇嘛, 當然他們有一些 working papers。[87] 我開始做相關研究的時候, 只覺得我有想法, 想要解決一些問題, 我並沒有去想這個領域才剛開始, 到底未來發展的潛力有多大, 會不會無疾而終。

旭昇: 這也是我想問的, 就是說, 某種程度上做這個選擇也是滿 risky 的, 因為你不知道說這個領域會走到哪裡?

怡庭: 但是我當時真的都沒有這樣想, 就像我在寫碩士論文時一樣, 只要覺得有趣就會栽進去。不過就像你講的, 任何人從現在這個時點往回看, 就會發現那的確很 risky, 但我覺得這樣也很好。我們很幸運的點, 就是在年輕的時候, 像是念博士班的時候, 從來沒有人跟我講, 你需要 publications (著作發表), 這個 journal ranking (期刊排名) 是怎麼樣, 這個點數怎麼計算, 從來沒有。所以我完全沒有那個壓力, 我只覺得研究這個東西好好玩, 我有 idea, 我想試試看。

旭昇: 我覺得這個真的非常重要。

怡庭: 我覺得非常重要, 這也影響我帶學生的態度。學生跟我寫碩士論文或博士論文, 我不會跟他們講 publication 跟 journal ranking 這些東西。學生在別的地方, 別的課聽到, 那是他們的事, 我只會跟學生分享我覺得這個題目有趣的地方在哪裡, 這個 approach 它有趣或它很重要的地方在哪裡, 我覺得這才是有意義的東西。

---

[87]working papers (工作論文) 指已經完成但尚未發表的論文。

旭昇: 我覺得現在愈來愈多的學生都比較有策略性的在思考, 比如說要選擇哪個研究領域或選擇哪個研究主題的時候, 都會帶有一種目的性。就會在意說這個研究領域現在夠不夠受重視, 做的是不是期刊編輯喜歡的議題, 做了、投到期刊會不會容易被接受等等這一類策略性的研究取向。搞到最後, 做的都是迎合別人興趣, 湊熱鬧媚俗的東西, 而不是自己真正有興趣的東西。但顯然在我們那個年代我們不會想到這些東西。

怡庭: 所以我才會說我們是幸運的, 因為那時候的外在環境的確也沒有像現在這麼嚴峻, 說真的。

雖然我會說是幸運, 但是我總會去反思, 在這樣一個幸運的環境裡面, 我得到了什麼? 現在我應該給我的學生什麼? 所以我其實是希望學生來跟我寫論文的時候, 你的確是因為喜歡這個題目, 你想要發現一些什麼東西, 你可以感受到研究過程的樂趣, 至少在我指導學生的時候, 我提供這樣的一個環境或者是說這樣的一個態度給他們。

我還記得我寫完 third year paper 去 seminar 報告, 報告完就擱在那裡, 接下來開始寫 job market paper。[88] 忙完找工作的事情之後, 才問 Randy 說, 我這個 third year paper 可以投稿嗎? 因為那時候已經上 market 了, 大概知道了一些學術界的事, 就是說工作後要發表論文才能升等的這種事情。然後他就說你當然要啊, 這是你的 job, 所以在這個時候他才跟我講, 你需要開始投稿。所以我覺得在適當的時候, 老師給你一個很適當的指導, 這樣滿好的。

---

[88] 博士班畢業生在就業市場找工作時的主要論文, 稱為 job market paper。

旭昇：所以你的 third year paper 就是刊登在 *JME* 的那一篇嘛?[89]

怡庭：對,1995 年發表的那一篇。

旭昇：你大概在學生時代就開始投了嘛,對吧?

怡庭：對,我應該是在第五年找工作告一段落,比較空的時候整理改寫了,因為我那時候對期刊沒什麼瞭解,就問 Randy 要投到哪裡,他才跟我說一些和投稿策略有關的東西。那時候 *JME* 處理得好快喔。

旭昇：真的嗎?! 那個時候主編 ... 那時候主編應該是 King 吧?[90]

怡庭：很難想像對不對? 我後來有一篇在那邊待了兩年。

旭昇：Bob King 最受到人家抱怨的就是他處理稿件的速度非常的慢。

怡庭：我記得那時候是雙主編,另外一位是 Charles Plosser ... 應該是他處理的,[91] 對。

旭昇：後來那篇應該就是 Bob King 處理的吧? 他處理稿件的速度非常的慢,非常的慢。

怡庭：兩年,兩年。

回到我們剛才聊的,也許事後看起來貨幣搜尋這個領域發展得還不錯,但是我在那個時候沒想那麼多,也沒能力看那麼遠。

---

[89] *JME*, 即 *Journal of Monetary Economics*。

[90] Robert King, 時任 *JME* 主編,也是吳聰敏的指導教授。

[91] Charles Irving Plosser 時任 *JME* 主編,當時亦為羅徹斯特大學經濟系教授,後來曾擔任費城聯邦準備銀行總裁 (2006–2015)。

我只知道我想要做的是我覺得有趣的東西，我想要回答一些我以前不瞭解的問題。比如說我的 third year paper 是在問 —— 我在 Adam Smith 的《國富論》裡面看到的，為什麼像金幣、銀幣這種，充滿了製造偽幣的可能，又有辨識性的問題，會一直被當作貨幣，為什麼？當然你可以試著用文字去回答這個問題，但是我們現在有一個模型，這麼嚴謹、具有內在邏輯一致性的模型，為什麼不拿來試試看？

所以我就把商品貨幣辨識性這個訊息不對稱問題，加到 Kiyotaki and Wright 1989 年那篇文章。[92] 我永遠記得一個插曲，我也常常在上課時跟學生說，你們寫的論文一定是你自己最清楚，即使是指導老師都不見得比你清楚一些推導的細節。你一定要有這樣的自信才行。

我那時候就是在他們 1989 年那篇論文加入訊息不對稱問題，他們的模型有多重均衡，但我的模型得到的是單一均衡。我就去跟 Randy Wright …… 那時候也不知道哪來的衝勁 …… 也沒有人告訴我博士班階段應該怎麼跟老師 meeting，但我就是真的會每一兩個禮拜去找他，去敲他研究室的門，只要他在學校，研究室的門也幾乎都是開著的，關於這一點我滿感謝他的。

然後我就去找他談，跟他說我得到的是 unique equilibrium，然後他就說不可能，因為他們的是 multiple equilibria。我就說我真的 check 所有的 algebra，真的是 unique equilibrium，然後我就要說為什麼？背後的機制是什麼？他就說我不要聽 —— 他

---

[92] Yiting Li (1998a), "Commodity Money under Private Information," *Journal of Monetary Economics*, 36, 573–592。

有時候會開玩笑——然後就要走了，我就一直追著他，跟他講就是怎樣怎樣。

Anyway, 後來 Randy 被說服了。我那時候也不曉得是哪來的勇氣……反正我覺得說，就應該是這樣，我明明就這樣按部就班把均衡推導出來，除非我整個模型都錯了，不然不可能，數學上就是這個結果，只是需要把背後的機制想清楚。後來我就仔細說明經濟直覺是什麼，他就接受了。

這個經驗對我來講其實是很好的經驗，我們不見得永遠都很順利地知道對的答案，因為從對的答案我們可能學不到什麼東西，但是我們經歷了挫折，或者是走錯了路，我們會更知道對的東西是什麼，這就是我從那次經驗中學到的。

然後我覺得更好笑的是，說真的，我那時候也想過要不要再繼續做貨幣的議題，因為我看到，就像你講的，Randy 之前都是做跟 labor economics、跟 insurance 有關，或是 unemployment insurance 一類的研究。所以我就想，如果我要繼續跟他做論文的話，是不是應該做一點相關的東西。

旭昇：這是很合理的想法。

怡庭：對，我就是想這樣好像跟他的領域比較接近。所以我就去看了他的那些論文，然後就想了一個跟 unemployment insurance 有關的議題，你現在問我是什麼，我也忘了，反正就是勉強抓了一個題目。所以你看，因為不是順著自己本心去做喜歡的議題的時候，就會好像有點不是那麼順的感覺。

我就跟 Randy 談了我的題目，說我想要做這東西當作我的 job

market paper。他聽完以後, 我永遠記得他跟我講的, 他就說這個題目滿有趣的, 所有老師都會這樣講, 對不對? 學生來找你, 你就會說你這個題目滿有趣的。

他沒有跟我說不要做這個題目, 不過他接下來說,「但是, 我覺得在貨幣這個領域有愈來愈多很好的經濟學家進來了。」

旭昇: 這應該是他試圖給你一些 hint。

怡庭: 我覺得也許是, 但是他也沒有跟我說你不要做這個, 或者你要繼續做那個, 沒有。他只跟我講這件事情。當時也不曉得為什麼, 我就覺得那就繼續做貨幣也滿好的啊, 但事後我才覺得這件事情很重要。

當一個領域要發展的時候, 有很多好的經濟學家進來是很重要的, 你知道還包括誰嗎? Neil Wallace。你知道 Neil Wallace 早幾年開創了一個用交易障礙解釋貨幣的、有別於一些外生假設人們一定要用貨幣進行交易的模型, 他用 overlapping generations model (疊代模型) 來做貨幣, 那時候他覺得在貨幣理論已經有一道曙光進來。

旭昇: 可是到最後他還是做 money search 的東西啊。他後來還有跟 John Kennan 做相關的東西嘛, 對不對?[93]

怡庭: 對, 我記得 Wallace 在 1991 年就和 Aiyagari 發表了一篇 money

---

[93] Neil Wallace 目前 (2024 年) 為賓州州立大學經濟系榮譽教授; John Kennan 目前 (2024 年) 為威斯康辛大學經濟系教授。

search 的文章, [94] 他們就是用 Kiyotaki–Wright 1989 年那篇論文的架構, 把 3 種商品延伸到 n 種商品, 來看看那篇論文的結論是不是還成立。所以, 的確這個領域漸漸有非常好的經濟學家進來, 但是當時我不太瞭解這個的重要性。

我要開始寫 job market paper 的時候應該是 1993 年暑假, 那時候 Randy 就看到了, 我覺得他真的非常厲害, 知道一個新領域要茁壯應該怎麼做 …… 比如說 Randy 很幫助年輕學者, 在他面前報告論文, 他會很認真跟你講問題在哪裡之類的。

所以我覺得他很努力在幫助這個領域茁壯。從事後看起來, 他講的那句話真的實現了, 然後也讓我知道, 一個新領域要發展, 它必須是這樣子, 要有好的經濟學家進來。當然, 會吸引好的經濟學家進來, 也必須這個理論有它特殊貢獻的地方。而且我覺得要 open-minded, 因為你永遠不知道這些好的經濟學家會帶進來什麼東西, 你要允許那些事情發生。

當時聽了他的話之後, 我就把那個 unemployment 的 idea 丟了, 開始找一些貨幣相關的題目, 但是後來我也沒有 …… 我的 job market paper 也不是做貨幣, 但是分析的架構是一樣的, 我做中間商, middlemen。[95] 那是因為看了 Akerlof 的 "Market for Lemons" 那篇很有名的文章。那篇文章也都是敘述性的, 看一看我覺得這太有趣了。[96]

---

[94] Rao Aiyagari and Neil Wallace (1991), "Existence of Steady States with Positive Consumption in the Kiyotaki–Wright Model," *Review of Economic Studies*, 58, 901–916。

[95] Yiting Li (1998b), "Middlemen and Private Information," *Journal of Monetary Economics*, 42, 131–159。

[96] George A. Akerlof (1970), "The Market for 'Lemons': Quality Uncertainty and

旭昇: 那個議題也很適合用 search model 去看, 對不對? 就是你今天在那樣的一個市場上, 要搜尋二手車或怎麼樣, 應該很適合用這種 search model 的架構來看。

怡庭: 沒錯, 之前也有人用 search model 看這個問題, 像 Rubinstein 和 Wilinsky, 可是他們是用 partial equilibrium, 跟我們用 dynamic framework 看是不一樣的。

而且你看, 沒有交易障礙也就不需要中間商了, 但是要把交易障礙放入模型中很不容易, 當時可以找到關於中間商的研究並不多。所以寫 middlemen 這篇文章時遭遇到滿多困難的, 但是就是一樣一樣的去解決。那時除了 Randy, 我也常找 committee members 聊, 像是做賽局的 Aki Matsui 和做貨幣理論的 Ruilin Zhou,[97] 我慢慢地學到這些東西, 也就是在寫論文的時候去學。對了, 幾年後我還和 Aki 合寫了一篇國際通貨的文章。

那時候我可以感覺如果你真的喜歡一個東西, 而且你真的很認真去做, 其實總是會有收穫的, 不管那些收穫是什麼。當然我上 market 不是很順利 …… 我問的是總體經濟的問題, 用的是考慮交易障礙而且具有個體基礎的模型, 我的感覺是說, 個體的人認為你是做總體的, 但總體的人認為你是做個體的, 所以 …… 對, 不是很順利。

旭昇: 這讓我想到, 我猜大概是 …… 我現在不確定, 應該是95還是96。我那時候還在念碩士班, 然後我有去聽你的演講。但我不確定是

the Market Mechanism," *Quarterly Journal of Economics*, 84(3), 488–500.

[97]Aki Matsui (松井彰彥) 目前 (2024年) 為東京大學經濟學研究科教授; Ruilin Zhou 目前 (2024年) 為賓州州立大學經濟系副教授。

job market talk 還是後來 ...... 但是我想講的是說, 你講什麼內容我其實都聽不懂, 不知道在幹嘛這樣子, 但是我印象非常深刻的就是, 我只記得最後一句話, 就是你在演講結束前很有自信地講了一句說,「我想這就是為什麼這篇被 JME 接受的原因吧。」那時候我就覺得哇 ...... 好厲害! 那個場景我現在記憶猶新。

怡庭: 可是你那時候知道 JME 是什麼嗎?

旭昇: 當然知道, 因為我那時候是 ......。

怡庭: 那你太厲害了。

旭昇: 沒有, 因為我跟毛慶生老師做碩士論文嘛, 那時候我做 RBC 的東西, 那你知道 RBC 那時候基本上應該就是那個 King, Plosser 嘛, 他們幾個人在 RBC 的東西花了滿多力氣 ...... 他們那時候是屬於很努力地在 RBC 耕耘的一群人, King, Plosser, Rebelo 啊,[98] 對不對? 所以在 JME 還曾經有一個 special issue, 整個 issue 都是在講這個 RBC 嘛。Anyway 反正我那時候就讀了一些 JME 的 papers, 所以我也知道能發表在 JME 很厲害這樣。當我聽到臺上說, 這就是為什麼被 JME 接受的時候, 我想說這研究一定很棒, 只是我太駑鈍了, 聽不懂。

怡庭: 啊真的不好意思, 我那時候怎麼這麼 ...... 真是太年輕了。

旭昇: Anyway, 當時我就覺得說, 為什麼這麼厲害的老師沒有到我們系上來教書。

---

[98] Sérgio T. Rebelo 目前 (2024 年) 為西北大學 (Northwestern University) 商學院教授。

怡庭：我想不管我在美國或者在臺灣找工作，都有這樣的一個可能性，就像我剛才跟你講的 ……。

旭昇：似乎就是被不同領域的人所誤解 …… 其實回到我們剛才在講的，就是因為這個領域它還在萌芽，所以它其實是非常 risky。非常 risky 的原因就在於說當你走出去的時候，人家可能還不知道怎麼定位你。我猜有可能是這樣子，所以這也是因為你是一個比較新的領域，某種程度上你必須要承擔這個風險。

怡庭：有可能，對。當時我覺得美國沒有工作也沒關係，我不會覺得說我一定要怎麼樣啦，那時候有一個 postdoc 的工作，雖然是個很好的學校，但我覺得我不想要再上 market 了，就沒去。

回想起來，我覺得我很清楚自己不要什麼，這輩子很多事情，學術研究也好，人生的很多事情，我不會很在乎一定要怎麼樣。既然我沒辦法找到美國好學校的教職，那我回臺灣也很好啊。

我覺得我就自己做研究啊，我就好好地去做、好好地去學。剛畢業時剛好跟 Randy 有一篇合作的 paper，他就帶著我一起完成這篇研究，所以我也就慢慢這樣步上軌道。[99]

我覺得我是他的學生的時候，他帶我的方式或者是我能夠看到的面向，相較於我跟他是 co-author 的時候，我能夠看到所謂研究的這種面向和方法什麼的，很不一樣。

這些經驗都影響到我後來指導學生論文的方式，我怎麼和他們討論、我想透過很多方法激發他們想問題、給一些提示讓他們自

---

[99] Yiting Li and Randall Wright (1998), "Government Transaction Policy, Media of Exchange, and Prices," *Journal of Economic Theory*, 81, 290–313。

己解決問題。後來和學生一起合寫論文, 帶領他們的方式又不太一樣, 我會花時間告訴他們為什麼我覺得這個問題有趣, 為什麼這個結果重要, 花更多時間的地方是在解釋為什麼這樣寫作, 為什麼要這樣呈現我們所得到的結果。因為寫作本身非常困難, 透過這樣的討論, 讓他們更瞭解議題的重要性, 和論文寫作的要點, 只有透過這樣反覆練習和討論, 才能一步一步學習整套的研究方法, 未來他們也才更能獨立研究。

後來想想, 雖然我那時候上 job market 的結果不如預期, 但我覺得也還好, 我沒有很在意, 說真的。很多東西事後看起來, 我覺得還是很好嘛。所有的經驗都是好的經驗。

旭昇: 這倒是真的。我曾經在我自己的書中提到, 我師從兩位老師, Ken West 跟 Charles Engel。[100] 雖然「師從」兩個字本來並沒什麼特別意義, 就是「跟著學習」的一種比較文雅的說法, 不過對我來說, 我倒是不會輕易使用「師從」這兩個字。其實是因為我剛好有機會擔任他們的研究助理, 也跟其中一位共同合作論文成為 co-author, 讓我有機會近距離地參與以及觀察到他們做研究的態度與思考模式, Charles 甚至還帶著我跟一些經濟學家打筆仗。這種影響不只在學術研究上, 對於一般生活也很有幫助, 我覺得這些特別的經驗讓我一生都受用。

怡庭: 談一下你們怎麼打筆仗吧!

旭昇: 這個說來就話長。在 2002 左右, 有一群經濟學家在購買力平價

---

[100] Kenneth D. West 與 Charles M. Engel 目前 (2024年) 均為威斯康辛大學經濟系教授。Ken West 是陳旭昇的論文指導教授。

的議題上, 發了一篇 working paper, 結果非常出人意料, 造成國際金融學界廣泛的討論。Charles 就邀請我合作, 說一起來看看這個議題。過程中, 我們發現原論文一些資料上的錯誤, 以及計量方法上的缺點, 就跟他們一來一往地討論。本來 email 往來只是單純私底下的意見交換, 不知道從何時開始他們的 email 就開始 cc (轉信) 給其他國際金融研究的學者, 而且 email list 愈加愈長, 討論的口氣愈來愈火爆, 也有一種讓很多人在旁邊吃瓜看戲的感覺。

從事後的角度來看, 其實這就是科學研究的過程啊, 大家互相漏氣求進步, 我們的批評也幫助他們的論文改善很大啊, 不過討論的過程中不是很愉快就是了。雖然如此, 從交流中我仍然學到很多, 對於我之後應對期刊審查人與編輯時, 幫助很大, 畢竟我是個在研究生階段就看過大場面的人啊。

對了! 講到論文合作, 不知道你們做純理論研究的人是如何合作論文的?

怡庭: 嗯, 回想一些合作論文的經驗, 我覺得無論是形成研究問題、議題的聚焦、建構模型或最後的寫作, 過程中都是一起討論, 很難明確區分你做什麼、我做什麼。也許能夠分工的部分, 就是某些定理的證明可以分頭進行, 或者有人先寫一個初稿, 大家再就這個初稿來討論。

旭昇: 實證研究好像比較容易分工。以我跟 Charles Engel 合作的那一篇論文當作例子, 我們就是在看一個跟購買力平價有關的問題, 然後做了一點估計, 可是一開始做出來的結果好像跟之前別人

的結果差不多，我們兩個人就你看我、我看你，兩個人都不知道接下來要怎麼辦，然後整個研究計畫就停下來。

過了一個暑假之後，剛好那個暑假，我在幫我老闆 Ken West 做另外一個研究計畫，[101] 從那裡我學到了一些新的計量方法，然後在那過程中，我就想到說，這個計量方法可以應用到我跟 Charles 合作的研究。

所以我就做了一些新的估計，用比較新的方法切進去，得到一些還不錯的實證結果。然後等到開學的時候我就去找他，他就說剛好剛好，他也剛做完一個模擬相關的東西，也得到不錯的結果。那最後我們的論文就是這樣子寫出來，就是我的模型估計、他的電腦模擬，把兩邊各自弄出來的東西併在一起，最後再一起寫一個簡單的理論模型，就成為一篇論文。

所以說，做實證相關研究的時候，好像比較容易可以各自做自己的部分，然後到最後可以把它們統合在一起變成完整的論文……因為我們都是在看同一個問題嘛，只是切入的方式不同。

所以是不是說，實證研究好像比較可以是 Bottom-up，而理論研究比較像 Top-down？

怡庭：我不會說這是實證研究跟理論研究的區別。

可能我用一個例子講比較好瞭解。當時我和我的 co-author 想用貨幣搜尋模型討論偽鈔的問題，這跟鈔票的辨識問題有關，而且我們考量人們可以選擇製造偽鈔，在這個不對稱訊息的賽局

---

[101] 學術界習慣稱呼指導教授為「老闆」。

下, 要用什麼均衡定義? 我們要針對這些建構模型的關鍵因素不斷討論, 把模型確定下來才能繼續往下走。[102]

當我們推演出第一個基本的結果, 就開始思考要把這個模型發展成討論哪些有趣的問題, 譬如說, 因為有偽鈔的威脅, 貨幣均衡會不存在嗎? 製造偽鈔的成本會影響製造偽鈔的意願, 甚至貨幣的價值嗎? 經過反覆討論, 再分頭去證明, 或是推導結果, 每個人再就自己推導的部分寫出結果, 再彼此給意見修正文章的內容, 經過這樣反覆討論和修改, 最後才完成一篇文章。我想我們剛才提到的差異, 可能不在於實證和理論文章, 而是跟探討的主題和使用的研究方法有關。

我還滿 enjoy 那個討論過程啦, 因為在這過程中, 你會發現自己真的學到很多東西, 譬如說為什麼合作者可以想到這個, 我沒辦法想到; 或者說, 有人提出一個建構模型的元素, 我發現它有一個很大的問題, 然後模型又得重新寫過。我覺得在這個合作的過程, 彼此都在幫助對方成長, 我覺得滿好的。

這個和合作者反覆討論推敲的過程, 也讓我體會到嚴謹的理論研究, 可以提供正確的政策建議。我們論文的結果和以往的文獻剛好相反, 主要原因是, 我們用的均衡定義, 很明確地把製造偽鈔的選擇考慮進不對稱訊息的賽局。後來我們把這個分析方法應用在有價證券詐欺偽造對總體經濟的影響, 探討 2008 年次貸嚴重詐欺引爆金融風暴的重要機制, 並提出相應的政策建議。

旭昇: 你在臺大經濟系其實也訓練了不少博士生嘛, 那 ......

---

[102]Yiting Li and Guillaume Rocheteau (2011), "On the Threat of Counterfeiting," *Macroeconomic Dynamics*, 15, 10–41。

怡庭: 不多。

旭昇: 已經算是多了。那你會鼓勵學生念博士班嗎?

怡庭: 其實我不會特別鼓勵學生念博士, 我覺得想要念博士這件事情必須是他自己本身已經很有意願了, 我再就他的 …… 比如說他的程度、個性等等給出建議。

旭昇: 除了考量這些學生本身的程度、能力、興趣等等, 你是否會從學術環境的角度跟他們聊? 譬如說, 畢業後好不好找工作, 工作後所面臨的學術壓力等。

怡庭: 不會耶。我反而想的是, 因為學術界的工作跟別的工作有個非常不一樣的地方, 就是你要真的非常獨立、非常喜歡做研究。

因為做研究的過程, 我想你也瞭解, 就是你要很深刻地去面對自我, 比如說你自己怎樣去解決問題, 有時你會懷疑自己的能力 …… 它是一個很孤獨的過程, 又是一個非常的 …… 應該算是壓力很大的一個過程。在這個過程中你需要真的對研究非常有興趣, 面對挫折又能放下執念, 才能支持下去。

我們的工作之一就是研究、寫作、投稿, 比如說你現在要投稿期刊, 在這投稿的過程怎麼樣跟 referee 互動、怎麼樣跟 editor 互動, 也要瞭解到, 很多東西其實是 out of your control 的, 特別是當你收到 reject letter 的時候。

有些 editor 或 referee 拒絕的原因, 是他們對研究主題或方法的偏好, 那時看到拒絕的理由, 會有一種不被瞭解的氣憤也好、委屈也好, 但你的心理就是要強大到可以包容這所有的一切。

所以說，你要能夠引領你自己慢慢地從一個拒絕面對研究被否定的那種狀態走出來，回到一個比較具有覺知的、比較能客觀看待這一切的狀態，在這個過程中，你必須要有能夠觀照你自己心理變化的那種能力。

當然如果你身邊有一些跟你的領域相近，可以談得來的一些較資深的同事，或者你有一些合作者，那當然最好。你可以跟他們聊，透過他們的經驗分享甚至精神的支持，一起走過那個過程。

旭昇：我覺得我30多年前在決定要念博士的時候，並沒有想到這些。等到畢業開始工作後，才發現學術這條路其實並不輕鬆。再加上我剛回國時，臺灣社會科學的學術圈，以經濟學領域為前導，正展開所謂的學術評鑑、期刊排名與量化指標等風潮，而我剛好躬逢其盛。

怡庭：對，這些年學術界的外在環境變化得很快，但我不太喜歡告訴學生現實界有什麼東西，而是比較想告訴他們我剛才講的，做研究的時候，其實你是孤獨的，但你必須能夠享受這個孤獨，如果你有這樣的心理素質，我覺得其他都是其次了。

當然我也會跟他們說現在投稿發表真的很難，但我不喜歡跟學生講期刊排名，為什麼？因為期刊排名可能是我們在分配資源的時候，必須要依賴的一個 …… 可以接受但是並不完美的指標。但是我們自己在做研究的時候，以及我們在判斷一個研究到底好或不好，不能無條件地接受期刊排名，而是需要以個人的獨立思考能力來判斷。

這些能力包含對學術的尊重、對研究的興趣，以及那種 …… 我

們講審美觀好了, 懂得欣賞有些研究或論文真的好美的那種感受, 我覺得培養這樣的能力滿重要的。

以我自己為例, 我有一篇關於國際通貨的論文我自己很喜歡, 但是因為投稿的時候, 剛好處於貨幣搜尋模型的第二代要過渡到第三代的過程。當時一些人開始用第三代模型, 我們的模型屬於第一代。

事實上我覺得如果簡單的東西能夠把一個問題講很清楚, 為什麼要把它複雜化呢? 如果用第三代模型去談國際通貨的問題, 你可以找出均衡的匯率, 可是我們要問的問題不是這個, 我們要問的問題是, 一個國家的通膨率低有助於它的貨幣成為國際通貨, 就可以向外國人課鑄幣稅來融通它的公共財, 這可以提高這個國家的福利, 那這個國家的政府有沒有可能在它的貨幣成為國際通貨之後, 採取通貨膨脹政策? 提高通貨膨脹可以得到比較高的鑄幣稅利得, 但太高的通膨, 可能會讓它喪失國際通貨的地位。我們是用第一代的貨幣搜尋模型, 也就是研究貨幣接受度的模型, 採取 strategic selection of equilibrium (策略性的均衡選擇) 去回答這個問題。[103]

那時候面臨第三代貨幣搜尋模型剛開始發展, 所以那個稿子我們大概投了兩三次, 很多 referee 都問你們為什麼不用第三代模型。但是我跟我的 co-author 都不是很認同這一點。後來我們也不想繼續嘗試了, 直接投到一個比較一般的期刊, 但是它是我最喜歡的論文之一。

---

[103] Akihiko Matsui and Yiting Li (2009), "A Theory of International Currency: Competition and Discipline," *Journal of The Japanese and International Economies*, 23, 407-426。

我覺得重點不是我的論文最後發表在哪裡, 其實它後來還是被一些做國際通貨的論文引用了, 重要的是, 我有沒有在做研究的過程中, 培養出我的能力, 更瞭解什麼是好的研究。所以我希望學生瞭解的是, 未來如果真的去念博士, 在你未來的學術生涯, 這件事情才是重要的。

旭昇: 也就是說要能夠培養做學術的品味。

怡庭: 對, 品味。我覺得能夠培養這樣的自信, 當然也不容易啦。所以說, 在學生剛開始接觸學術的時候, 我頂多會說, 哪些期刊的文章通常會比較好, 或者說問的問題比較重要, 我不會特別強調期刊排名。當然以後他們進入了學術界, 要升等了, 自然而然就會瞭解。

其實學術研究過程, 重要的是不斷地去反思, 就像我幫申請博士班的學生看他們的 SOP 時, 我會跟他們討論, 給一些建議。其中一個常會給的建議就是說, 你在寫 SOP 的時候就去反省, 從大一開始接觸經濟學到寫碩士論文, 這個過程中, 你到底覺得怎麼樣? 你曾經有過高興或者低沉, 或者甚至狂喜的那些時刻, 你都去回味它, 再次去確認你真的想要繼續往這條路走。如果你真的照著我的話做了, 然後有一天 …… 你來敲我的門, 跟我說老師我想了很多, 我發現我不想申請了, 那也很好啊。我覺得重點就是在透過不斷跟自己對話, 確認自己對於經濟學研究的喜愛程度。

旭昇: 身為一個女性的經濟學家, 你覺得有受到什麼樣的限制嗎? 或者說有什麼你覺得比較不一樣的地方?

怡庭: 講到這我就要講我在 Penn 要畢業的時候, 去跟 David Cass 道

別。他是一個非常特別的人，我也沒跟他做論文，剛剛說過，我當過他兩年的助教，他一直對我滿有印象的。在我要道別的時候，他就跟我講一些話，他說你在 Penn 受了五年的訓練，我很擔心你回到臺灣能不能適應那種不鼓勵女性發表自己意見的亞洲文化。我當時沒有深刻理解這件事 ...... 但我把它記在心裡了，當時確實不知道究竟會怎麼樣，那 ...... 好吧，就只能去經歷看看。

回來臺灣之後，你知道其實我的個性就是，我不是一個很衝的人，但是我覺得我該做的、或是想做的我就會去做，當然有幾次可能不被認可，但我覺得好像也不妨礙我，所以我就還是繼續這樣做。

但是我發現我的學生們，不管是課堂上或是指導論文的學生，大部分的女生的確在這個圈子裡是比較不被鼓勵表達的，也許也比較不願意表達，所以我常常在不同的場合把 David Cass 告訴我的這句話，還有我自己的經驗，講給學生們聽。

我指導學生的時候，主要是依據他們的個性，不特別用男生和女生來劃分，有些學生相對比較有自信，我在指導他時，跟另外一個超級沒自信的學生，會用不太一樣的方式。

旭昇：你1995年回國的時候，那時候臺灣應該還是副教授起聘的吧？

怡庭：事實上清大那時候不曉得為什麼領先全國，是從助理教授起聘。但是教育部那邊沒有助理教授的聘書，所以就變成說你在教育部拿到的是副教授的聘書，但是你只要留在清大，你就是助理教授，所以我是從助理教授幹起的。

旭昇：但是，其實你並沒有助理教授證書啊，對不對？這應該是清華的內規而已。

怡庭: 對。

旭昇: 我有聽過這個東西,因為我04年回來找工作的時候,也有去清大面試,然後那時候跟黃朝熙老師在那邊聊,就是講到說,像李怡庭老師那個時代,好像是分成副教授一級跟副教授二級,你們是這樣講法嗎?

怡庭: 沒有,我們叫作副教授A。

旭昇: A或B? 然後他說什麼從副教授,是從A升到B,還是B升到A?

怡庭: 沒有,就從副教授A升到副教授,把A拿掉了。

旭昇: 喔! 他的意思就是說我們的李老師很厲害,一下就從副教授A變成副教授。

怡庭: 也還好啦。對,所以那時候滿有趣的,但是我覺得也ok啊,反正我都來了,你們這樣規定,那我就這樣吧,後來很快就改了吧,好像你回來的時候就已經是助理教授了嘛?

旭昇: 當然啊,以臺大經濟來說,1996年以後就是助理教授起聘了。我滿好奇的就是,你覺得清華那邊的環境跟臺大這邊有什麼不一樣,有沒有什麼比較特別、可以比較的地方嗎?

怡庭: 其實我的比較可能不是很公允吧,因為我到清大的時候是助理教授,我來臺大的時候已經是教授了,我覺得這個比較基礎上會有點不太一樣。就是說當你是助理教授的時候,所有人都會對你很好。我在清大的時候,同事們都對我很好,比如說像我的third year paper, 後來 *JME* 給了 R&R,[104] 那時候我已經在清大了。畢竟我沒有處理的經驗, 我有和我老闆討論怎麼修改, 那黃朝熙老師不是有一篇 *JME* 嗎? 我就跑去找黃老師, 問他可不可以跟我討論一下應該怎麼寫 reply 比較好等等。我教學或行政事務上有不懂的地方, 就問同事們。我覺得他們都對我滿好的, 這可能因為我是助理教授, 所以......

旭昇: 我在猜可能這是因為清華比較親切。說不定如果你的助理教授是從臺大開始的話, 也許就沒有這種感覺......

怡庭: 喔, 真的嗎? 你覺得是這樣子嗎? 臺大給你的感覺是這樣嗎?

旭昇: 臺大比較沒有那麼...... 應該這樣講, 好像沒有那麼的關心。好像你一來, 就期許你要能獨當一面, 你就是...... 不要講自生自滅, 但你就是...... 要自己想辦法。

怡庭: 但是你如果有什麼問題, 比如說像我剛才講的, 你有一個 paper 的 R&R, 你要去找人跟你聊或討論......

旭昇: 那不一樣, 因為我想應該這樣說。畢竟我們是臺大畢業的啦, 也許這是另一個優勢, 就是系上老師我們都認識。你說我要 R&R 或者我有什麼問題的時候, 我就很輕易的, 古老師的門一敲, 對不對? 吳老師的門一敲, 問一下。[105] 但我想講的就是說, 如果是一個非臺大畢業的人, 然後來我們這裡當助理教授, 我覺得他可能會覺得有點...... 會有一點點無助, 我覺得。除非他本來就是一個比較 outgoing 的人, 不然的話, 應該會感到有一點點孤單。

---

[104] R&R, revise and resubmit, 亦即期刊提供修改後再投稿的機會。
[105] 古慧雯與吳聰敏。

怡庭： 瞭解。不過如果要比較清大跟臺大老師的研究領域,確實不太一樣。像黃春興老師、干學平老師,劉瑞華老師,他們是 …… 比如說奧地利學派或者制度學派啊,我那時候常常聽他們討論,當然奧地利學派的貨幣理論我有念一些啦,那其實我還滿 appreciate 他們在說什麼,這跟我的研究興趣也蠻符合的。

其實 Randy 他們那一套貨幣理論、對貨幣的理解和看法,跟奧地利學派有些淵源。你想想看比如說 cash-in-advance constraint,意思就是說研究者規定模型中的人們要持有現金才能進行交易,但在 search monetary model 裡面,人們要用什麼當作交易媒介是一個選擇的結果,而這個對我來說非常重要。

我觀察到現實世界人們在不同的環境、不同的技術和不同的政策下,對交易媒介或支付工具 —— 像是現金、支票、金融卡和信用卡 —— 的選擇,可能會不一樣。這個經濟體的均衡,並不是在人們選擇結束時就決定了,因為你的選擇會反饋回去影響貨幣的價值和市場利率。

比如說金融危機發生,這些事件都會影響一些資產的基本特性,像債券的倒帳風險提高,然後影響人們和金融機構資產配置和支付工具的選擇。再比如說央行採行某個貨幣政策,存款利率發生變化,人們會改變支付工具的選擇,並且重新配置他們的存款和現金,這個資產的重新配置可能進一步影響存款利率,結果貨幣政策的效果,可能和假設人們不能選擇支付工具的模型結果不一樣。

其實,讓經濟模型裡的人們能夠很自由地選擇他要用什麼東西當作支付工具,這件事情對我來說不只是研究上的重要性,這種

自由選擇更是我的一種 …… 應該怎麼說, 信仰吧。

旭昇: 不過我有一點點好奇的是, 畢竟現在某種程度上, 我們就已經是
一個法幣的經濟體系, 意思就是說, 我們就是得接受這個法幣,
不管你喜歡不喜歡, 你在臺灣, 你就是用新臺幣, 對不對?

那當然如果你說以國際金融的研究來講的話, 有可能 …… 因為
考慮不同國家的貨幣, 你可能有不同的選擇, 你的 portfolio 在不
同的貨幣之間, 要怎麼去選擇或是持有等, 但是我想問的是, 如
果我們討論的就是一個封閉的體系, 又是一個已經很明確的法
幣社會的話, 那我不太理解是說, 這樣的一個 search model, 或
者說一個讓人們可以自由選擇交易媒介的這樣一個想法, 會不
會偏離了現在現實的經濟運作?

怡庭: 好, 那我用第一代的模型來說明。第一代模型主要談交易的過
程, 沒有談價格, 在 Kiyotaki–Wright 1993 這篇論文發現,[106] 我
們可以找到複均衡, 在這些均衡裡面, 人們可以選擇我要不要用
貨幣, 如果大家都願意接受貨幣, 這就是貨幣有價值的均衡; 如
果大家完全不接受貨幣, 就回到了以物易物的情況, 這是貨幣沒
有價值的均衡。因為這兩種均衡狀況在現實界都出現過, 所以對
一個貨幣理論來說, 能夠找到貨幣有價值和貨幣沒有價值都存
在的複均衡, 並且描繪這兩個均衡的特性, 是多麼重要的一件事
情。如果是規定交易一定要用現金的 cash-in-advance 模型, 你
做不到, 因為在那種模型中, 你已經限定了貨幣一定有價值。

[106] Nobuhiro Kiyotaki and Randall Wright (1993) "A Search-Theoretic Approach to Monetary Economics," *American Economic Review*, 83, 63-77.

然後到了第三代模型,我們可以決定貨幣的價值,資產的價格等。我舉一個例子回答你的問題。

當你使用銀行存款相關的支付方法,比如說金融卡或支票,那是實名制的支付方式,銀行有處理成本,理論上我們稱為記錄技術的成本。這和貨幣不一樣,貨幣完全跟實名制無關,誰用這張紙鈔都沒有關係,都不影響它的價值。在我這篇文章裡,人們可以選擇使用現金或銀行存款來支付。我可能買一個便當或一瓶飲料就用鈔票,但我進行大額交易的時候,比如說我買個冰箱好了,我就可能使用跟銀行存款有關的付款方式,畢竟我身上不會帶一大堆鈔票,但是用和銀行記錄技術有關的支付工具必須支付成本。

當我要進行的交易大到一定的金額,我所得到的好處超過記錄技術的成本,就會使用存款進行交易。這樣一來,我就可以找出一個交易金額的門檻值,意思是說,如果我的交易金額超過這個門檻值,我就會用銀行存款,低於這個門檻值,我就只用現金。

請注意,這個門檻值是內生決定的喔,人們可以根據自己的偏好、記錄技術的成本、銀行存款的利率和通貨膨脹率等來決定這個門檻值。當然隨著金融發展和科技發展,記錄技術的成本會不斷地降低,這個門檻值也會降低,所以我們就看到這個社會使用非現金的支付方式愈來愈多。

更重要的是這個門檻值也會受到貨幣政策的影響。比如說央行提高政策利率、提高法定存款準備率,在金融競爭的環境下,銀行也會跟著調高利率,然後這個門檻值也會發生變化,表示人們

的交易工具的選擇也會隨著貨幣政策而改變。[107]

旭昇: 甚至可能還會回頭影響貨幣政策的決策。

怡庭: 沒錯, 而且交易工具的選擇改變也表示整個社會的總體流動性發生了變化。從這個例子就可以看到, 如果現金、銀行存款或者信用這些支付工具的使用在模型中是外生給定的, 就沒有辦法回答上面的問題。

所以我覺得這整個推論過程其實在回應你剛才講的問題, 也在回應 Lucas critique,[108] 貨幣政策下來的時候, 人們不會用原來的門檻值, 因為支付工具的選擇會改變, 這就會影響央行貨幣政策的效果, 以及最後均衡的貨幣價值和存款利率。

---

[107]Yiting Li (2011), "Currency and Checking Deposits as Means of Payment," *Review of Economic Dynamics*, 14, 403–417。

[108] Lucas critique 是由 Robert Lucas 所提出的想法, 他認為透過歷史資料估計非結構模型, 並根據估計結果來預測政策效果並不可信, 因為這樣的做法忽略人們對政策的預期與反應。Robert E. Lucas Jr (1976), "Econometric policy evaluation: A critique," *Carnegie-Rochester Conference Series on Public Policy*, 1, 19–46。

4

陳南光：信貸、房價與總體經濟的交響樂章

旭昇：你要不要稍微聊一下你的求學歷程，我記得你是從政治系轉到
經濟系，當初是怎麼樣的一個機緣讓你選擇轉念經濟學？

南光：當初大學聯考在填志願的時候，高中的老師就說，如果要念商科
的話，那就念工管之類的。他們也說，不清楚經濟系在做什麼，所
以我們同學沒有人選填經濟系，結果我就進了政治系國關組。後
來因為班上其他同學在第2年轉到經濟系去，再加上那時候我不
太喜歡政治系的環境，所以第3年我也跟著降轉到經濟系。因此
我大學念了5年。

旭昇：你在政治系一年級的時候有修經濟學的課程嗎？

南光：完全沒有，說實在我當時對這個學科沒有什麼瞭解。轉系後，一
切從頭開始。

旭昇：你那時候的經原是誰教的？[109]

---

[109]「經原」是經濟學原理的簡稱。

南光：陳正順老師，助教是李顯峰老師。

旭昇：你在大學畢業後選擇考經濟研究所，而不是直接出去找工作，這是否代表你在念經濟系的時候就對經濟學產生興趣，才會願意繼續深造。是因為哪一些課程或是老師造成的影響？

南光：老實說那時候也還沒有那麼深的興趣，對經濟學瞭解還是很粗淺。不過像是陳正順老師教的經濟學原理，我覺得相當有興趣，後來總體經濟學是修陳師孟老師的課，我覺得那門課帶給我很大的啟發。即使如此，畢業的時候，到底未來要做什麼，我覺得還是很茫然。當時就是有同學說要考經濟學研究所，所以我就跟著去考了，就這樣。

旭昇：你剛才說你不喜歡政治系的環境，可以說得更具體一點嗎？

南光：那時候政治系有一些課實在很糟啦。我記得有一位是遲到大王，總算到教室後，卻開始講他個人的豐功偉業，通常下課前10至15分鐘才打開他的泛黃筆記本開始照著唸。還有一位更離譜，他講起各國政府組織頭頭是道，不過一談到臺灣就好像完全變一個人，在他眼裡，挑戰國民黨權威的人，都是十惡不赦之徒。加上那時還在戒嚴時期，教官對於政治系看得緊，觸角伸得很廣。我知道周邊有一些人被教官吸收，而且不時傳聞在宿舍有人半夜寫報告被目擊等。我一直都是屬於旁觀者，而非行動派，或許不是被打小報告的對象，但是我還是想離開那個系。

旭昇：你大學的時候有參加什麼社團嗎？

南光：主要是都在愛樂社。愛樂社算是一個頗為獨特的團體。其他音樂性社團都必須吹拉彈唱，熱鬧得很，只有愛樂社的人靜靜坐著聽音樂。當然，坐著聽之外，會廣泛閱讀音樂史以及樂曲解析、學習基礎樂理，還有我們時常也會找來總譜，跟著比劃，過過指揮的乾癮，到現在我仍保有這樣的習慣。我覺得欣賞古典音樂跟學習經濟學頗為類似，都需要長時間投入，愈鑽研愈有興趣。

旭昇：那你對古典音樂的喜好是從什麼時候開始培養出來的？

南光：大概從國中、高中吧，那個時候的國、高中是很苦悶的年代，尤其是在鄉下，升學就是唯一的要求。到了晚上，自己一個人在念書，唯一陪伴我的就是收音機，收音機偶爾會有一些古典音樂的節目，我會把一些曲子錄下來反覆聽，那個時候還是用錄音帶。

有趣的是，有一些曲子，很多年之後我才知道那是什麼，像是華格納的歌劇《唐懷瑟》(Tannhäuser)部分的樂段。現在每次聽《唐懷瑟》，總會有特別的懷舊之感，讓我回憶起那一段青澀苦悶的時光。

旭昇：所以小時候單純就只是聽了廣播節目，然後覺得喜歡而已。

南光：對。高中的時候，我爸買給我一個唱盤播放機，外加兩個小喇叭。那時市場裡有一家唱片行，不過即使是翻版唱片，價格還是不低。所以我的唱片只有幾張，大多是錄音帶。還有最常買的就是空白錄音帶，回家自己錄廣播節目的曲子。

旭昇：我本來還以為說，是不是因為你們臺南人比較不一樣，好像聽說臺南人從小就會學習一些什麼鋼琴或是小提琴一類的樂器。

南光: 那是臺南市的家庭吧。我家在歸仁鄉,很鄉下的地方。到了我小學五年級的時候啊,印象中全鄉就只有一架鋼琴,所以小時候沒有機會學樂器。

我之所以知道,是因為參加學校的合唱團,合唱團平時在練習的時候,都是用學校那架破風琴,就是要用腳踏的那種。只有在比賽的前一天,會去借鄉長他家那部鋼琴練習,然後才知道有鋼琴這種東西。所以即使在南部,縣市之間的城鄉差距仍不小。高中畢業後到臺北,文化衝擊更大。由於平常都講臺語,國語很不「輪轉」(我到現在還是這樣),在北部同學面前像個啞巴。

旭昇: 讓我們再回到你的求學經歷,所以你進了臺大經研所之後,那時候你的研究所課程,像總體理論也是陳師孟老師教的嗎?

南光: 對,然後總體三的話就是吳聰敏老師教的。

旭昇: 所以你也修過吳聰敏老師的課?

南光: 那當然,那個時候他剛回臺大不久。

旭昇: 你那時候應該是跟李怡庭一起修的? 對吧?

南光: 是啊。

旭昇: 你在經研所應該就是跟李老師同一屆的嘛,對不對? 所以我想應該是一起修的啦,因為李老師說她也是修吳老師的總體三。我想陳師孟老師在你大學時代對你的影響應該就已經很大了,然後上了研究所,我是聽李老師講的,那時候好像你們班上很多同學都想要找陳師孟老師當指導教授,但是好像不太容易能得到陳

146

老師指導, 似乎是不得其門而入這樣子, 那你之所以能夠進入他的門下, 有沒有什麼特殊的機緣?

南光: 我跟李老師是同一屆, 沒錯。我想我比較幸運, 可以得到他的指導, 但我不清楚有那麼多人要找他。其實陳老師也沒有比其他老師特別嚴格。反正我就去找陳老師, 然後就繼續做下去, 就這樣。

旭昇: 我到大二的時候就打定主意想要考經濟所。因為對經研所有興趣, 所以也常常就會去那個 …… 那時候還在徐州路校區的法圖。[110] 裡面有一些書架就是專門放那個碩博士論文, 那時候我就會去翻一下經研所的論文, 看看說這些念經研所的學長姐到底都在做什麼研究、做什麼題目。其實那時候我對你的論文就非常有印象, 因為你的題目非常的特別, 對不對? 叫作「島嶼寓言」, 那時候我就想說, 怎麼在經濟學研究所的碩士論文中會有島嶼寓言這種題目。

南光: 對。你還真厲害, 這東西我都快忘了, 你還去把它挖出來。

旭昇: 我在大學時代就覺得說, 哇! 好酷喔, 怎麼會有這個酷的論文題目, 基本上你是把那個模型應用到開發中國家對不對? 那有什麼不一樣? 就是跟 Lucas 原來的模型有什麼不一樣?

南光: 因為島嶼寓言可以用來描述不同市場的區隔, 也可以自然形成訊息上的區隔。

旭昇: 所以將模型應用到開發中國家有什麼特別的地方?

---

[110]「法圖」是法學院圖書館的簡稱。

南光： 已開發國家在訊息上的流通比較全面性，相對上開發中國家在各個市場上的訊息區隔就會造成不同的影響。所以這個模型很適合應用在描述開發中國家的經濟社會。

旭昇： 你的意思是說，訊息上的 friction (摩擦) 所造成的影響在開發中國家會比已開發國家再大一點這樣子。

南光： 對。當開發中國家在空間上和訊息上的阻隔，使整個經濟社會被切割成許多地方性市場，就可以用來討論地方性市場形成共同市場圈的組合與不同的資訊結構，如何影響政策效果以及社會福利水準。

旭昇： 陳師孟老師的指導風格大致上是怎麼樣？

南光： 陳老師的心思縝密，在推理上非常細膩，順著邏輯一步一步導下去。對我來講，他這方面讓我有很大的受益。

旭昇： 你跟著陳老師寫論文的時候，他是不是已經有點忙碌了，就是說有一些學校之外的事務？

南光： 沒有欸。那個時候陳老師還沒有積極參與公共事務。所以後來我在美國念書的時候，看到他為了推動廢除刑法100條走上街頭的新聞時，相當驚訝。我必須說的是，陳老師的勇氣與社會責任感，是我遠遠不及的。

旭昇： 我在1994年念經研所時，修陳老師的總體理論，當時陳老師已經參與比較多的公共事務。1994年陳水扁競選臺北市市長，陳老師應該參與其中，但是陳老師在課堂上並不會討論政治，只是在期

中考前, 陳老師要大家不必太擔心, 他開玩笑說考題一定充滿著「快樂跟希望」── 那正是陳水扁當時的競選口號。我想這也是陳老師了不起的地方, 雖然他有若干政治上的偏好, 但是絕對不會在課堂上高談闊論, 而是謹守學者與教師的分際。

所以你經研所畢業後, 有想過要到外面找工作嗎? 還是說已經打算出國念書? 然後為什麼還會想繼續念經濟博士?

南光: 許多同學畢業後去找工作, 通常碩士論文有做一些實證估計與資料分析, 而我做的是理論模型, 不太清楚可以找什麼類型的工作, 所以就想出國繼續念書。

旭昇: 我看你好像在經研所畢業之後先在臺灣待了一年才出國。你那時候有在做什麼工作嗎?

南光: 我畢業後到經建會的法規小組當臨時雇員, 同時申請學校。那個時候法規小組算是經建會的邊陲單位, 已經失去早年的重要功能, 面臨被裁撤或整併的命運。裡面就有不少像我這種暫時不知道要做什麼的短期雇員。

旭昇: 短暫工作一年後你就出國留學, 當時為何會選擇 Minnesota?[111]

南光: 那個時候對於 Minnesota 的印象是, 念過 Lucas 與 Sargent 合編的 *Rational Expectations and Econometric Practice* 以及 Sargent 的 *Macroeconomic Theory*, 還有之前修課的時候讀過 Wallace 與 Prescott 的文章,[112] 知道這幾位著名的總體經濟學者大部分都

---

[111] 明尼蘇達大學雙城校區 (University of Minnesota–Twin Cities)。

[112] Neil Wallace 目前 (2024 年) 為賓州州立大學經濟系榮譽教授, Edward C. Prescott (1940–2022) 為諾貝爾經濟學獎得主。

在 Minnesota。我 1989 年年底開始申請學校，結果算是頗為順利，我想可能跟當年的天安門學運有關，不少中國學生無法申請或出國。最後會選擇去 Minnesota，說實在主要是學費的考量，因為 Minnesota 是州立學校，學費比較便宜。即使如此，負擔仍然很重。1990 年秋季入學後不久，我就去跟當時候系主任 Neil Wallace 說我已經沒有錢了，於是他就安排我第二季開始擔任助教的工作，不用再擔心學費的問題。

旭昇：一開始 core courses (核心課程) 的總體理論是誰教的？

南光：有幾個人合教，包括 Aiyagari、Tim Kehoe、與 Prescott。[113]

旭昇：我可以想像 Minnesota 的課，尤其是總體理論，應該是非常恐怖才對。

南光：當初在國內掌握的訊息不多，不知道出國前要先去修一些數學系的課，所以我的數學基礎很弱。到了那邊，我們一年級沒有修過數學課的人，就被要求去數學系修 real analysis。至於總體、個體，尤其是個體，都念得很辛苦。

旭昇：其實我還記得我以前在念書的時候啊，最怕看到 Minnesota 的人寫的總體理論論文，因為他們就是非常的 delicate (縝密)，都會把 state 標注在裡面，[114] 所以那個數學式子就非常複雜，對不對？比如說，我們舉個例子來講，我們第 t 期的消費就是寫 C_t，但是 Minnesota 的人都會寫成 $C_t(S_t)$，括號裡面再寫個 S_t 這樣

---

[113] Sudhakar Rao Aiyagari (1951–1997) 以及 Timothy J. Kehoe 均為經濟學家。

[114] 在具有不確定性的總體經濟模型中，state 指的是當期的不同狀態，舉例來說，狀態 $S_t = 1$ 與 $S_t = 0$ 可以分別代表景氣衰退與景氣擴張狀態。

子, 就會覺得說, 哇, 每次看到 Minnesota 的人寫的那個 paper, 看到眼睛都花了你知道嗎? 就是那個 notation, 真的是看到眼睛都花了。

南光: 老師們要求我們對一般均衡模型的整體描述必須非常嚴謹。首先, 模型的整體環境 (environment) 描述這個經濟社會的成員組合、成員的偏好與行為、訊息集合等; 其次, 寫下各成員的極大化問題; 最後, 必須很仔細地定義模型的均衡, 依序羅列數量變數、價格變數、狀態變數、與外生衝擊, 然後寫下所有市場的均衡條件。而 notation 的使用愈一般化愈好, 所以才有你看到的那個樣子。Prescott 就曾說, 一定要把這套東西敲進我們所有人的腦袋裡面。有關 notation 的一個趣聞是, 我們現在熟知的成長率寫法, 是在變數上面加上一個帽子, 像是 $\hat{y}$, 被暱稱為 Minnesota hat。好像是60至70年代左右有一個學生開始用的, 然後大家就跟著用了。

旭昇: 原來如此。我在 Wisconsin 的總體老師是 Rody Manuelli,[115] 他也是 Minnesota 畢業的, 所以我很熟悉那種風格。老實話, Minnesota 真的在總體這個領域 ...... 怎麼講 ...... 真的是非常、非常的強大。

南光: 確實到那裡以後, 才體會到可以加入這個系有多幸運。唯一遺憾的是, Sargent 在我到 Minnesota 的前兩年離開。當 Wallace, Sargent, Sims, 與 Prescott 同時都在時,[116] 被稱為 Minnesota

---

[115] Rody Manuelli 目前 (2024 年) 為聖路易斯華盛頓大學 (Washington University in St. Louis) 經濟系教授。

[116] Christopher A. Sims 為諾貝爾經濟學獎得主。

四騎士 (the four horsemen), 相應於基督教啟示錄裡面的末日
四騎士, 是學生又敬又畏的學者。我選修或旁聽過不少人的課,
像是 Neil Wallace, Leo Hurwicz, John Chipman, Ed Green, V.V.
Chari,Ellen McGrattan 等人,[117] 這幾位老師的個人風格都非常
強烈, 而且他們的研究都成一家之言。

旭昇: 四騎士 ...... 這個稱號真酷, 其中就有三個是諾貝爾獎得主! 不
過聽說好像 ...... 應該跟你求證一下, 聽說 Sims 因為跟 Prescott
不合所以離開了。

南光: 有這樣傳聞啦, 好像也不只 Sims 是這樣。

旭昇: 好像是不只 Sims, 很多計量學家都是跟 Prescott 處不好離開的,
對不對? Prescott 對於計量經濟學家似乎不太友善, 我印象中聽
到的傳聞是這樣。

南光: Prescott 在 ...... 我記得他在課堂上就跟我們說, 他認為計量的
未來就是 simulation (計量學家聽到會吐血), 眼中自然容不下計
量學家。

旭昇: 你的博士論文除了第一章是比較做理論的東西, 我發現你第2章
還有做 VAR 的東西嘛,[118] 對不對? 所以你那時候 VAR 這個東西
是跟誰學的? 你們那時候的課程有教這個東西嗎?

---

[117]Leonid Hurwicz (1917–2008), John S. Chipman (1926–2022), Edward J.
Green (1948–2019), Varadarajan Venkata Chari, 以及 Ellen McGrattan 均為經濟
學家。其中 Leonid Hurwicz 為諾貝爾經濟學獎得主。

[118]向量自我迴歸 (vector autoregression), 簡稱 VAR, 為 Christopher A. Sims 所
發展出來的計量方法。

南光: 課程教的都是很理論的東西,那怎麼樣實際操作,都是在需要應用的時候,自己邊做邊學。那個時候還沒有套裝軟體,沒辦法只按幾個鍵就讓估計結果跑出來。

旭昇: 我本來還想說你是不是跟提出 VAR 模型的祖師爺 Sims 學的。所以除了念書之外,你覺得在 Minnesota 的留學生活中,有沒有什麼讓你覺得值得一提的東西?

南光: 經濟系系館的位置距離 Minneapolis Fed 只有公車幾站遠的地方,[119] 它的研究部門與經濟系有密切往來,有一些課是請 Fed 研究員來開課,本系一些老師也在那裡掛名 monetary advisor (貨幣政策顧問)。學生也有時會去那邊找老師討論或是參加研討會。另外,就氣候來說,大家都知道 Minnesota 冬天很冷,但是我很喜歡啦,因為在臺灣太熱,而且一年四季都沒有明顯變化。Minnesota 四季非常的分明,而且冬天就算再冷,冷到零下幾十度,因為我們不是生活在 19 世紀,所以生活上並沒有遇到太大困難。Minnesota 對於這種氣候自有一套因應方法,有一群相當訓練有素的人員負責清理道路,每天清早上班的人出門前,道路就清理乾淨,所以冬季開車也相當順暢。冬季出門當然多少會有一些不便,主要是天氣太冷時,汽車就發不動,所以陌生人之間也常會互相幫忙發動汽車。至於 Minneapolis–St. Paul 這個雙子城,也算是大城市,但是不會覺得有大城市的壓迫感。Minneapolis 校區就位在 downtown 旁邊,但還是覺得有鄉村的味道。

旭昇: 你後來就是跟著 Nobu Kiyotaki ...... 就是選擇他當指導教授,對

---

[119] Minneapolis Fed, 美國聯邦準備銀行的明尼亞波利斯分行。

不對?[120] 那當初是什麼樣的機緣會找 Kiyotaki 指導? 你有修他的課嗎?

南光: 對, 我修他的貨幣理論, 大概是1991至92年左右, 那個時候他剛從 Madison 轉到 Minnesota。

旭昇: 嗯, 他1986年到1991年在 Madison。

南光: 我對他教的東西很有興趣, 尤其是1997年他發表在 *JPE* 的 credit cycles 這篇文章。[121] 修完課之後我就去找他幾次, 然後談了一下, 他似乎也沒有要求什麼, 所以就開始跟著他做。有趣的是, 他的文章都是在外流傳多年之後才發表, 好像他也不急著發表。

旭昇: 可能是因為他家裡家大業大。

南光: 呵, 他的阿公確實是開銀行的。不過, 這應該是他的個人特質。有系上老師說, 他的抽屜裡面有一大疊理論模型, 但是他不輕易示人, 而是反覆修改, 思考再三。對於 credit cycles 這篇文章, 有一次他自嘲說, 有一篇擴展這模型的文章都已經發表了, 而他還在周遊列國演講這篇 working paper。還有, 像是他與 Moore 在2019年發表在 *JPE* 的一篇文章, 當初的第一個版本我早在 2002 年就已經列入我授課的課程大綱了。[122]

---

[120] Nobuhiro Kiyotaki (清瀧信宏), 目前 (2024 年) 為普林斯頓大學 (Princeton University) 經濟系教授。

[121] Nobuhiro Kiyotaki and John Moore (1997), "Credit Cycles," *Journal of Political Economy*, 105(2), 211–248。

[122] Nobuhiro Kiyotaki and John Moore (2019), "Liquidity, Business Cycles, and Monetary Policy," *Journal of Political Economy*, 127(6), 2926–2965。

旭昇: 這樣聽起來他就是一個風雅閒適的學者, 追求智識上的滿足, 但是不會汲汲於在學術上求表現。印象中應該是 2006 年他來臺大經濟系訪問, 我在徐州路校區的經大講堂聽他演講。那個時候印象非常深刻的就是, 他論文中的 impulse response functions (衝擊反應函數) 是用手繪製的, 而不是用電腦程式製作。

南光: 你說的沒錯, 在技術上, 他算是相當老派的人。他認為應該盡量用手推導出模型主要的結果, 而不是依賴電腦模擬, 這樣才能清楚瞭解模型運作的機制。還有, 就我的瞭解, 他認為分析一個現象的起點是理論模型, 缺乏理論模型嚴謹的邏輯思考與推理, 討論容易迷失方向。我記得有一次在 Minneapolis Fed 的研討會中, 他負責評論一篇實證研究文章。結果, 他的評論竟然是為這篇實證研究, 在很短的時間內寫了一個理論模型!

旭昇: 那真的是 amazing! 你可以稍微說一下撰寫博士論文的過程嗎?

南光: 他很願意花時間在學生身上。每當我向他報告論文進度, 他總是要我 "think deeper"。我從他那裡學到很多, 尤其是做學問的態度。論文寫作過程也不是一帆風順, 比如苦苦思索建構與推導幾個星期的模型, 常被他問了幾句就土崩瓦解, 然後再從頭開始。還有, 像是他有一段時間到其他學校研究訪問, 回來的時候發現我沒有什麼進度, 所以就被他盯啦。

旭昇: 喔! 他還是會盯啊。

南光: 還是會啦。

旭昇：我博士班第四年，就是開始寫 job market paper 的時候，[123] 我老闆也是 on leave，跑去澳洲跟紐西蘭的央行訪問。他從不過問我的進度，但是我比較主動，寫完一些東西就會用 email 寄給他，然後他就會給我建議跟修改意見，這樣來來回回幾次，等他回來時就差不多快完成了。對了！你上 Kiyotaki 的貨幣課程時，他除了講他跟 Moore 的 credit cycles 的東西之外，他應該也會講他跟 Randy 的 money-search 的東西吧。

南光：對，他有講幾篇 money-search 的文章。

旭昇：所以我覺得還滿有趣的，我在跟李怡庭對談時，因為她是 Randy 的學生，[124] 就是那時候 Randy 跟 Kiyotaki 也發表好幾篇有關 money-search 的東西嘛，然後李怡庭就跟著他做 money-search，那我好奇的就是說，以你來講，你面對的是 Kiyotaki，而 Kiyotaki 有兩個大的貢獻，一個就是他跟 Randy 那邊的 money-search，一個是跟 Moore 這邊的 credit cycles，我想問的是，在你眼前這兩條路，你那時候為什麼選擇的是 credit cycles 這個方向？

南光：他在課堂上有討論一些 money-search 的文章，但是我個人對 money-search 的興趣沒有那麼高。那時候我覺得 credit cycles 是一個更加令人振奮的研究方向，而那時候他的興趣也已經轉向這方面。說來也有趣，他一開始的研究 ...... 像是他博士論文分析總需求變動如何影響廠商的生產時，引入壟斷性競爭的市

---

[123]Job market paper，博士尋職論文，一般來說是博士論文的一部分，用來當作求職的主要著作。

[124]Randall D. Wright 目前 (2024 年) 為威斯康辛大學財金系與經濟系教授，他是李怡庭在賓州大學時的指導教授。

場結構, 現在已成為所有新凱因斯學派 (New Keynesian) 總體模型設定的個體基礎與重要基石。

不久後, 他就轉向貨幣經濟學一個最根本的問題: 人們為什麼要使用貨幣? 這個與 Randy Wright 合作的 money-search 模型現在被稱為 Kiyotaki-Wright model。然後, 他又投入到一個可以說是完全不同的領域, 也就是剛剛所說的 credit cycles, 現在被稱為 Kiyotaki-Moore model。

在這之後, 他又嘗試開啟另一個研究領域, 希望在一般均衡模型裡引進一個完整的銀行體系。過去文獻裡, 在理論模型裡出現的「銀行」, 根本不像我們實際觀察到的銀行。1983 年用來解釋銀行擠兌的 Diamond–Dybvig model, 有捕捉到「銀行」借短貸長的部分神韻, 不過這是三期的部分均衡模型。[125] 他提過在他還是研究生的時代, 就想做這個題目。但是他的指導教授 Olivier Blanchard 認為這個題目沒什麼意思 ("not interesting")。[126] 於是他退而求其次, 做了壟斷性競爭的研究。經過長時間摸索, 終於在 2011 年起, 與 Gertler 發表一系列重要的文章, 並用這個模型分析金融危機與非傳統貨幣政策。[127]

---

[125] Douglas W. Diamond 以及 Philip H. Dybvig 因此貢獻獲頒 2002 年諾貝爾經濟學獎。

[126] Olivier J. Blanchard 目前 (2024 年) 為麻省理工學院 (MIT) 經濟系榮譽教授, 曾任國際貨幣基金 (IMF) 首席經濟學家 (2008–2015)。

[127] Mark L. Gertler 目前 (2024 年) 為紐約大學 (NYU) 經濟系教授。在 Diamond-Dybvig 模型, 擠兌爆發完全是由於預期的自我兌現。而在 Gertler and Kiyotaki (2015) 的模型, 擠兌均衡是否存在是內生的, 決定於銀行財務與總體經濟狀況, 以及資產價格下跌的程度。而且, 單是預期危機爆發的機率 (內生決定) 上升, 也會提高金融脆弱性以及造成總體經濟大幅波動。Mark Gertler and Nobuhiro Kiyotaki (2015), "Banking, Liquidity and Bank Runs in an Infinite Horizon Econ-

回到 credit cycles 這篇文章, 模型裡面的資產, 可視為土地或房屋, 這篇研究是文獻上一個里程碑, 首度將土地或房屋資產加進一般均衡模型之中, 並討論土地或房屋價格與信用交互作用所產生的擴大與延續的效果, 以及對景氣循環的影響。我在臺灣的時候, 就對房價的問題有相當大的興趣, 所以這篇文章會引起我共鳴, 讓我想要進一步延續研究下去。

旭昇: 你所謂的「在臺灣的時候」是指出國念博士之前嗎?

南光: 對。像是 1989 年 8 月的無殼蝸牛運動, 我就有參與, 那時我剛從臺大經研所畢業。

旭昇: 你是說夜宿忠孝東路的運動?

南光: 對, 那一天晚上我就有躺在那邊啊。

旭昇: 可是我好奇的是, 那時候其實你也還沒有任何買房子的需求, 應該 …… 我意思是說對於那個時候, 你那麼年輕, 買房子這件事應該不在你的人生決策範圍裡面嘛, 那為什麼會對這件事情感同身受呢?

南光: 我高中畢業後, 到臺北念書, 就一直都是在外面租房子, 一直到現在, 已經租過不少地方了。

旭昇: 但是念大學時不都是住宿舍嗎?

南光: 我是在研究所碩班的時候才搬到臺大宿舍, 大學期間都在外面租屋。租屋市場的一些問題, 像是沒有房租契約、房東不還押金

omy," *American Economic Review*, 157(7), 2011–2043。

等, 我都親身經歷過, 所以深深體會租屋市場的諸多問題, 尤其是1986年起房價飆升, 因此跟許多人一起參加夜宿忠孝東路的運動。我回臺大任教之後, 在排到學校宿舍之前, 大概有超過十年的時間, 都在外面租屋。那一段時間頗為辛酸, 搬過好幾次家 (總共住過5個地方), 有時是搬入後才發現屋況惡劣, 有一次可說是被房東趕走的, 因為他急著要賣掉, 房租契約根本形同具文。到現在我也一直都是租屋, 唯一不同的是, 房東是臺大, 比以往穩定一些。

旭昇: 關於這一點我也滿好奇的, 就是說我去了美國之後, 不知道是不是剛好是一個大學城, 所以會覺得說, 那裡的租屋市場還算健全。就是說有哪些條件, 然後房東要負擔什麼責任, 他會幫你處理什麼事情等等, 那個契約都很清楚, 會有一種你在美國就算沒有置產, 你還是會很安心。因為他們有很多專業的房東, 他那棟建築就是要出租用的, 所以你也知道, 他不會隨便把房客趕走。反過來以臺灣來講, 不知道為什麼就是沒有辦法建立一個令人安心的租屋市場。

南光: 現在的租屋市場或許比 20 到 30 年前好一些, 但是距離高度透明、制度健全的租屋市場, 還是很遠。

旭昇: 因為你對房地產這個東西有興趣嘛, 所以我看你回臺灣後, 除了繼續修改博士論文之外, 好像你就開始做臺灣資產泡沫的研究, 有一篇臺灣房地產以及股票市場相關的研究。印象中那個時候, 經濟學界好像很少有研究在做那一塊東西, 你應該算是滿早就在做相關研究。

南光： 房屋投資是總需求裡波動很大的部分，而且房地產通常是占家庭資產中最大份額的單筆資產，同時房地產是所有類型資產最重要的擔保品，所以房價的變動應該會顯著影響房屋投資、借貸、家庭消費和購屋以及廠商投資。當時我看到 credit cycles 這篇文章，就相當有興趣，覺得這應該是總體經濟研究的一個重要方向。所以我的論文以及回國後所做的一些研究，都跟房價有關。

你提到的這篇文章是討論 1973 年到 1992 年間臺灣兩大主要資產，房地產和股票的價格波動。[128] 由於之前躺在忠孝東路上的經驗，我對 1986 至 90 年間股價與房價飆漲的原因很有興趣。然而，主要問題是根本沒有 1990 年代之前的臺灣房價資料。我找到一位碩士生所收集，臺北市預售屋所編成 1973 年第 3 季到 1992 年第 1 季的房價指數季資料。這資料主要包含預售屋，而且沒有控制品質，然而除了這筆資料，沒有其他選項。我所使用的計量方法很簡單，估計結果發現，這段期間股票價格往往領先房價，股價與房價的波動主要是由銀行信用所驅動，而影響銀行信用最主要的因素是 M1B 成長率。同時，對於 1980 年代下半股價與房價飆漲，我發現即使理性泡沫理論，也無法完全解釋 1988 年第 2 季到 1990 年第 1 季臺灣股價與房價的上升速度。

旭昇： 資產價格飆漲，尤其是房價飆漲確實跟寬鬆的貨幣環境脫不了關係。不過這個其實也滿有趣的，就是說即使當時臺灣的總體經濟學者對這東西沒有那麼重視，但是以北美學界來說，Kiyotaki-Moore 的那篇研究在 1997 年就刊出來。可是一直到 …… 你不覺

---

[128] Nan-Kuang Chen (2001), "Asset Price Fluctuations in Taiwan: Evidence from Stock and Real Estate Prices during 1973–1992," *Journal of Asian Economics*, 12(2), 215–232。

得好像即使是在總體模型裡面, 把房地產市場或者說房價這種東西考慮進來, 好像也是要一直等到2008、2009年, 發生次貸危機之後, 大家好像才開始覺得應該要在總體模型裡面考慮這個東西。所以說, 即使是像美國的總體經濟學者, 過去好像也一直普遍忽略房地產這一塊。那為什麼會是這樣子?

南光: 你說的完全沒錯。總體經濟學對房屋市場的漠視, 確實令人匪夷所思。比如 Bernanke 與 Gertler 在1999年就寫一篇引起廣泛注意的文章,[129] 他們模擬貨幣政策因應對資產價格波動對總體經濟變數的穩定效果, 但是他們討論的資產價格仍然是股價。可見房價的波動到2000年代初期仍然停留在絕大部分總體經濟學者的視野之外。

我想有幾個原因。首先, 一直以來銀行以及金融監理當局普遍認為, 相較於企業貸款、商業不動產貸款等其他類型債權, 房屋貸款是相對上低風險的資產。其次, 80年代末到90年代初, 美國曾爆發儲貸業 (savings and loan associations, S&L) 危機。儲貸業是以吸收短期存款承做長期固定利率的房屋貸款。到1989年的時候, 全美超過一半儲貸機構已瀕臨倒閉。不過當時候認為主要的原因是, 儲貸業的到期期限缺口 (資產與負債的期限錯配) 極大, 部分儲貸業者涉入高風險的商業不動產貸款, 以及 Fed 在1979至1981年間, 為了對抗通膨而大幅升息所致, 而非房屋市場本身的問題。因此, 儲貸業危機也沒能引起總體經濟學者對於房屋市場的重視, 不過2008年全球金融危機直接戳破房屋貸款是

[129] Ben S. Bernanke and Mark Gertler (1999), "Monetary Policy and Asset Price Volatility," *Federal Reserve Bank of Kansas City Economic Review*, 84, 17–52。

低風險債權的假象。

雖然從個別銀行的健全性來看,房屋貸款相對於其他類別的貸款風險較低,然而如果許多銀行同時大幅增加房屋貸款,因而持有相似的資產,系統風險 (systemic risk) 將會顯著上升。也就是說,一旦房屋市場反轉,房價大幅下跌,違約率快速上升,這時大量房屋被拋售或法拍,將進一步壓低房價。在這過程中,許多銀行的財務狀況會急劇惡化,威脅整體金融體系的穩定。

因此,即使次級房貸只占所有房貸的一小部分,房屋市場反轉所帶來的災難性結局,仍無可避免。而這個「外部性」的後果,是當初個別銀行增加房屋貸款未考慮到的風險。因此,我們在考慮個別銀行的健全性之外,更需從「總體審慎監理」的角度來思考這個問題,而這也是中央銀行為了金融穩定,有必要穩定房價與信用成長的切入點。

旭昇: 讓我們回到臺灣的房地產市場。有的人認為說以臺灣來講,臺灣跟 ...... 例如說美國不太一樣,臺灣的自有住宅比例高,然後再加上我們也較不會拿房子再去做二胎的消費性貸款,那如果今天真的房價爆了,就假設真的有泡沫,然後也爆了,那好像也不會有什麼太大的影響才是。我曾經聽過像這樣的說法,他們認為說,其實央行是不需要去關注房價才對,對於這樣的講法,你覺得呢?

南光: 房屋淨值貸款 (home equity loan) 在歐美國家很盛行,因此房價變動對於消費的影響 (財富效果) 很高。但是這類貸款在臺灣只有少數銀行提供。或許是因為臺灣家庭的儲蓄率很高,不太需要

房屋淨值貸款提供的流動性。我跟王泓仁用臺灣的資料做過, 實證發現臺灣房價對於總消費幾乎沒有財富效果。[130]

旭昇: 那如果這樣的話, 似乎是支持剛剛的講法, 就是說, 央行不需要放太多的注目在房價上了。

南光: 雖然整體的財富效果不顯著, 估計結果卻也發現房價變動對不同族群消費的影響有顯著的分配效果: 房價上升對於年輕族群與租屋者族群都有顯著的負面影響。

而且房價大幅波動還會產生其他負面的效果。前面已經提到房價波動對金融穩定的威脅, 其次就是房價大幅上漲, 會有排擠資源的效果, 跟房地產相關的這些產業就可以獲取更多資源, 那就有可能排擠到其他的產業。最後, 房價大幅上升可能會產生重分配效果, 並加劇財富分配不均。

旭昇: 但是如果我這樣問, 就是說從經濟學家的角度來講, 價格的功能就是導引資源配置。如果今天假設高房價是因為政府規定房價下限, 不能比這價格賣得更低的話, 那可能就會干擾了這個房屋市場的價格運作, 或是說市場機能的運作, 所以可能會導致資源的誤置。

我想講的是, 吳聰敏老師也講過嘛, 經濟學裡面沒有所謂合理的價格, 只有均衡價格, 意思是說我們現在看到的房價雖然說很高, 或者說上漲得很多, 但這就是個均衡價格嘛, 對不對? 那如果從

---

[130]陳南光與王泓仁 (2011), "資產價格變動對民間消費支出影響效果之研究,"《中央銀行季刊》, 33(1), 7-40。

這個角度來講的話,房價的上漲本身就是一個均衡的結果,是一個市場均衡的結果,那這樣資源的重新分配有什麼問題?

南光: Ok, 那問題就在於, 房地產相關產業吸納了那麼多資源,導致房價高漲, 對於整個經濟有甚麼負面的影響? 國外的文獻發現, 美國的上市企業裡, 房地產資產占總資產比重較高的廠商, 總要素生產力 (TFP) 通常會低於同業平均。當房地產價格上漲,原來那些房地產資產比重較高但生產力較低的廠商, 就可以借到更多資金; 一部分高生產力但房地產資產比重較低的廠商就受到排擠, 這將會讓整體產業的生產力降低。根據估計, 房地產價格每上漲10%, 整體產業的 TFP 會下降0.6%。[131]

跨國的資料也顯示, 銀行信用和房地產價格之間的相互強化作用會導致持續的信用和房市擴張, 會將勞動力導向低生產力的廠商, 尤其是那些暫時性大幅膨脹的房地產相關部門, 進一步對生產力的成長造成長期的損害。[132] 我跟張天惠還有朱浩榜用臺灣的資料估計, 也得到一致的結果: 房價大漲時, 營建工程業的產出與生產力沒有明顯上升, 但卻讓整個經濟體還有製造業的產出成長顯著下降, 而且製造業的生產力也顯著下降。[133] 簡單來說, 我的看法是, 由於借貸市場的金融摩擦問題以及房地產作為擔保品的角色, 房價上漲會把資源吸引到生產力比較低的部門,

[131] Sebastian Doerr (2020), "Housing Booms, Reallocation and Productivity," BIS Working Papers, 904。

[132] Claudio Borio, Enisse Kharroubi, Christian Upper, and Fabrizio Zampolli (2016), "Labour Reallocation and Productivity Dynamics: Financial Causes, Real Consequences," BIS Working Papers, 534。

[133] 張天惠, 朱浩榜, 與陳南光 (2024), "房價上漲與資源誤置," 《經濟論文叢刊》, 52(3), 271–307。

這就造成了資源誤置。

旭昇: 瞭解。你做了滿多有關於臺灣房地產的相關研究, 你跟 Charles Leung 也做了不少房地產經濟的研究。[134] 你是否觀察到臺灣的房地產市場有什麼比較特殊的現象, 你覺得值得一提的?

南光: 其他國家的房價, 大概都有起有落, 尤其是爆發金融危機前後, 房價震幅相當大。歷史資料顯示, 許多國家的房價波動幅度比景氣循環 (GDP) 波動幅度大很多。反觀臺灣, 從過去的房價循環來看, 房價修正的幅度相對上不大。因此, 20 多年來臺灣的實質房價累計漲幅, 在全世界名列前茅。

旭昇: 所以臺灣的房價為什麼會撐得住?

南光: 首先就是臺灣銀行體系的流動性, 幾十年來都相當充足, 甚至可以說是到了氾濫的地步。我覺得這個是最大的支撐點。那為什麼銀行的流動性會這麼多? 追根究柢, 主要的原因之一就是央行的外匯干預。由於歷年來密集而且大幅度的外匯干預沒有充分沖銷, 這些龐大的流動性就會待在銀行體系裡面, 而這也導致臺灣長期以來的超低利率環境。

長期低利率與氾濫的流動性環境絕對是支撐高房價的主因之一。同時, 在發生金融危機之際, 由於銀行體系流動性充足, 不至於像其他國家的金融機構面臨去槓桿化的壓力, 再加上政策的支撐, 使得房價的修正極為有限。

旭昇: 所以你是說, 因為流動性高, 所以導致今天即使房價掉下來, 對

---

[134]Charles Leung (梁嘉銳) 目前 (2024年) 為香港城市大學經濟與金融系副教授。

於很多人來講, 不需要急著用低價拋售, 而導致房價再崩跌。他就可以放著, 撐著, 反正還是有管道可以得到資金, 你的意思是這樣子嗎?

南光： 沒錯。

旭昇： 關於臺灣房價高漲的問題, 有人認為央行不應該用利率政策來因應, 因為利率的影響是全面的, 而房地產市場只是整體經濟的一部分, 為了高房價而大幅提高利率會傷及無辜, 是大炮打小鳥, 那你的看法呢?

南光： 確實央行向來反對使用利率政策來因應, 甚至認為比其他國家提早升息會助漲房價。央行是否應使用貨幣政策 (利率) 來因應資產價格波動, 也就是「逆風頂立」(lean against the wind, LAW) 政策, 爭論已持續了數十年。

前面提到 Bernanke 與 Gertler 在 1999 年發表的文章, 就是其中之一。他們認為, 只有在資產價格影響通膨預期之下, 貨幣政策才應對於資產價格的波動做出反應。大部分這些文章考慮的資產價格是股價, 近來則有一些研究考慮房價。從這些研究可以發現, 利率政策是否適合用來因應高房價, 並沒有一致的結論。得到的結果通常會隨著採用的模型設定或估計方法而不同。所以這的確是有討論的空間。既然是有討論的空間, 這也表示不能完全排除使用利率政策。

旭昇： 就是說不能一開始馬上就否定透過利率來當作政策工具的可能性, 不能一開始就從政策工具箱裡面把利率拿走, 說我們不能用這個東西。所以你的觀點大致上是這樣子?

南光: 沒錯。反對用利率來因應房價的觀點主要是來自 Svensson 的研究。[135] 該文以瑞典提高利率抑制房價,導致失業率大幅提高的經驗,主張逆風頂立是一種大而無當 (blunt) 的政策,並認為針對金融部門的問題,總體審慎政策工具是比較有效的做法。

不過,最近許多實證文獻發現,針對房市的總體審慎政策在減緩銀行信用成長有顯著效果,但是對於穩定房價與降低系統風險的效果並不顯著。[136] 有些學者主張,[137] 當經濟環境強烈激勵金融機構藉由監理套利,[138] 承擔更高的信用風險時,總體審慎監理工具無法遏制這種威脅金融穩定的行為。而貨幣政策的一個優勢是,可以全面性解決所有的問題 ("gets in all the cracks")。

也有不少研究發現,貨幣政策與總體審慎政策具有互補的作用,若搭配得宜,可達成更佳的金融與總體經濟穩定效果。[139] 因此,央行工具箱內各種政策工具以及政策組合的效果都應嚴謹地評

---

[135] Lars E.O. Svensson (2017), "Cost-Benefit Analysis of Leaning Against the Wind," *Journal of Monetary Economics*, 90, 193–213。

[136] Eugenio Cerutti, Stijn Claessens, and Luc Laeven (2017), "The Use and Effectiveness of Macroprudential Policies: New Evidence," *Journal of Financial Stability*, 28, 203–224。

[137] Jeremy C. Stein (2013), "Overheating in Credit Markets: Origins, Measurement, and Policy Responses," speech at the symposium Restoring Household Financial Stability After the Great Recession, Federal Reserve Bank of St. Louis, 1–18。

[138] 監理套利 (regulatory arbitrage) 是指金融監理當局對於不同金融產業 (尤其是銀行與非銀行金融機構之間) 的監理法規或資本要求等規範存在差異,金融機構便可利用這種制度上的落差規避監理,以獲取更大的利潤。

[139] Valentina Bruno, Ilhyock Shim, and Hyun Song Shin (2017), "Comparative Assessment of Macroprudential Policies," *Journal of Financial Stability*, 28, 183–202。

估, 不需要對某一種政策工具有莫名的排斥心理。

旭昇: 那回到一個更根本的問題, 如果高房價是個應該積極處理的問題, 那整個政府有這麼多的部會, 為什麼央行需要關注這個議題?

南光: 由於金融穩定是央行的政策目標之一, 對於任何威脅金融穩定的可能來源, 央行必須隨時監控, 並且必要時運用適當的工具來達成金融穩定的任務。房價大幅波動對金融部門與實質部門, 都有深遠的影響。許多研究也發現, 當金融危機涉及房價崩跌時, 往往造成更深的衰退以及更漫長的復甦。[140]

這顯示在事前央行應採行必要的審慎措施, 以避免事後房價崩跌, 對金融體系以及總體經濟造成嚴重的損害。其他部會也有穩定房價的工具, 然而如果我們現在談的是央行穩定金融的角色, 就應該從央行的視角來思考這個問題。而不是搬出「央行關注的是金融穩定, 而非房價。」這種邏輯錯亂的說法, 把責任丟給其他部會。

旭昇: 當然我可以理解從金融穩定的角度切進來說明為什麼央行要關注房價, 但是再回到我剛剛講的, 歷史上的經驗也是如此, 而有些人的說法也是如此, 就是說, 臺灣房價就算崩跌了, 對臺灣其實影響沒有那麼大, 對金融穩定的影響好像也沒有那麼大。一如你剛才講的, 因為我們的 liquidity 夠多, 所以在這種情況下, 以臺灣為例, 好像房價可以比較不用去在乎它, 這樣講對嗎?

南光: 就像我之前提到, 在過去的金融危機之後, 相較於其他國家, 臺

---

[140]Claudio Borio (2014), "The Financial Cycle and Macroeconomics: What Have We Learnt?" *Journal of Banking & Finance*, 45, 182–198。

灣房價並沒有真正的崩跌。前面也提到眾多研究發現，涉及房價崩跌的金融危機，往往造成更深的衰退以及更漫長的復甦。所以，如果不即時因應，臺灣的房價一旦真的大幅下跌，總體經濟與金融體系要能倖免於難，恐怕不易。

而且過去房價沒有崩跌，並不表示未來就不會發生。眼前就有兩個活生生的例子。在 1990 年之前，很難想像日本的房價會全面崩潰。然而，這確實發生了，而且也是造成日本「失落的數十年」主因之一。同樣的，過去一般認為中國的房地產市場有中國政府撐腰，房價只會持續上升，絕對不可能下跌。然而，在短短幾年之間，情況已完全逆轉，許多房產公司的財務狀況急轉直下，各大城市的房價正持續下跌中。

5

與吳聰敏談長期經濟成長研究與經濟政策

旭昇：你大概是從什麼時候開始對央行政策有興趣? 或者是說, 什麼時候開始關注央行政策?

聰敏：我後來特別查一下, 我大概都忘掉我是哪一年進央行的。

旭昇：應該是 2002 年吧。我現在講的是說再更早之前, 就是在進入央行擔任理事前, 你曾經試圖去看央行的貨幣政策嗎?

聰敏：在擔任理事之前? 沒有, 沒有。

之前提過我博士論文是跟公債有關, 回來臺灣以後就把在美國寫的博士論文丟在一邊, 後來的研究也慢慢跟美國那些東西沒有很直接的關係。指導學生的時候有做一些啦, 但是也沒有很直接的關係, 貨幣政策基本上沒有碰到。

在美國我們那時候讀 Lucas, Barro 的文章, 其中當然有一些跟貨幣政策有關, 例如, monetary shock 等等之類。但是, 他們的文章裡並不會特別說明貨幣政策是如何運作的。有些文章可能

會簡單提到,但是我沒有特別的印象。對美國經濟學者來說,Fed如何操作貨幣政策,[141] 應該是 common sense,所以論文不會特別提到。我知道有個 Fed 在執行貨幣政策,但我在出國前沒有修過貨幣銀行的課,因此,只瞭解一些基本的原則。

我回到臺灣後,就算有時候看一點這一類的研究,但也沒有把它們跟臺灣的貨幣政策連接在一起。

倒是我記得有一年,這件事我印象滿深刻的。謝森中在 1989 年當上央行總裁,他也滿客氣的,他好像就希望跟學術界的人聊一下,我們幾個教總體的,就去了央行。那一天除了陳師孟,我印象還有一兩位,我們就去央行。謝森中很客氣地說謝謝你們來,然後說如果可以的話,看看你們有什麼樣的建議啦,大概是這樣。

欸 …… 其他人講什麼東西我其實忘掉了,但是我提了一個建議。那時候應該是 1980 年代的後半,整個臺灣的金融情況非常混亂,我那時候好像就提了一個建議,或者說是有感而發,大意就是說,如果我們能夠對過去的貨幣政策有些比較清楚的瞭解,這對於我們未來的貨幣政策要怎麼樣運作,應該是有幫助的,對。

那謝森中也很客氣,不過他的回答是說,我們不是很方便去批評過去的做法,我聽了後就想,喔,ok,好。我應該是沒有回話啦,大概是這樣子的一個情境……。這件事我一直記在腦海裡面,也不是很重要,不過反正就……。

旭昇: 不過我覺得這件事背後的意涵其實非常重要。這樣的說法代表對一個央行的主事者來講,他並沒有打算從過去的經驗去學到

---

[141]美國聯邦準備理事會 (Federal Reserve System, 簡稱為 Fed),簡稱為聯準會。

點什麼,如果有值得改進的地方就應該要修正,同時思考未來貨幣政策要怎麼精進,對不對?

在臺灣有一件很奇怪的事,在公共政策的討論上,對政策的評論往往會被解讀成是針對個人的批評。除非現任者跟前任的人有過節,不然的話,大家都是一團和氣,不會去檢討之前的政策。

聰敏: 對,沒錯。我認為我會一直記在腦海裡面,就是你剛才講的這一種氛圍,像這樣子的情況,一直到今天都沒有改變嘛。我後來在寫《四百年》的時候,想要瞭解臺灣央行早期的發展。我原先對早期的金融制度可以說完全不瞭解。

我運氣不錯,在圖書館裡找到一本小冊子,內容是當初中央銀行要在臺灣復業的時候,有三位美國 Fed 的官員以顧問的身分到臺灣來,他們所寫下的建議。[142] 我後來發現,中央銀行復業是美國安全分署建議的。在中央銀行復業之前,央行的業務是委託臺灣銀行負責,但是,臺銀本身又是商業銀行,美國人認為這不安當。我讀他們寫的東西,其中有一位 (Leonard, R.F.) 就講說,研究非常重要, "Too much importance cannot be attached to this point", 意思是說,研究這件事情比所有東西都重要。這一句話的背後就是我們剛剛談的嘛,對不對?

不管它是正確的政策,或是錯誤的政策,你如果沒有檢視過去的政策,就無法吸取經驗或是教訓,所謂鑑往知來就是這個道理。我們檢討過去的政策,不是為了要去批評前面的人,而是說當初

---

[142] R.F. Leonard, F.L. Deming, and Chester Morrill (1961), *Comments and Recommendations on Central Banking in the Republic of China*, Taipei: The Central Bank of China。

的政策制定有它的目標, 但是如果執行後跟原先預期不一樣的話, 那我們接下來要怎麼樣改善, 這就是研究的目的嘛。

旭昇: 可是在他們心目中可能就覺得你從事研究的目的, 就是為了要批評過去的政策決定者, 而現任的主事者覺得過去就過去了, 沒必要再拿出來批評, 對不對?

聰敏: 沒錯, 沒錯。這個現象我覺得值得多講一點。對我來說, 我認為公共政策的討論應該要建立在科學研究的基礎上。基本上, 公共政策對這個社會產生重大的影響, 一個好的政策可以將社會帶到一個比較好的方向。人類對公共事務的理解, 是從不斷的錯誤當中慢慢地學習而來。如果沒有研究, 公共政策都是憑你自己的想像在進行。我想我講得有點遠, 但是我意思就是說, 謝森中那時候的那個講法, 讓我印象非常深刻。

旭昇: 「公共政策都是憑自己的想像在進行」的這種說法真的是很精準。舉個例子來說, 央行向來一直宣稱「維持新臺幣匯率的動態穩定」, 同時標榜新臺幣對美元匯率波動幅度小於歐元、韓元、日圓及星幣等主要貨幣。[143] 但是為什麼匯率穩定有助於臺灣經濟穩定成長?

如果央行夠專業, 他們的回答應該像是:「根據本行研究, 新臺幣匯率穩定可以透過這個或是那個機制, 讓臺灣經濟穩定成長, bla, bla, bla。」結果不是, 央行給的答案是:「匯率穩定有助於廠商報價」。[144] 我目前唯一看過的央行相關研究, 發現新臺幣匯率

---

[143]"新臺幣匯率維持動態穩定," 中央銀行新聞稿 (2018 年 10 月 11 日)。

[144]潘姿羽 (2019), "業者喊貶新台幣, 央行: 匯率穩定有助廠商報價," URL: https:// tw.news.yahoo.com/業者喊貶新台幣-央行-匯率穩定有助廠商報價-

具有反通膨及反景氣循環特性。[145] 但這是一種反應函數的概念，
並沒有解釋為何匯率穩定本身有助於臺灣經濟成長。

聰敏：廠商如何報價是經濟學研究最基本的問題，廠商追求最大利潤，
因此，景氣變動可能影響廠商的報價，消費者行為改變時，報價
也可能變動。但是，沒有任何研究說，央行應該出面幫忙解決廠
商報價的困擾。事實上，應該這樣說，央行出面干預匯率，反而
是增加廠商報價的困擾，原因是央行會干預到什麼程度也難以
預測。換言之，對廠商而言，央行干預等於是另一個不確定的因
素。臺灣央行經常阻升匯率，並引以為傲，但有時候控制不了，廠
商反彈，央行反過來說，「你們平常就要避險啊！」

事實上，廠商在報價上的風險是可以由市場來解決的。不能完全
消除，但可以降低匯率意外變動時的損失。這跟汽車保險一樣，
車主購買保險公司提供的保險服務，不會消除風險，但可以減輕
損失。早期，各國央行干預匯率的做法，可以視為是提供匯率保
險的服務，但是，後來發現成本大於效益，因此，高所得國家早已
放棄干預匯率。

臺灣央行干預匯率，表面上的說辭是要減少廠商報價的困擾，事
實上，另外一個動機是要阻升新臺幣。阻升新臺幣對出口有幫
助，但是也有它的成本。不過，央行可以說完全不考慮成本面。

旭昇：沒錯，廠商對外報價的困擾可以透過市場上的金融工具從事避
險，央行匯率政策的任務應該著眼在臺灣的金融穩定。所以我覺

114250287.html, (visited on 08/07/2019).

[145]林依伶，張志揚，與陳佩玕 (2013)，"新台幣匯率反應函數之實證分析 —— 兼論
與主要亞洲國家之比較，"《中央銀行季刊》，35–62。

得真正重要的問題是, 匯率波動是否會影響臺灣的金融市場或是實體經濟? 要回答這樣的問題, 需要長期且嚴謹的實證研究, 而不是靠主事者自己憑空想像。

不過, 除了貨幣政策之外, 你應該還滿早就開始對外匯政策有一些看法吧? 我記得那時候是 1995 吧, 還是 96, 我現在忘記了, 應該是 95 或 96 的時候, 我修你的研究所「總體三」的課程,[146] 課程中有提到 1987 年左右的緩慢升值政策, 我跟保志學長也合寫了一個期末報告, 好像你那時候就開始在關注外匯政策。[147]

聰敏: 對, 你們寫那個報告我還記得。那時候 ...... 我猜啦, 我真的要回去查一下, 能不能查出來也不確定, 我大概隱隱約約覺得說臺灣對於匯率採取管制的做法, 我大概可能只瞭解到這一塊, 然後也可能大概知道說, 臺灣在 1980 年代晚期, 整個金融市場一塌糊塗, 而這跟外匯管制政策有關。但是, 那個時候很多細節我應該不是很清楚, 可能是這個樣子, 對。

整個來講應該是這樣, 就是說我在 2002 年進入央行後, 在某一次理事會中我準備了一份投影片, 當時我注意到說, 我們的外匯存底在 1985, 86 就開始大幅度上升嘛, 我在投影片中應該是將 1980 年代後半臺灣金融部門的亂象, 包括市場裡游資氾濫, 以及股價與房價飆漲的資產泡沫, 連結到央行干預外匯市場以及外匯存底的累積。

旭昇: 所以投影片裡講了什麼東西?

---

[146]「總體三」即總體經濟理論三, 為當時臺大經研所博士班必修課程。
[147] 鄭保志, 目前 (2024 年) 任教於中央大學經濟系。

與吳聰敏談長期經濟成長研究與經濟政策

聰敏：好,可以講清楚一點。我2002進去,我準備那個投影片是在2003,我記得是2003的9月。那時候我大概剛剛對這些現象有一些瞭解嘛,我看到1985到90年的外匯存底增加,然後後來對臺灣經濟(旭昇:股票市場?)產生一些影響。應該不僅是股票,我認為房地產應該也是。

旭昇：其實南光在2001年有一篇研究,就是在探討臺灣1988至1992年股票跟房地產市場過熱的現象。[148]

聰敏：喔,是喔,我不知道這個東西欸。

旭昇：除了股價,那時候的房價也漲得非常凶。

聰敏：呃,我自己只是因為我平常上課不會上到這一塊,我教總體比較少碰到這一塊。但是我那時候住在淡水,那淡水的話,印象中某一段時間淡水房地產就一直飆漲,但後來好像就是腰斬,大概是這樣,但是我現在很後悔當時沒有仔細去蒐集資料啦。好,回到2002年我進到央行,那理事會一年也就開四次會嘛,其實也沒做什麼事情。我2003年之所以會做那個報告,當時想要傳遞的訊息是,如果1985到90年間大量外匯存底累積會造成這樣嚴重的後果的話,那現在(2003年)又開始看到一樣的現象,那我們就要小心,之後可能也會出現資產價格飆漲的現象(參見圖5.1)。

旭昇：看來你在當時就預見現在過熱的房價,不過我想你講這些應該沒什麼用,因為他們通常的回應都是「謝謝,我們會再研究」這

[148] Nan-Kuang Chen (2001), "Asset Price Fluctuations in Taiwan: Evidence from Stock and Real Estate Prices during 1973–1992," *Journal of Asian Economics*, 12(2), 215–232。

177

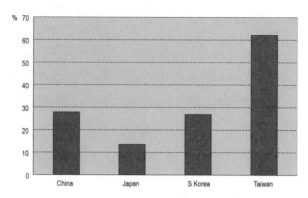

外匯存底占 GDP 比率

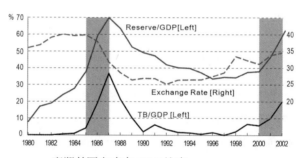

臺灣外匯存底占 GDP 比率: 1980–2002

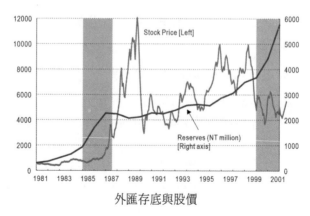

外匯存底與股價

圖 5.1: 2003年在理事會報告的三張投影片

說明: 原圖為彩色。

樣子,然後,當然就沒下文了。

聰敏：嘿,沒什麼用,對。彭淮南他應該是想說,怎麼會這樣? 理事會從來沒有人在發言,怎麼會突然之間有一個人準備三張投影片,還在會議上放出來,對,還在上面秀出來。

旭昇：其實我曾經想過,準備一下投影片在裡面發表意見,不過一直都擔心沒人做過,擔心太過招搖 (笑),原來你早就先一步做過!

聰敏：做了反正也沒什麼影響。不過我個人覺得收穫比較多的是,這讓我發現說,央行理事會這邊沒什麼對話的空間啦,沒什麼討論的空間,你講什麼東西,大概都 ...... 它們都有應付的方法。

旭昇：我想這就是官僚特殊的專業能力。過去我一直以來都期待央行跟其他政府單位應該不太一樣,畢竟它們是政府部門中研究能量最強的機關。

聰敏：Yeah。我在2003年寫了〈外匯存底世界第三〉這篇文章,大概也在差不多那個時候。[149] 我查了一下,這篇文章比我在央行的簡報早兩個月刊登出來,因此,那時候我對於央行以購買外匯來阻升的政策,開始有一些瞭解。現在回想起來,央行一定知道我寫了這篇文章,他們心裡可能想,「糟了,來了一個會出問題的理事。」不過,我當時腦袋不清楚,還自以為能夠對央行政策有一點貢獻。

不過,我大概慢慢開始對匯率政策這些東西有一個比較完整的瞭解。雖然我平常上課沒有上這一塊,但是理事會之前央行事

---

[149] https://homepage.ntu.edu.tw/~ntut019/edu/Reserves.pdf。

先就會把一些資料寄過來,寄過來以後,我基本上都還是會看一下。這對我來講是一個學習的機會啦,意思就是說以前貨幣政策這一塊其實我碰到的機會很少,現在他們寄資料來我就讀一下。慢慢......我們好歹還是有一些經濟學的背景,當然央行的資料也不見得非常完整,但是你就會慢慢開始去瞭解說,事情是怎麼一回事。

我還記得開會的時候,他們會講說它外匯存底賺非常多錢,那個投資報酬率非常高。他們通常會比較,怎麼樣比較? 就是說央行的外匯存底有一些委外操作,有一些是央行自己操作。他們就會講說,央行自己操作比委外的報酬率要高。其實,我當時並不清楚,到底委外的比率跟自己操作的比率是多少,央行也不會講。我非常後來才知道說其實大部分都是央行自己操作嘛。

旭昇: 對。

聰敏: 那自己操作的話,央行會報告說,自己操作的報酬率高於委外操作。央行是公營企業,任何人跟我講說,某某公營企業的效率高於民營企業,我是絕對不相信的。也就是說央行這樣講,我不相信。但是,我一開始也不曉得該如何回應,當然,在理事會上,央行也不會解釋報酬率如何計算的細節。

不過,我後來也學到如何面對央行的說辭。我的意見是說,好啊,你如果說你的報酬率高於委外操作的話,好,那你要有第三方公正的會計師來稽核。如果稽核結果真的是自行操作的報酬率高於委外的話,那我經濟學課本就改寫。不只是我的經濟學課本要改寫,全世界所有的經濟學課本都要改寫。

旭昇： 他們每次報告出來的報酬率確實都是高於委外操作，不過只呈現數字其實是不夠的。如果能有外部會計師來稽核當然是最好，但是至少也要提供報酬率是如何計算出來的細節。

聰敏： 沒錯，沒錯，對，對。因為就以現實世界來講，比如一般的上市公司，這些公司規模非常大嘛，國際上有公認的會計準則，然後會計上要怎麼樣去認列投資收益……報表要怎麼樣編，它們有一個非常嚴格的規範。這些嚴格規範的重點是說，以一般企業來講，你這個資料是要給股東看的嘛，對不對？如果沒有一個共同認可的規範，你愛怎麼編就怎麼編的話，那股東就不知道你所呈現的數字是什麼意思。會計準則的目的就是這個樣子。

回過頭來你剛剛問的那個問題，我在央行開會基本上是沒有任何貢獻，每次資料來我會看一下，然後開會的時候我就聽，幾乎沒什麼提建議。但是，我也慢慢學到一些，我對於臺灣的匯率政策與利率政策開始有一些瞭解。

除了注意到央行外匯資產非常多，他們宣稱的報酬率非常高，另外一個就是發現央行盈餘繳庫非常多。為什麼會這樣？這個我一開始也不瞭解，但對經濟學家來說，我們還是得回到經濟學的原理。你今天如果跟我講說一個公營企業盈餘非常高的話，我是絕對不可能相信的。唯一的可能性是它是獨占。那我就從這個地方開始想說到底為什麼會賺那麼多？

應該是過了一段時間，我才慢慢發現說，原來可以從利率政策跟外匯存底那一塊去探討，就自己慢慢摸索出來，大概是這個樣子。

旭昇: 可是最近我們的總裁說 ...... 我盈餘繳庫難道犯法了嗎? 這樣子難道是犯罪嗎?[150]

聰敏: 對, 我知道, 我知道他講了這句話。

旭昇: 事實上央行盈餘繳庫本身涉及的問題相當複雜, 這跟一個國家的財政收支結構有關。央行的盈餘的收入來源是外匯存底孳息, 但是外匯資產是以外幣計價, 盈餘則是以新臺幣計價, 所以匯率波動就會造成盈餘的波動。當財政收入太過依賴一個會受匯率波動影響的資產收入, 並不是一件健康的事。再進一步說, 如果央行想要讓以新臺幣計價的資產收入穩定, 不就是要控制匯率讓它波動變小? 如果央行想讓盈餘增加, 不就有動機壓低新臺幣幣值?

那先撇開這個不講, 我想說的是, 今天一個央行的主事者被問到這個問題, 如果你盈餘繳庫的數目這麼大, 你覺得這是合理的, 那其實你應該是正面地說服別人, 就是清楚告訴大家收入怎麼來, 為何能夠壓低支出, 我們的操作方式是怎樣等等, 應該是以這樣方式去說服一般的民眾。

更何況外界所質疑的, 除了龐大的盈餘繳庫本身反映了國家財政健全度不足的問題, 更重要的是, 大量盈餘繳庫背後的低估新臺幣幣值與低利率政策所帶來的副作用, 例如通貨膨脹稅以及高房價問題, 而總裁完全沒有針對這些問題說明。

---

[150]陳儷方 (2023), "央行盈餘繳庫創新高遭質疑, 楊金龍: 我繳庫我犯罪嗎?" 聯合新聞網, URL: https://udn.com/news/story/7238/7562249 (visited on 11/09/2023).

聰敏：這我同意啊。

旭昇：當人家對你的政策有所質疑的時候，這樣的回應值得商榷。就像以前彭淮南在面對記者提問有關外界指控央行干預外匯市場，他的回應是：「嘴巴長在每個人的臉上，我們無法影響他的嘴巴。」[151] 說真的，如果批評毫無根據，那就是謾罵，政府官員要以何種態度回應我們不予置評。然而如果評論有所本，那官員應該就要拿出資料與證據回應。

但是我想說的是，其實這個社會，大家也好像覺得這樣的回應方式沒有什麼不對的樣子，大家都會把它當成是個花絮一樣，媒體可能就是寫一些央行總裁動怒啊、怒嗆啊等等那種報導。

聰敏：我完全同意啊。在立法院，立委與官員吵架，可以說司空見慣，但我認為這件事值得討論一下。這件事發生在立法院的財政委員會，立委質詢時引用媒體的報導說，盈餘繳庫扭曲雙率，不利產業升級，房價失控，造成貧富差距擴大等。楊金龍回應時說，央行都有達成經營目標，「我繳庫我犯罪嗎？」

立委所引用的應該是《今週刊》的報導，[152] 其中訪問了前美國聯準會副主席柯恩 (Don Kohn)，也訪問前央行副總裁許嘉棟。[153]

---

[151] 中央銀行新聞稿第 168 號 (2017)，"媒體報導「彭淮南：沒辦法影響美國嘴巴」，顯屬誤解，" URL: https://www.cbc.gov.tw/tw/cp-302-61112-45751-1.html (visited on 09/22/2017)。

[152] 黃煒軒 (2023)，"央行暴賺 2 千億的代價：年年發大財的國庫金雞母，為何卻成阻升台幣、拉大貧富差距的幫凶?," 《今周刊》，URL: https://www.businesstoday.com.tw/article/category/183017/post/202311010006/ (visited on 11/01/2023)。

[153] 許嘉棟是經濟學者，曾經擔任央行副總裁與財政部長。

柯恩說聯準會的任務,「既不是獲利, 也不是避免損失!」而是就業最大化和物價穩定。許嘉棟則指出, 彭淮南上任以來臺灣出現一個「暴賺的央行」。現在大家已經瞭解, 央行暴賺的原因是阻升新臺幣與壓低利率兩項政策, 許嘉棟是在問, 以上兩項政策我們付出了什麼樣的代價?

楊金龍答覆立委的前半部分是央行一貫的手法, 也就是答非所問。他說過去二十年來, 央行完成任務, 而且又有龐大的盈餘繳庫, 算是成就非凡。不過, 許嘉棟問的是, 央行的任務之一是金融穩定, 過去二十年來, 臺灣的房價失控, 這算是金融穩定? 事實上, 央行以往也回應房價飆漲的問題, 但標準的答案是房價飆漲與低利率無關。我們現在都看得到, 臺灣的房價大約是在2003年開始上漲, 而央行是在2001年把利率壓低, 一直到今天都沒有改變。如果房價上漲與利率無關, 那我們要問, 是什麼政策造成房價上漲?

楊金龍在財委會上根本沒有針對以上的問題回答, 而是失控地說「我繳庫我犯罪嗎?」如果我是質詢的立委, 我會追加一個問題是,「我並沒有說你犯罪, 你為何這樣回答? 請明確回應媒體所提的問題。」

類似的事情如果出現在美國, 我猜會引發軒然大波, 但是在臺灣, 船過水無痕。表面上看來, 這好像只是央行總裁的失言, 但是, 央行在政策的討論上答非所問不只是這一次, 幾乎可以說是一向如此, 楊金龍如此, 上一任彭淮南也是如此。然後, 學術界與媒體對於央行的行為很少表達意見, 我認為是一個嚴重的問題。

好, 那你剛剛講說央行總裁在那邊亂講, (旭昇: 我沒有說他是亂

講啦!) 對我來講算是亂講啦, 我可以講說是亂講。我的意思是說, 這不是一個公共政策辯論應該有的態度啦。央行總裁沒有公共政策辯論應該有的態度, 後果很嚴重, 因為央行的政策依據的是總裁想當然耳的想法, 而不是經濟學研究的結論。而當總裁面對專業的批評時, 他只能亂講一通, 甚至脫口而出「我繳庫我犯罪嗎?」

另外, 我覺得值得強調的一點是, 央行有「義務」正面回應別人對政策的質疑。換句話說, 當有人質疑低利率可能造成房價失控, 央行不能回說,「你有證據嗎?」任何公共政策有其效益, 也有其成本。如果學術界的普遍認知是, 低利率可能造成房價上漲, 則央行在推動低利率政策之前, 必須以研究作為政策的基礎。央行官員的薪水來自納稅人, 納稅人提出質疑時, 央行有「義務」正面回應。

旭昇: 是啊, 央行要為自己的政策辯護, 也應該以研究提出證據, 作為政策辯護的基礎。當然央行研究人員所做的研究可能會有偏誤, 之前國外有一篇著名的研究就發現, 根據歐美等先進國家的資料顯示, 與一般的學界研究相比, 有央行研究人員參與的論文較容易發現量化寬鬆 (QE) 政策有效, 且效果較大也較顯著。同時作者也發現, 能夠證明 QE 政策對產出有較大效果的央行研究員, 相對於其他同事也比較容易獲得升遷。[154]

不過, 就算央行研究可能會有偏誤, 只要公開發表出來, 大家就

---

[154]Brian Fabo, Martina Jancokova, Elisabeth Kempf, and Lubos Pastor (2021), "Fifty Shades of QE: Comparing Findings of Central Bankers and Academics," *Journal of Monetary Economics*, 120, 1–20。

可以去檢視研究內容,在政策上就有一個具體的討論基礎。不管怎麼樣,都比沒有研究來得好。

臺灣的學術界好像一直以來 ...... 尤其是在貨幣政策、匯率政策或者跟央行相關的政策,好像一直以來都很少有比較積極、會願意出來討論的人。

聰敏: 確實如此。我想要做一個對照,我認為在美國社會裡面,他們這個社會裡面有一些真正的專家,比如說,我就講稍微遠一點,就像以前的 Friedman。任何人讀過 Friedman 的文章,就會知道他的意見是從扎實的研究裡出來的。你不一定同意 Friedman 的看法,但是,有人做了基礎的研究,後來的討論可以在這個基礎上往前走。

今天像一個這樣的場景如果出現在美國,而聯準會主席也講了類似的話,(旭昇: 不可能啦!) Friedman 或其他的學者一定會出面批評。我再強調一下,重點不是意見不同,而是「我繳庫我犯罪嗎?」不是政策辯論的態度。我覺得臺灣現在仍然缺乏公共政策辯論的態度,或者說基礎的訓練。因為沒有這個,臺灣的公共政策品質要提升,我認為真的困難重重。

旭昇: 其實我一直都滿好奇,當初你是什麼樣的機緣被找去央行當理事的?

聰敏: 其實我也不清楚。以前 ...... 應該是這樣,就照慣例除了當然理事以及業界的代表,好像就會找兩三個學術界的人進去當理事,我的猜測 ...... 但是這部分我沒有百分之百確定,可能是陳師孟推薦的。

Yeah, 陳師孟那個時候, 好像進去一段時間 ...... 他當副總裁嘛。但是後來好像他就離開了。

旭昇: 當了一陣子而已, 因為他後來去接總統府的祕書長。

聰敏: Ok, yeah。我猜可能是彭淮南問他啦, 要找一位臺大的。我那時候雖然對貨幣政策這一塊沒什麼太多的瞭解, 不過反正就是找個人進去, 我猜大概是這個樣子。

旭昇: 所以你進去之後, 雖然你剛才 ...... 應該是講得很謙虛啦, 說好像沒有什麼貢獻, 不過我想多多少少你的發言應該還是會比較不一樣吧, 就是你講的東西 ......

聰敏: 我基本上沒有發言, 完全沒有貢獻。

旭昇: 沒有發言? 所以 ...... 因為我沒有經驗 ......說句實話啦, 因為我進到理事會的時候, 彭淮南已經卸任了嘛, 我完全沒有機會瞭解彭淮南主持理事會的狀況, 所以你能不能稍微描繪一下?

聰敏: 我覺得我們開會跟你們現在大概差不多。就是我那個年代進去, ... 陳昭南對我很好, 要去開會時, 我們就一起去, 我通常就坐在他旁邊。[155]

那一開始進去當然就先學一下, 反正一開始很多細節都不瞭解。我剛剛講, 我是 2002 年進去的, 慢慢到了 2003 年 9 月的時候, 就覺得好像多少要提供一點點意見, 那大部分的人都不講話嘛。

---

[155]陳昭南 (1936–2003) 是知名的經濟學者, 中央研究院院士。

開會的時候前面就是央行報告經濟情勢啊金融情勢啊, 大概這樣子。報告完以後, 彭淮南最後就講說好, 那我們建議是升息或降息就這樣。那我也必須講, 一開始我對於升息跟降息這件事情也搞不清楚, 所謂搞不清楚意思是說, 我當時以為臺灣這個升息跟降息是跟美國一樣的, 對, 隔了一段時間之後, 我才知道根本不是那麼一回事, 對不對?

好, 那當中有些機會發表一點意見, 但是後來就慢慢體會到說, 你提出意見, 他們就說好, 他們也會考慮一下, 後來當然也就沒有下文, 對不對?

其中有一次我還有點印象, 就是說那時候可能是立法院, 就覺得說央行法要修法, 央行法要修的話, 可能是立法院那邊有委員提議, 但這一點我不是百分之百確定。那央行法要修法的話, 通常行政院的做法就是說那請央行自己先表示意見。所以我們在有一次的理事會裡面就講一下說, 因為我們現在央行法要修法, 所以有一些提議。

反正我那時候腦袋也不是非常清楚, 或者說, 不上道。央行法裡有規定央行的任務, 其中一項規定, 央行要維持對內與對外幣值的穩定。我就說, 維持對外幣值穩定是不可能的, 當然, 我當時想的是, 浮動匯率與固定匯率制度的問題。我說這個條文的存廢我覺得可能要再思考推敲一下, 對。彭淮南那時候應該想說, 你這個小子到底在講什麼東西, 但他只說好, 好, 好, 理事的意見我們納入考慮, 就這樣。

事實上. 我那時候對於臺灣匯率制度的來龍去脈也不清楚, 我是後來在寫《四百年》的時候, 才把匯率制度從1961年以來的演變

過程,大概瞭解一下。

旭昇: 原來如此。

聰敏: 好, 那回到你剛才講的那個問題, 因為開會時大家通常不講話, 我就講了一下。我還記得有一次我不知道講了什麼東西, 細節我忘掉了, 然後有另一位理事說, 既然吳理事提了這個東西, 那他也想來講一點。Anyway, 我的意思就是, 不管是我講或是別人講, 基本上對最後的貨幣政策都沒有任何的影響。

我後來卸任之後, 應該是彭博社的記者來訪問我, 我跟記者聊了一下。那我就說我現在卸任了, 妳如果問我說, 臺灣央行貨幣政策從制度上最需要改革的地方是什麼? 我認為是升息或降息的決議一定要投票。而且那個投票最好是匿名投票。

我的意思是說, 如果要投票, 那整個情勢會改變。貨幣政策要投票決定的話, 央行今天決定要升息或降息, 一定會事先來跟每一個理事溝通說, 這一次理事會央行的建議是什麼, 為什麼要這樣建議。因此, 在開會之前, 我們就有機會討論。

我之所以會這樣講, 原因是央行每次開會一個半鐘頭, 有時候甚至還不到一個半鐘頭我們會就開完。開會時, 大部分的時間都是央行在報告, 會議快結束前它才對理事們提出升息或降息的建議, 在那個當下, 基本上沒有任何討論的時間與空間。

旭昇: 不過就算連美國 Fed 應該也沒有匿名投票這樣的事情。

聰敏: 對, 我當時對記者那樣講的時候, 是講得有點簡化。其實整個重點是, Fed 他們開會開一天半, 最後的決議之前, 他們會不斷地

討論溝通，在溝通的過程當中，Fed 提出升息或降息的提議，理事們有機會充分討論，到最後我猜 Fed 的理事也是要公開表態贊成或反對啦。

旭昇：同意。

聰敏：但是，臺灣央行不一樣，我們每次開會一個半鐘頭，可以說幾乎沒有討論。或者說，在我當時開會時，幾乎沒有討論的空間。我對記者說，要匿名投票或公開投票，意思是要創造一個機制，讓理事們有表達意見的機會。當然，理想的做法是跟 Fed 的模式一樣，開會時理事們暢所欲言，再做出決策。

旭昇：所以在彭淮南擔任總裁的那時候，基本上是沒有這種一票一票 count 的這種事？

聰敏：完全沒有。我的瞭解是從你們之後才有的。

旭昇：呃，我進入之後就是這樣在運作，確實是一個接著一個理事表示意見。

聰敏：Ok。我們那時候大概是這樣。例如，彭淮南最後說，我們現在建議升息半碼，請問大家有沒有意見啊？左看一下，右看一下，對。當然他把這樣的做法解讀成是說，反正我已經有問了，而且並沒有人反對，所以就代表大家都同意。新聞稿上就是「全體理事一致同意」。

那你是哪一年進去的？

旭昇：我是 2018 年 4 月進理事會。我當時是接前一個理事未完的任期，算是中途進去的。

另外我還想問的就是，除了你之外，你說幾乎沒有人發言，但是難道沒有什麼其他人的發言曾經讓你印象深刻的嗎？

聰敏：沒有，不過我可以講一件事情，應該是我卸任的那一次，我們通常 …… 我不曉得你們現在會不會，就是在一年年底那次理事會開完會以後，會有個聚餐嘛？

旭昇：嗯，對。

聰敏：在 10 樓嘛，對。那應該是我卸任的那一次，應該是 12 月那一次，反正那天要聚餐。因為彭淮南開完會以後他就先去記者招待會嘛，因此，聚餐之前就有個空檔，然後我跟其他理事就聊一下，我就說我們開會時訂這個利率齁，煞有介事，其實沒有意義啦。我當然不是講得那麼極端啦，我是說我們現在決定這個利率叫作重貼現率啦，但是美國決定的利率是隔夜拆款利率，兩個性質完全不同。

在場的理事，至少在我旁邊的人，沒有人知道這個差別。

旭昇：蛤 …… (無言)。

聰敏：這個讓我印象深刻。

旭昇：其實我印象比較深刻的是，有一次我在某個座談會上提到 …… 建議央行多花一點心力在長期深入之政策研究，來協助改善貨幣政策決策，然後在發言中可能有稍微對於彭淮南過去一些政策上的檢討。

結果有一個也是央行理事的學者在我發言之後馬上搶著發言 ......
意思是說，彭的政策不會有錯，那為什麼不會有錯呢? 原因是，如
果彭的政策不好，或是說彭的政策有錯，他也不會拿到那麼多的
A 級評價。

那時候我其實有點愣住，我本來還想說他可以用什麼其他不同
的實證資料或不同的論述來說服我，結果最後他拿出來替彭淮
南辯論的證據竟然是說，彭淮南拿了好幾次來自一本名不見經
傳的刊物所封的 A 級總裁，拿了很多 A 這樣，那時候我實在是非
常的驚訝。

聰敏: 我有時候上課會這樣講，我就說今天如果是 Economist 或是《華
爾街日報》，跟我講說某個總裁做得好，我都還不一定買單啦。好，
那我要講的就是說，期刊有不同的水準嘛，對不對? 那你今天要
是時間非常有限，你就應該參考好的期刊嘛。我自己個人認為，
以經濟新聞來說，Economist 與《華爾街日報》，應該是最值得參
考的。

今天突然根據了一本什麼某某雜誌，說某個總裁非常好，你如果
會這樣相信的話，表示你對 central banking 或是貨幣政策沒有
最基本的認知啦。一般人沒有這個認知，那也罷了，終究每個人
的領域不同。但是，如果央行理事也這麼認為，那我認為是對不
起納稅人。

對我們來講，因為我們有一點專業的訓練，所以有時候別人講一
個東西，我們就比較會去思考說，你這個講法是對的嗎?

一般人他不會這樣問這個問題，但是我們會問，我們會怎麼樣問?
我就舉另外一個例子，其實跟央行都是相關的。我們有公營行

庫,現在改稱公股行庫。以前公營行庫每年賺很多錢,這可以理解,因為它們是獨占。但是,後來開放民營銀行設立以後,公營行庫仍然賺錢,我就搞不清楚為什麼會是這個樣子。我不清楚為什麼公營行庫能存活,那賺到的錢有時候也還不少,對。

我隔了很久以後才知道,它們能夠存活是因為政府給它們特權。所以我的意思就是說,一般人你跟他講說公營企業比較沒有效率,他說對喔,好像是喔。你舉一個例子給他,例如臺鐵,他就知道。但是,他不一定會意識到說,公營行庫能夠存活這件事情,跟「公營企業沒有效率」是相互抵觸的。但是,我們有一點經濟學的訓練,就會問這個問題。但即便如此,我們要花一點時間才能夠瞭解背後的原因。所以公營行庫能夠存活,原因是財政部與中央銀行給它們好處。

旭昇: 能夠說得具體一點嗎?

聰敏: 我就舉一個簡單的例子,就是公務人員的退休金是由臺灣銀行發放的。

旭昇: 你說的是退休金給付?

聰敏: 是退休金給付。這些錢被存到臺灣銀行或者是郵局,好,那銀行那一頭就可以收手續費。手續費本身不一定很高,但因為退休金總額非常龐大,臺灣銀行就有現成的收入。

另外我猜,但是應該錯不了,我們有國庫,那國庫的話金額非常龐大。財政部收了稅進來,它要存到銀行,那些錢進來以後,它就給公營行庫啊,公營行庫如果再貸放出去,就能賺取存放款利

差。然後,財政部多給一點手續費,公營行庫就幸福快樂。你看這些金額非常龐大,公營行庫光是吃這些東西,它就可以存活得很好。

中央銀行也是啊,央行對於短期存單 (隔夜至 128 天期, 其中以 28 天期為主) 的發行是採申購,而不是公開標售。申購是你來申請,我來決定要賣給誰,我沒有資料,但我猜測主要是賣給公股行庫。一般公務員不能圖利他人,央行就可以圖利公股行庫。這是什麼道理? 追根究柢,到最後是納稅人在養這些沒有效率的公營行庫。

我講這東西就是說,當我們覺得有點奇怪時,我們就會問,問了以後我們就有一些猜測,到最後我就會想辦法看看如何驗證或推翻猜測。但是有些人連問都不會問,所以回到你剛剛講的那個理事,他就會認為,我們彭總裁有 14A 啊,所以應該錯不了啊,他一定是天縱英明啊。

旭昇: 另外,對於央行的制度或是貨幣政策等等,我們會提供一些批評或者是建議,也常會拿美國的 Fed 來當作一個 benchmark,然後來跟臺灣的央行做比較。但是央行常反駁說,臺灣是一個小型開放經濟體,跟美國那樣的一個這麼龐大的經濟體不一樣,怎麼可以用 Fed 當標準來做比較。對於這樣的說法,你有什麼看法?

聰敏: 很好啊,你秀證據給我看。央行很喜歡講這個東西,那就是一個 claim,但是你有證據嗎? 第一個,我要質疑的就是「臺灣是小型經濟體」的說法。根據 IMF 的資料,臺灣 2022 年 GDP 排名全球第 21,這樣還叫小型經濟體?

第二點就是, 我們拿 Fed 來做比較, 不是在比較組織結構, 而是在比較貨幣政策決策的品質。我們要跟 Fed 學習的是, 除了充分的辯論與溝通, 決策背後的研究也非常重要。

臺灣央行有做研究嗎? 我看不出來。你如果說, 小型經濟體的貨幣政策應該不一樣, 研究在哪裡? 證據在哪裡?

我有時候上課會講說, 美國的貨幣政策從 1970 年代以來也是不斷地犯錯誤, 石油危機時 stagflation (停滯性膨脹) 可能是最有名的例子。但是, 你看看歐美國家, 它們就一步一步往前走。因為錯誤的貨幣政策對社會造成重大的影響, 所以對 Fed 也好, 對學術界也好, 這是重要的議題, 然後很多研究資源就會投入到這裡來。

學術研究對實際的公共政策產生重大影響, 我認為 70 年代以來的貨幣政策研究是很好的例子。例如, 民眾的預期心理對於通膨有重要影響。但是, 臺灣央行就是以不變應萬變, 對於國外的學術研究似懂非懂, 認為那是沒有用的東西, 是象牙塔內的學者亂講一通。

旭昇: 還有就是講到最近 (2022–2024) 的通膨問題, 基本上我們一直在談一個狀況, 就是說臺灣過去的物價穩定跟很多民生物價管制有關。像是這次楊金龍在辯護他的高額盈餘繳庫時, 他的說法就是, 央行職責中最重要的是物價穩定, 而央行一直都有達到這個目標, 所以做得很好這樣子。

但是我想講的就是, 其實臺灣的 …… 我想你應該在這方面有相關的研究, 你也知道說其實臺灣的物價穩定得力於物價的管制。

不管是汽油啦、電啦，天然氣或 LPG 啦，[156] 然後運輸、教育等等，透過政府其他部門在做價格管制，其實減輕了央行很多的負擔。

聰敏： 我雖然沒有研究，但我有一點 common sense。所謂物價穩定一般是指 CPI (消費者物價指數) 上漲率不超過 2%，而經濟學家的研究已經確認，維持物價穩定是透過央行控制貨幣供給來達成。也因此，在歐美國家的制度裡，物價穩定是央行的任務。然而台灣的財經官員似乎並不瞭解以上的原理，以為控制某些商品的價格就可以達成物價穩定的目標。

旭昇： 那從這個角度來講，這樣的做法 …… 一般大眾好像也都不覺得這是個問題。

聰敏： 我認為很多人不知道這個問題，對。我的意思就是說，如果我們今天通膨率是 3%，央行就講說我們控制得很好，我不確定的是，到底有多少人瞭解，這是物價管制的結果，而不是央行貨幣政策成功？

如果沒有經濟部與農委會的物價管制，臺灣的通膨率到底會是多少？這個我認為連央行都不知道。

好，那下一個問題是，如果臺灣有一套自己獨創的方法，讓物價能夠穩定，至少表面上穩定，好像也不錯，對不對？但接下去，我們要問的是，因為油電凍漲算是一種公共政策，而執行公共政策可以達到你想要達到的目標，但是你永遠要考慮它的成本有多少，所以我們應該進一步問的是，你的油電凍漲到底成本有多大。

---

[156] LPG，液化石油氣 (Liquefied Petroleum Gas)。

如果這樣問下去, 對我來說, 第一個想到的就是, 油電凍漲政策其實是在用納稅人的錢補貼用電用油比較多的人, 講到這一層並不困難, 但接下來, 經濟學會說, 價格管制造成效率下降。為什麼效率會下降? 因為消費者剩餘與生產者剩餘沒有達到最大。我在上課時, 基本概念一個一個講下來, 可以把效率下降講清楚, 但是, 要跟一般人講效率這個議題, 可能還不是太容易啦。

換言之, 要說服一般人說價格管制是不對的, 其實不太容易......, 對我來說, 不太容易。

旭昇: 也許該提到有一些後遺症或者是副作用。

聰敏: 沒錯, 但我的能力不足, 沒有辦法很扼要地對一般人講清楚, 說這是重要的東西。我想要講的是, 我們寫書或上課, 目的是希望說......臺灣社會慢慢開始有所改變。有所改變的意思是說, 你知道什麼是科學的概念、科學的方法、什麼叫公共政策、臺灣過去發生什麼樣的事情。以過去的經驗為基礎, 我們瞭解臺灣將來能夠往哪個方向走, 才是最好的。大概我們在想這件事情。

但是, 已經開始工作的人, 你對他講這些事, 有人還是有興趣, 但上班族太忙了, 即使有興趣, 他們不見得有時間。我現在覺得, 你要在高中與大學的階段, 讓這些概念出現在他們的課程裡。我並不是說, 要把我的書的內容放進去, 不是。我的書也可能有錯誤。我的重點是, 要把科學的概念, 科學的方法, 公共政策的概念放進去。然後, 不是條文式的, 背誦式的, 而是以生動的故事讓學生理解。我以前就覺得這個重要, 但是我現在的感受比較強烈。

旭昇: 我覺得經濟學家能夠做的, 就是以科學的態度與方法去分析資

料,並將結果呈現出來,作為公共政策討論的起點。至於大家要如何看待或評價這些公共政策,其實是整個社會自己的選擇。

舉例來說,研究發現,臺灣央行的低利率政策造成房價上漲,但是如果社會上大多數的人覺得低利率很好啊,房價高也很不錯,大家都很讚賞央行的政策,給他拍拍手,我也會說,OK,好,很好,let it be。

或者是說,很多的研究都發現臺灣央行在執行所謂的匯率貶值政策,也就是盡量讓新臺幣的幣值低一點,對出口有幫助。但是我們也盡量不會去強調央行「該不該」採取「阻升不阻貶」的單邊干預政策,而是注重在央行「有沒有」在外匯市場上進行單邊干預,至於該不該讓新臺幣貶值,本來就會有利弊得失,這也是要讓社會大眾自己去選擇。

By the way,其實我很不喜歡「阻升不阻貶」這種說法,因為很容易會被誤解成字面上的意義,彷彿是在說:央行在外匯市場上只阻止升值,並不阻止貶值。但是所謂的匯率貶值政策或著說單邊干預政策並不是這樣。比較好的詮釋是,實證證據顯示,央行比較不願臺幣升值,同時比較積極讓臺幣貶值,所以平均來說,央行在新臺幣升值時較傾向於積極干預,在新臺幣貶值時,傾向於採放任不管或是小幅干預。

我覺得要讓一般大眾理解這個概念好像很難,譬如說,當央行有時候賣出外匯阻止新臺幣貶值,在媒體上就會時不時看到,記者寫出「破除阻升不阻貶說法」這類文字。在我看來,這樣替央行辯解其實毫無意義。

Anyway,扯遠了,不過這種講求科學實事求是的概念、與討論公

共政策的態度,在臺灣的教育中還是相當欠缺,要能夠讓學校老師在課程中傳達這些觀念,其實也不容易。之前我也曾經跟你講過,我看過一題國中的公民考題,問的是臺灣的惡性通貨膨脹怎麼結束的,對不對? 結果老師給的答案竟然是: 發行新臺幣。

聰敏: 是,是,我在我的書裡面有講。

旭昇: 對,然後最近中研院他們不是有一個比較通俗的科普寫作在介紹他們的研究,叫「研之有物」,然後最近也有一篇,不知道是哪一個所? 政治所? 的一個研究員寫的,就是在檢討臺灣戰後為什麼可以這樣發展起來,然後讀起來好像就是在講說,某種程度上要歸功於這些卓越的專業的技術官僚、他們的遠見跟領導這樣子 (聰敏: 政府領導)。[157]

聰敏: 對,沒錯。那篇我有看到。因為 Yahoo 奇摩上面有,我就看一下,看到那個標題就讓我有點好奇,對。

旭昇: 這種「優異技術官僚」的說法未必是錯的,只是我目前並沒看到具有說服力的實證證據支持這個假說。

聰敏: 這本來就不容易。我講一下我對這個事情的看法,這個東西是正常的啦,我意思就是說,我們這樣回想在 1980 年代的 Friedman,他在那時候寫他的 *Free to Choose*。[158] 在那個年代,在美國學術界

---

[157] 林庭葦 (2023), "經濟奇蹟的三大推手!「看得見的手」如何帶動臺灣經濟起飛?" 研之有物, URL: https : / / research . sinica . edu . tw / chin - en - wu / ?fbclid=IwAR3B (visited on 11/08/2023)。

[158] Milton Friedman and Rose D. Friedman (1990), *Free to Choose*, New York: Harcourt。

裡面,也有很多的經濟學者持相反的看法,那些人也覺得說政府領導對產業發展是非常重要的。

不過,對我來講,這是一個科學的問題,對不對? 我的書還沒有寫出來之前,有時候有朋友見到我,那他立場是比較偏綠的。他對於中研院瞿宛文的一本書談臺灣戰後的經濟發展,你可能沒有看過啦,你有看過嗎?[159]

旭昇: 有,我有看過。

聰敏: OK,我必須講得非常客觀,就是說我這一位朋友,他基本上是因為對瞿宛文這個人的左派立場有所偏見,而覺得瞿講的應該是不對的。但是我並不同意我這個朋友的看法,我認為政治立場與科學研究應該分開來看。

基本上,臺灣戰後的經濟是如何發展起來的,這是一個科學的問題,科學辯論的意思就是說,某人提出一個想法,你如果覺得說他的想法不對的話,你要跟他辯論的方式是說,你也要提出證據,到最後能夠說,喔,他的講法不對,而你的講法是對的。

我們的社會需要這樣子的東西。這整個過程當中,我們也在學習說,什麼叫科學的方法,就是尊重證據。

旭昇: 科學的方法與尊重證據,這真的相當不容易。網路上看到的公共政策論述,第一種做法是先貼標籤,什麼「蛋頭學者」啊,「象牙塔看世界」啊,或是「教科書理論派」一類的。這種起手式其實意義不大,也不是健康的政策思辨方式。

---

[159] 瞿宛文 (2017),《臺灣戰後經濟發展的源起》,臺北: 中央研究院。

另一種是包牌式論述,你告訴他 X 對 Y 有影響,他就會列出一堆說 A, B, C, D, E, F, G …… 也會有影響啊。我想這種批評不能算是錯,不過其他這些因素到底有多重要,這是可以透過計量方法去驗證的東西。

最後就是,有的論述還不錯,能夠提出一些數據資料來佐證,不過說服力還是有待加強。舉個例子來說,央行在 defend 自己沒有採取低估新臺幣匯率政策時,會把新臺幣匯率的走勢畫出來,然後說,你看,新臺幣有升也有貶,所以沒有「阻升不阻貶」。

我都會告訴學生,只觀察新臺幣匯率的走勢,說服力還是不夠。因為就算新臺幣有時走升,並不代表央行沒有買匯干預,有可能是干預不足以抵抗升值壓力,如果央行不進場干預的話,升值幅度可能更大。這就像是學生不能以考試不及格當成沒有作弊的證據,因為可能是程度糟到連作弊都還是考不及格。因此,看圖說故事是不夠的,還需要嚴謹的計量分析。

說實話,因為我自己是研究總體的,所以我在讀你的《台灣經濟四百年》,我當然還是對比較偏向於總體那邊的部分會比較有興趣。對我來說,其中最讓我感興趣的就是兩個東西,一個就是臺灣戰後的惡性通膨。大多數的人都只觀察到,就是因為當時貨幣的供給太多。但是大家沒有更進一步去探討,是什麼原因讓貨幣供給太多,我覺得你就很清楚說明這跟臺灣財政上的問題有關,你就把它點出來。

那另一個讓人家比較興奮的,其實就是我剛才講的,就是說對於這種臺灣戰後的經濟發展,大家都從表面上來看,認為好像都是這些技術官僚的努力等等,然後透過一些政策的推動,促成臺灣

經濟成長。但是其實從《台灣經濟四百年》這本書, 我們才知道說, 來自於美國的美援跟美國人相關的改革建議, 這些推力是很關鍵的一個部分。

聰敏: 沒錯, 對。

旭昇: 但我覺得這個東西 …… 在你這本書出來之前, 我覺得好像沒有人提到這些東西, 這樣的講法是對的吧? 應該是沒有人提到這個東西。

聰敏: 好, 那我講一下美援。惡性通膨的研究很多, 就是很多人談惡性通膨, 但是從經濟學的角度把它搞清楚的, 我應該是第一個。我在1997年的文章裡, 講了這件事。[160] 其實已經過了很久了。那時候的寫法是比較技術性啦, 我在《四百年》裡是用比較一般的文字重寫一遍。

好, 那美援這一塊, 我們上次有稍微談到這個事情。有一些以往的研究都會提到, 1958年的改革對戰後的高經濟成長是關鍵。這一點是正確的。但接下來的問題是, 1958年的改革為何會出現? 大部分的文獻都講, 因為國民黨在1958年就做了一個改革, 然後臺灣整個就轉變。但其實這個問題一直困擾我, 我們上次有提過這一個嗎?

旭昇: 沒有。

聰敏: 沒有? 好, 那這個東西值得講一下。

---

[160] 吳聰敏 (1997), "1945–1949 年國民政府對臺灣的經濟政策," 《經濟論文叢刊》, 25(4), 521–554。

應該是這樣,我以前也沒有做過戰後高成長這一段,當然我知道這是重要的議題,也知道西方的研究很多是從成長會計去分析。但是,成長會計的研究無法解釋為何1958年會出現改革。

大約在2014或15年,我到日本去開會,這我要感謝日本的學者。研究計畫是東大的武田晴人教授所提出的,議題就是亞洲國家的高經濟成長。剛好,武田教授有一位學生,本身也是學者,叫湊照宏。我很久以前就認識湊照宏,他來信問我,有沒有意願加入,我說好啊,就開始加入這個研究計畫。

我就東讀西讀,統計資料也看,除了經濟學的文獻,我也看歷史學家寫的東西。我首先確定是說,高成長是因為出口帶動,出口擴張所帶動。因為以前談這東西有時候會這樣講,就是說,一個國家它如果出口增加的話,也可能是因為經濟快速成長所帶動的。因此,因果關係不是很明確。所以我首先做的就是說,確定是出口擴張帶動臺灣的高經濟成長,這一點就是確認下來。

接下去要問的就是,為什麼出口會擴張?臺灣從1960年代以後,出口一直是經濟的重要特徵,因此,很少人會注意到,1950年代我們的出口很少。我以往也沒有注意到,1950年代的出口占GDP的比率很低,低於全球平均。我自己則是因為做過一些日治時期的研究,而日治時期臺灣有很多的米糖出口,出口比率很高。把以上放在一起,問題就變成,為何日治時期的出口比率很高,1950年代大幅下降,但1960年起出口比率又上升。

當然,以上講起來邏輯清楚,但實際研究的過程當然不是這樣子,你要來來回回,而且很容易走偏了。你應該瞭解,一開始有一些猜測,後來發現不是那麼一回事。

旭昇: 對, 這很常發生。

聰敏: 有時候要來來回回很多次之後, 影像才會變清楚。有一天我讀了一篇文章, 這一篇文章對我的研究影響很大, 作者是 Maurice Scott, 很厲害, 是一個英國學者。[161] 簡單來說, 他說的是, 1960–70 年代我們所出口的產品是勞力密集的產品, 而臺灣的比較利益就是在生產勞力密集的產品。

比較利益是經濟學最基本的概念, 每一本經濟學的課本都會介紹。簡化的講法就是, 生產成本較低的國家就有比較利益。但是, Scott 做了一些計算, 比較臺灣與美國在生產紡織品與電子產品的成本, 然後發現臺灣的生產成本遠低於美國的原因是, 臺灣的工資遠低於美國。因為生產成本低, 因此臺灣的產品就大量出口到美國。

講起來很簡單, 但以數字呈現就很有說服力, 重點是他蒐集了資料, 並且做了計算。事實上, 要蒐集這些資料並不容易。此外, 有些人有資料, 但不曉得資料可以計算出這個結果。

對我而言, Scott 的重要性是指出來, 若有資料, 成本是可以計算出來, 並進一步比較。有了成本的數字之後, 你的論點就有說服力。因此, 他的文章等於是在跟我說, 出口擴張的研究應該往哪一個方向走。

我自己也開始找資料, 計算出口品的成本時, 很快就發現成本與匯率息息相關。不過, Scott 認為匯率並無直接的影響, 因此, 我

---

[161] Maurice Scott (1979), "Foreign Trade," in Walter Galenson (ed.), *Economic Growth and Structural Change in Taiwan*, Ithaca: Cornell University Press, 308–383。

在這一點看法跟他不同。但我運氣不錯，找到幾份當時的紡織業者估算出口成本的資料，這些資料顯示，新臺幣兌美元的匯率對出口有重大影響，新臺幣貶值，對出口有利。

好，到這個時候，那個圖像就慢慢出現，那就是我們在1958年有一個匯率改革，到了1961年，新臺幣匯率調整為單一的匯率40，接著就出現出口擴張。

匯率制度改革這件事情有不少人提過，但是，匯率改革之前的情況很多人並不清楚。什麼叫作不清楚？臺灣的匯率一開始是怎麼管制的，多元匯率是如何出現的？目的是什麼？我讀了非常多關於1950年代匯率政策的文獻，但每次看那個多元匯率的表格，就是滿頭霧水。

不過，我在寫書的時候，終於把1950年代的匯率管制搞清楚了，當時的動機是要解決貿易逆差。尹仲容在一篇文章裡講到這一點。[162] 1950年代初期，尹仲容推動進口替代政策，以及匯率管制，都是為了減少貿易逆差。不過，以上兩項政策並沒有解決問題。不僅如此，匯率管制造成新臺幣幣值高估，而這是1950年代臺灣無法出口的根本原因。

到了這個時候，我已經知道，1958年的匯率改革是出口擴張的關鍵。不過到最後我就碰到一個問題，這問題困擾我非常久，因為在1958年的匯率改革裡，尹仲容跟嚴家淦是站在改革的一方，另外一方就是行政院長等其他官員。到了那邊我整個就愣住了，為

---

[162]尹仲容 (1952), "從臺幣改革泛論目前臺灣的經濟情形," 收於《我對臺灣經濟的看法全集》，初編，臺北: 美援運用委員會 (1963), 21–27; 尹仲容 (1903–1963) 是1950年代臺灣最有影響力的財經官員之一。

什麼愣住? 因為由尹仲容在1950年代初期推動紡織品進口替代政策可知, 他滿腦子都是管制的思想, 那為什麼到了1958年, 他突然變成是贊成解除管制? 我完全沒有辦法理解尹仲容的態度為何轉變。

有一個解釋是說, 蔣碩傑最喜歡講這件事情, 蔣碩傑說他1953年來到臺灣 (旭昇: 送他一本書。) 對, 送他一本書, 然後尹仲容就因為讀了這本書, 整個想法就改變。[163] 我就覺得哪有可能? 但是我也不能講說完全不可能。不管是否可能, 我都需要證據, 但是那個年代 ......。

旭昇: 說不定哪一天把那個吳聰敏跟樊家忠的《經濟學原理》送給我們的楊總裁, 然後央行政策就改變了 (笑)。

聰敏: 沒錯, 沒錯。回到那個尹仲容, 我要怎麼找證據? 因為我那時候知道尹仲容的文膽就是王作榮, [164] 比如說尹仲容全集裡面的很多東西事實上是王作榮寫的。[165] 所以我就去 ...... 基本上我就把王作榮所寫的文章, 整個簡單地掃過一遍 ...... 沒有看得很仔細啦, 因為他寫的東西也不是很值得看啦。我主要是要看能不能找到證據, 看看是不是有提到蔣碩傑送了一本書給尹仲容, 對。

但是, 我們也知道說, 蔣碩傑跟王作榮打過筆戰嘛, 對不對? 因此, 說不定王作榮也不想提到這件事情, 不過整個來看, 我在那

---

[163] 蔣碩傑 (1918–1993) 是中研院院士, 他送給尹仲容的書為: James Edward Meade (1948), *Planning And The Price Mechanism*, URL: https://archive.org/details/in.ernet.dli.2015.84464。

[164] 王作榮 (1919–2013) 曾經擔任監察院長。

[165] 尹仲容 (1963),《我對臺灣經濟的看法全集》, 臺北: 美援運用委員會。

邊的查閱等於是進了死胡同啦,王作榮的文章裡面並沒有提到這件事情,另外,我也把尹仲容全集掃過一遍,看看他本人是否提過這一本書,但也沒找到。

當然,我也覺得不太可能,那是本英文書,尹仲容那時候就非常忙碌,哪有可能去看這東西。

旭昇: 對,這樣的推測算是合理。

聰敏: 好。不過,我沒有證據,也就無法確定。我另外想到另一個可能性,尹仲容曾經在一篇文章裡面講了一件事情,他當初在推動進口替代政策時,做了很多的管制措施,他自己後來說,這個管制帶來很多負面的效果,所以他在那一篇文章裡說,管制的負作用很大。

所以有一段時間,我把尹仲容在1958年之所以會站在推動匯率改革的這一邊,解讀成是因為他覺得那個負面影響非常大,所以他就反過來,要推動匯率改革。

旭昇: 好像也不無可能。

聰敏: 對,不無可能。所以有一段時間,我就認為可能是這樣子,不過,我後來推翻了以上的想法。為什麼會推翻,這就要講到美援。

我1984年從美國回來以後不曉得什麼原因,我就從圖書館借到 Jacoby 的那一本書,1966年的,在講美國對臺灣的經濟援助。[166] 那本書我當初讀的時候,我不是很確定內容有多麼可靠。有時候

---

[166] Neil Jacoby (1966), *U.S. Aid to Taiwan*, New York: Fredric A. Prager Publishers。

你也知道, 就是我們讀一本書, 對作者的瞭解不多的話, 很難判斷它所講的可靠到什麼程度。我知道那時候他是美國 UCLA 管理學院的院長, 他接受美國對外援助的機構的邀請, 來臺灣評估美援的成效。

當時, 美國合作總署認為臺灣算是一個成功的經驗, 所以他們想要找一個人來評估一下, 就找到他。找到他以後, 我覺得美國學術界對學術獨立這個東西非常清楚, Jacoby 說我可以做, 但條件是我寫的東西你們不能修改, 他把這件事都寫在序言裡。那合作總署也答應, 之後他完成了一份報告, 可能有在美國國會或者是美國合作總署那邊有報告過, 後來就在1966年由出版社出版。

我1984年回來之後讀過這本書, 寫了一篇介紹美援的文章, 登在《臺灣社會研究》季刊上面。但我必須講, 我那時候沒有讀懂這本書, 因為我在那篇介紹性質的文章裡, 就專注在美援的金額與使用的地方。我在文章裡有講到, 美援對惡性通膨的結束有貢獻, 但其實在那個時候, 我對於惡性通膨的來龍去脈也不瞭解。我當時知道說, 只要財政收支平衡, 物價就會穩定下來, 而美援進來之後, 很快就解決了臺灣的財政赤字。

我在介紹美援時, 大部分都在講說他們把錢投入在基礎建設上面, 這個當然也重要嘛, 譬如說援助台電就是非常重要的一部分。但是他的書的第10章, 我在《台灣經濟四百年》裡面有寫, 第10章的第一句話, 他就提到說政策的改變比臺灣能拿到多少錢更有幫助。

Jacoby 的書全面性地介紹美援, 對於匯率改革也講了一點, 但沒有講很多。但重點是, 我後來確認, Jacoby 書的內容是可信的, 我

可以參考引用。他是美國一流大學的學者,來臺灣研究時可以讀到所有重要的檔案,然後,合作分署的官員一定會告訴他,哪些東西是重要的。我的猜測是,合作分署的人會跟他報告說,他們過去15年在臺灣做了哪些事情。

美援期間,合作分署(早期稱為安全分署)的人在臺灣前後待了15年,每天面對臺灣的政府官員,他們一定知道台灣的政府官員在做什麼,想什麼。此外,他們也知道除非匯率改革,否則台灣的商品無法出口。Jacoby 在寫書的時候,匯率改革已經完成,他也看到紡織品的出口已經啟動,我認為就是這樣子,他才會在第10章一開始就寫那句話。

講到這裡,就必須提到另一個人,叫郝樂遜(Wesley C. Haraldson),他是合作分署的分署長,1958年初上任,1962年就卸任,在臺灣並沒有待很久。我現在很感謝他,他跟前任的分署長卜蘭德(Joseph L. Brent),是臺灣1960年前後改革的真正推手。

Haraldson 當時寫的 memo,後來保存在嚴家淦的檔案裡。嚴家淦當過副總統,後來還當過總統,所以他的檔案都有留下來。我從嚴家淦的檔案裡找到 Haraldson 的「八點財經措施」,原稿是英文。然後,前後有一些國民政府官員的備忘錄,我東看西看,慢慢就對當時的情況有所瞭解。然後我就去對照 Jacoby 的書裡所寫的,發現兩邊是可以相互印證。到了這時候,我就很有把握,匯率改革的推力是美援。

此外,我還找到一份當時美國駐華大使館向美國國務院的報告,其中提到1959年底,大使館官員與 Haraldson 去見陳誠副總統,商談臺灣如何推動制度變革。到了這時候,我已經可以很有把握

地說, 1958年4月的匯率改革以及其後的制度變革, 真正的推手是美援。這一段過程對於瞭解臺灣為何會出現高成長很重要。

我的運氣不錯, 剛好看到這些檔案, 我的書裡把這一段的過程也寫得比較仔細。如果沒有以上的證據, 我可能還是會猜測, 美援的影響力應該很大, 但是, 也僅止於猜測。有了以上的證據, 我就很有把握地說, 美援是1958年匯率改革以及後續管制解除的真正推手。我把這一段寫得比較仔細, 一方面因為它是重要的, 另一方面, 我也希望這些證據出來之後, 其他沒有證據的說法不要再流傳下去。

當然, 我現在也瞭解, 即使證據在眼前, 也不一定能說服別人, 哪一個解釋是對的, 哪一個說法是錯的。追根究柢, 這是臺灣的社會裡, 科學的概念與科學的精神, 到底普及到什麼程度的問題。

旭昇: 從這裡其實也會讓人家聯想到另一個議題, 就是現在我們在談央行的相關改革, 比如說這個外匯干預的政策, 我們之前都會提出一些建議與看法, 像是外匯資產揭露等等的這些問題。

搞了半天好像我們不管說什麼、講什麼, 也都沒什麼用。不管是在報紙投書啦, 或是理事會上提案或是發言啦, 感覺好像都沒什麼用。不過, 只要是美國稍微施一點壓力, 臺灣央行就會改革了。譬如說, 美國建議臺灣央行, 要求它公布外匯市場干預的資料, 臺灣央行現在每半年就會公布。

所以我的意思是, 根據過去歷史經驗, 臺灣戰後能有一些經濟政策上的改革, 其實某種程度上也是來自於美國的壓力。那現在臺灣的央行在資訊透明公開的這些改革上, 好像也是受美國的壓力才比較有辦法推動這樣子。

聰敏：後面我同意，前面我不完全同意。臺灣從20世紀初期以來的重
要改革，都是外來的力量。日治初期是臺灣總督府，戰後是美援。
前面我不完全同意，我的意思是說，有一些自己的努力還是有點
影響，例如，我們寫《致富的特權》那本書……。

旭昇：真的嗎？

聰敏：哈哈，可能是我自我感覺良好。我原來對這種東西也不是很確
定，但是你去看……我很難講說這個影響是大或小啦，但是有
些人就把書買來，也許放在書架上，對不對？不過偶爾可能會翻
一下，對不對？然後翻了一下以後，多少多了一點瞭解，雖然我不
知道影響有多大。另外，我認為這本書對於經濟系的老師們可能
有較大的影響，原因是有經濟學訓練的人，比較能深入瞭解我們
所講的。

不過，這些影響不會在一夕之間出現，絕對不可能，而是一個緩
慢的過程，我認為是這個樣子啦。

旭昇：當然我個人是傾向於贊成公開透明，畢竟當我們給予央行較為
高度的獨立性，相對就應該透過資訊揭露作為一種制衡。不過理
事會中似乎有人持不一樣的看法，認為美方的壓力是一種鴨霸
的行為。

以目前央行的整個運作來說，你覺得有哪一個是在制度上比較
迫切一點，又可行的改變？

聰敏：這個……我想要從另一個角度來看這個問題。央行的管制心態
在臺灣這整個政府體制裡面不是唯一的單位，央行有管制心態，

其他部會也有。經濟部有油電凍漲與各式各樣的管制性產業政策,教育部有學費管制,大學教授的薪水跟公務人員的薪資是同一制度,去年 (2023 年) 年初,農委會有蛋價管制 ......。

就我們剛才講的,公共政策對社會影響非常重大。一般人可能不覺得,但的確是影響非常重大。民眾當然期望有好的政策,但是,好的政策不是憑空出現,也不是官員說,「政府會把人民照顧得好好的」,然後就會出現。央行常說,我們是一個小型開放經濟體系,所以我們的政策做得要跟美國不一樣。或許,但如何不一樣? 這不能是央行總裁想當然耳。我再重覆我上面講的,我們要有研究。我們要用科學的概念來面對這個問題。

我上面也講過,一般民眾如果沒有科學的概念,那只是他自己付出代價。但是,決策官員沒有科學的概念,付出代價的是人民。

什麼叫科學的概念? 講起來可能有點抽象,但在公共政策上,我們可以講得比較明確一點。第一個,每個政策都有它的效益,但也有成本。好,那你要理解這個效益跟成本各在哪個地方,而且,成本的部分對不同人可能產生不同的影響,對不對?

接下來就是一個選擇的問題。比如說,我們來講一下臺灣 20 年來的低利率政策。2001 年的低利率政策本來是因為當時的景氣衰退,但接下來一直到今天,央行幾乎就沒有脫離這個政策。低利率對廠商有幫助,但也必須考慮它的成本,例如,退休的人如果錢都在銀行,低利率政策使他們的利息所得減少。

換言之,低利率政策對不同的人有不同的影響。那些所得較低的人,他們比較不曉得如何面對低利率政策,因為他們的金融知識沒有那麼的多。反之,那對所得高的人其實沒有影響,或者說,影

響較小,因為他們有專業的人在幫忙做財富管理,對不對? 因此,所得低的人受到的負面影響比較大。

如果臺灣央行瞭解以上的道理,那它在決定利率政策時要面對一個問題,它要評估說,這個低利率政策對於比較弱勢的族群到底影響有多大。不過,我猜臺灣央行不會想那麼多 ......。

旭昇: 沒錯! 我今天早上才剛看到 NBER 最新的一個研究 ......,[167] 我不知道你有沒有聽過,有一個也是臺大經濟研究所畢業的系友叫簡怡立。

聰敏: 聽過,聽過。

旭昇: 他目前在 St. Louis Fed 工作。他跟幾個經濟學家有一篇最新的研究,[168] 就是在講日本低利率政策的影響,跟你剛才講的完全一樣,他們的研究發現說,日本長期的低利率其實造成的就是對於比較年輕的、比較窮的, 然後在財務上比較受到限制的人,會有比較大的負面影響。對, 日本的經驗也是這樣。

聰敏: 對,那我剛剛對於臺灣的情況是猜測,如果臺灣跟日本一樣,那我的猜測不幸為言中。好像也不意外,管制政策的受害者通常是弱勢族群。譬如, 學費管制對低所得家庭不利, 油電凍漲的受益者是用電較多的有錢人與企業。

我可以稍微離題一下,我最近在改我的《四百年》,我中間有幾章談到清帝國對原住民的政策, 對不對? 我後來再讀了一些資

---

[167]NBER, National Bureau of Economic Research (美國國家經濟研究局)。
[168]Yi-Li Chien, Harold L. Cole, and Hanno Lustig (2023), "What about Japan?" Working Paper Series 31850, National Bureau of Economic Research.

料,更深刻地體會到,清治時期整個政府的治理能力與公共政策可說是一塌糊塗,而受害最深的是社會裡最弱勢的族群,也就是原住民。臺灣今天的人口結構已經完全不同,但我認為,這個結論一直到今天也都適用。

回到今天,我想要講的就是說,你是負責國家的貨幣政策,或者財政政策,任何經濟政策都一樣,你在制訂政策時會確認目標是什麼,但是,你永遠要記得說,任何政策都有它的成本,然後,你必須仔細評估成本,必須有研究。你如果講說,我只有對於成本的 gut feeling 這個樣子,我認為那是不負責任的。

所以最後回到你的問題,「有哪一個是在制度上比較迫切一點,又可行的改變?」你所說的「可行」,應該是指會造成改變? 如果是這樣的話,答案也很簡單,要壓力夠大,央行才會改變。你前面說,央行現在公布外匯干預的數字,原因是美國財政部的壓力?美國財政部如何給壓力,因為它們有301條款。

但是,我們沒有301條款可用,我們如何給央行壓力?以房價飆漲為例,無殼的年輕族群是主要的受害者。但是,過去20年,央行不斷地宣稱,房價飆漲與低利率無關。如果大家都相信央行的說法,央行沒有壓力,政策當然也不會改變。我常認為央行的「伎倆」就是愚民政策,而破解愚民政策的根本之道就是科學觀念的普及。

2024年的總統大選,各黨也都提了房價問題。如何解決? 有人提多蓋公宅,有人提免交頭期款,民眾黨副總統候選人吳欣盈指出,高房價是長期低利率的結果,這讓我眼睛一亮。如果副總統與總統是分開選的,我會投她一票。(旭昇:沒有分開投票這一回

事啦!) 我知道, 我知道 …… 但我的意思是, 如果選民的觀念改變, 政策才有可能改變。

很湊巧, 12 月初 (2023 年) 的 *Economist* 與《紐約時報》都報導了臺灣的大選, 其中都提到, 年輕選民對藍綠兩黨都不滿意, 也都提到高房價的問題。我猜三黨都有意識到這個問題, 這或許是改變的契機。

旭昇: 可以理解。

聰敏: 對不起, 我再稍微多講一點。我們上面談到台灣高成長的原因, 以往的文獻很多人都認為, 政府「正確的領導」是臺灣高成長的原因。我的書裡講了 Haraldson 的論點, 事實上, 也就是制度經濟學的論點。他在提出「八點財經措施」時說, 政府的政策是要創造出有利於企業的環境 (to develop a favorable, promising business climate)。他再三強調, 企業是指民營企業。有利的環境一旦出現, 具比較利益的產業就會出現, 不需要政府介入。

相反的, 「政府要正確領導」的觀點, 則是認為政府要挑出特定的產業, 透過補貼、保護與管制政策來發展這些產業。1950 年開始的紡織品進口替代政策是政府挑選產業的例子, 後來的汽車工業發展方案是另一個例子。事後看來, 政府挑出紡織業似乎是正確的, 但我的書裡講了, 紡織品後來能夠大量出口, 真正的原因是 1950 年代晚期的匯率改革。汽車工業發展方案則是從頭到尾都失敗。

旭昇: 嗯, …… 最後我想問的是, 你在《台灣經濟四百年》對於彭淮南的批評, 認為他在專業、正直與負責三方面都不及格。不過你除

了談到央行在回應 Bernanke 時,[169] 顯得不夠專業, 對於正直與負責卻著墨不多, 能否在此多談一點?

聰敏: 正直與負責的原文是 integrity and responsibility, 這句話我是引用 Morrill, 他曾經擔任美國 Fed 理事會的祕書處處長。[170] 對我而言, integrity 是重要的觀念, 對於政府官員尤其重要, 但我覺得中文裡並沒有適當的翻譯。英文字典的定義是 honest and having strong moral principles (誠實與道德原則), 而道德原則是指做正確事情的準則。彭淮南任內, 臺灣的外匯存底從 2000 年到 2018 年劇增為 4.3 倍, 平均年增率是 8.5%。這是央行干預匯市 (在外匯市場買外匯) 的結果, 這造成美國的不滿, 但央行不斷宣稱「我國並未干預匯市」, 這是不誠實。

另外, 臺灣央行的任務之一是金融穩定 (financial stability), 但是彭對房價問題虛與委蛇, 對於阻升與低利率所帶來的負面影響置若罔聞, 我認為是不負責任 (irresponsible)。

---

[169] Ben S. Bernanke 為第 14 任美國聯邦準備理事會 (Federal Reserve System) 理事會主席 (2006–2014), 2022 年諾貝爾經濟學獎得主。

[170] Chester Morril (1961), "Plan for Creation of Monetary Authority and Revision of Existing Central Banking Functions," in R.F. Leonard, F.L. Deming, and Chester Morrill (ed.), *Comments and Recommendations on Central Banking in the Republic of China*, Taipei: The Central Bank of China, 91–135。

6

與陳旭昇聊學者在貨幣政策中扮演的角色

聰敏： 好，今天我們來談一下央行。你之前已經訪談過我們三位，其中在談到央行時，你多少也講了你的感想。因此，我想要從另一個角度切入。

我自己先回顧一下。從《致富的特權》這本書開始，你可能也發現，我過去這幾年好像做的事情跟以前有一點不太一樣。就以央行為例，好，過去我們一直在講，我們要從研究出發，因為我們覺得說，我必須要透過研究才能夠說服你。但是，現在對我來講，我的理解是，央行 …… 其實不只是央行，很多政府官員，他們並沒有什麼叫學術研究的概念。他們對於「公共政策必須以學術研究為基礎」，似懂非懂，或者說，一知半解。

旭昇： 對，感覺似乎是如此。更進一步說，有的官員相信自己的實務經驗與判斷，甚至對學術研究嗤之以鼻，認為學術研究「沒有用」。

聰敏： 好，這樣子的話就像是兩群人對不對？我們這邊是說，我們要跟你講說，事情要怎麼做才對，對方就覺得你們都是在鬧事的。兩

邊完全沒有溝通,那這樣子的話,到底我們是在做什麼?

旭昇： 我覺得或許是雞同鴨講,但是我們做學術研究,試圖去分析這些政策影響與效果,某種程度上,我們想要溝通的對象不只是政府官員。

我們寫這些東西基本上是希望能夠向社會大眾去溝通、去傳播。當社會大眾慢慢可以理解我們在講什麼的時候,某種程度上它其實也會對主事者形成壓力。對,我覺得這可能是可以發揮作用的地方。

聰敏： 好! 這我完全同意。所以下一個問題是, 如果有一個 youtuber, 然後他節目也滿上軌道的, 主持人也希望能傳播科學的概念給社會大眾, 然後他找你去聊一些經濟議題,你覺得你會去嗎?

旭昇： 如果是影音的話我不會。那理由其實很簡單,因為我覺得我可以寫東西,但是我不太能適應臨場訪談。就算他們事先會先跟你講一下, 讓你知道訪談大綱與內容, 但是我還是會擔心自己說錯話, 或者說擔心自己, 在當下思慮比較不周延, 講出來的東西可能不是那麼好。

所以我通常是做書面的東西,如果人家來跟我邀個稿,寫些相關議題的東西,我大多都會樂意去寫。但是直接用語言的東西我其實會有點害怕,應該說我沒那麼有自信。

聰敏： 或者說你可能有點抗拒。講到這邊,基本上我完全同意。我們剛講的第一點就是說,今天如果我們覺得央行或是比如說財政部、經濟部這邊的政策需要改變的話,我們就直接去跟他們溝通。但

我現在認為,不能講說完全沒有用,但是效果非常有限。反過來說,你現在如果讓社會大眾比較清楚瞭解這些事情,他們可以透過民主政治形成一點壓力。

好! 接下來的問題就變成是說,我會講 youtube,或者是那些訪談節目,podcast 都可以,因為現在整個社會在改變。一般人現在文字閱讀較少,瀏覽短影音較多,所以我的意思是說,如果有一些短影音,然後做得非常經典,做得非常理想的話,它可以觸及的層面比較廣,影響也較大。所以從效果的角度來看,就是你同樣把時間花在這個地方,文字的效果不見得比影音要好。

旭昇: 這點我完全同意。其實只是覺得我沒有能力。就是說如果有能力的話,我當然覺得那是一個滿好的工具,不過我覺得自己沒有能力去參加那種訪談。

聰敏: 這個當然是分工,我認為是這樣子。分工的結果是,有些人比較花時間在文字的這一塊,另外有一些人在視聽的這一塊。這是一個分工,對! 應該是這個樣子,所以說你目前的做法就是專注在文字這塊。

旭昇: 嗯。這是我有比較利益的部分。[171]

聰敏: 我認為這跟自己的個性或是各方面是有點關係的,沒有對和錯,就是大家往同一個方向努力。

所以你擔任央行理事幾年了?

---

[171]比較利益 (comparative advantage),意指從事某活動的機會成本相較為低。

旭昇： 大概有一任、一任半? 我如果印象沒錯是2018進去的, 所以到現在就是六年。

聰敏： 你學到最多的是什麼?

旭昇： 學到最多的 …… 這是個好問題。其中一個應該是見識到官員的「專業」應對能力。就是說你在央行開會時, 你會發現說 ……, 當然我也只接觸過楊 (金龍), 我沒有遇過彭 (淮南), 我會覺得楊總裁其實在應對上滿高明的。就是說他也不會嚴峻地抗拒你的看法或是你的說法, 但是對於你提的意見或是建議, 就像是打到棉花裡面去的那種感覺。對! 那你有時候就會想, 好吧, 我也不要再講了, 再講也只是在重複, 浪費大家的時間, 也沒有什麼用處這樣子。

聰敏： 這個東西從另外角度來講是說, 因為我們一直都在學校, 我們兩個人的生活經驗都滿接近的。偶而有跟政府官員的互動機會, 但是並沒有非常多。

一個社會是怎麼運作的, 我們有一些我們的理解。經濟學有很多的研究, 公共政策的分析裡會討論到政府部門, 像是央行、財政部、經濟部之類。對我來講, 在我原來的理解之下是說, 我覺得經濟學、社會科學的概念對社會大眾是有幫助的, 所以我在學校裡面就把它盡可能, 把它好好教一下, 然後好像到最後是希望整個世界就會慢慢轉變。

但是, 我現在覺得這個世界好像不是這個樣子。如果你沒有去當央行理事, 你可能就繼續在學校, 然後盡量把你的研究工作做好, 你希望說社會上的一般大眾, 或是政府官員他們有一天會去

吸收到你的這些東西，然後他們在政策上就會有所改變。但是，你會不會覺得這條路根本不存在？

旭昇：我覺得自己有機會擔任央行理事，還是有帶來一點小小的改變。當然政策上可能沒有辦法立即有什麼樣的改變，但是，多多少少好像還是會有那麼一點點不一樣。

我舉個例子來講，譬如說在過去央行理事會的決議一定都是所謂的一致同意，對不對？可是自從我進去之後，開始會有不一樣的意見，一開始你會覺得他們有一點點抗拒，可是後來好像也習慣了。就是說，有不同意見本來就是民主社會的常態。他們也不再那麼一味地追求，希望能達到所謂的一致同意。

聰敏：我補充一下，我剛剛沒有講清楚，應該是這樣講，就是說，就過去這一段時間，你們兩位去當央行理事，然後南光去當副總裁，其實央行的運作是有一些改變的，對不對？但是，整體來說，改變的幅度並不大。

反過來說，如果說過去幾年，央行最重大的改變是什麼？我認為是開始公布外匯買賣數字。但是，央行開始公布外匯買賣數字，不是因為你們上任理事與副總裁，也不是因為我們出版了《致富的特權》，而是因為美國財政部施壓。

旭昇：這我當然同意。

聰敏：這樣說來，臺灣重要的制度變革，推動的力量都是外力，而不是內部的壓力。

旭昇：以央行為例，似乎是如此。

聰敏： 我忍不住要多講一點。我去年 (2023 年) 出版了《台灣經濟四百年》，內容也是制度變革，就是說，臺灣的長期經濟成長驗證了經濟學所說的，制度是經濟成長的關鍵。

臺灣從日治時期開始，三個關鍵的制度變革是在 1895 年，1945 年與美援 (1950–1965 年)。1895 年的制度變革是臺灣現代化的起點，到了 1945 年，則是國民政府把臺灣變成一個管制經濟。不過，臺灣的運氣很好，美援時期在美國人的努力之下，臺灣的管制經濟大體上回到市場經濟，1960 年的制度變革是臺灣高成長的起點。

然後，我最近意識到，我們可以用 Acemoglu 等人所提出的概念來看臺灣的經濟成長，他們所提出的榨取式 (extractive) 制度的概念 ⋯⋯

旭昇： 知道、知道。我以前教過兩年的經原，用的就是他跟其他人寫的教科書，裡面就有一章提到這個概念。

聰敏： 對，他們的講法是說，以歐洲國家的殖民地為例，在死亡率較高的地方，殖民母國比較會建立榨取式的制度，不利於經濟成長。反之，死亡率較低的地方，殖民母國傾向會建立廣納式 (inclusive) 的制度，適合殖民者長期定居下來，而制度也有利於長期經濟成長。[172] 事實上，以上的論點跟臺灣日治初期的經驗並不符合。1895 年，臺灣變成日本的殖民地時，臺灣的死亡率非常高，但是，日本人在臺灣建立的制度卻是廣納式的制度。

---

[172] Daron Acemoglu, Simon Johnson, and James A. Robinson (2001), "The Colonial Origins of Comparative Development: An Empirical Investigation," *American Economic Review*, 91(5), 1369–1401; Daron Acemoglu and James A. Robinson (2012), *Why Nations Fail: The Origins of Power, Prosperity, and Poverty*, New York: Crown Business。

不過,這不是我的重點。重點是,我以前沒有意識到,制度變革有多麼的困難。殖民地的制度變革相對簡單,也就是說,外來的殖民者可以透過武力控制推動變革。1945年是另一個經驗,國民政府接收臺灣,嚴格來說,不算是殖民統治。不過,1945年開始,國民政府把臺灣轉變成榨取式制度,也是以武力為後盾。

大約經過15年之後,在美國人的努力之下,臺灣的榨取式制度才又轉型為廣納式的制度。但也不是全面式的改革,國民黨政府針對美方制度變革的要求,並非全盤接受。我的書裡講了,美方如何以利誘加威脅的手段,要求國民黨政府推動制度變革,也講了一點國民黨政府在哪些地方並未讓步。不過,我現在覺得我寫那一章時,我並沒有體會到,制度變革有多麼困難。

現在看到央行面對外界批評的反應,我覺得我對於制度變革或政策改變的困難,有更清楚的瞭解。但不管怎麼說,如果學術界有更多人來做這個事情,應該是有幫助的。

旭昇:那當然。但是我一直覺得,尤其是在央行這一塊,好像大家都還是比較不肯來做這方面的研究,那我猜是跟央行對待學術界的那種......,怎麼說,比較 aggressive 的方式可能有點關係。

聰敏:還不只是央行,我現在講的是比較廣一點,比如說經濟部在做油電凍漲的事情。這件事情在我們寫書的時候,我當然也有一點瞭解,但並不是很完整。去年我出版《經濟學原理》的修訂版時,我加了一章討論價格管制。[173] 為了寫這一章,我花了一點時間研究臺灣的物價管制制度,我現在對於臺灣的價格管制又多瞭解了

---

[173] 吳聰敏與樊家忠 (2023),《經濟學原理》,4版,臺北:雙葉書廊,第7章。

一些。

你應該會同意,臺灣的經濟學者研究臺灣本身議題的,相對而言並不多。在美國的話我認為大概就是說,反正他們整個學術圈子非常廣,很多是一流經濟學者,而且,他們的研究大多是以美國的問題為主。他們偶而會寫一些通俗的文章,或者,媒體會報導他們的研究成果。他們講的東西別人是會在意的,而最重要的是,這些研究成果後來會影響公共政策。臺灣在這一塊相較之下我就覺得是滿少的。

旭昇： 我倒覺得不只是少,甚至覺得是退步,倒退了。我覺得你可以回想一下,你們當年在國民黨還在一黨專政的時候,然後你們有成立「澄社」,[174] 配合著整個社會的民主運動,會做一些相關的研究跟發表議論。你不覺得那個年代的那些教授們,大家三不五時就會發表一些不管是經濟、政治或者是社會等等的議論,都會發表一些看法,整個討論是活潑的。

我反倒覺得我們這一代自從開始鼓勵或是要求研究論文要發表在國際期刊,開始強調這東西之後,首先,除非你有什麼很特殊的資料,不然以公開的臺灣資料去做研究,基本上是不太可能可以刊登在好的國際期刊。

那就一個年輕的學者來講,基本上他需要在學界生存的話,他就比較不會願意花時間去研究一些臺灣相關的政策議題。一如你在《台灣經濟四百年》所說的,[175]

---

[174] 可參考維基百科:「澄社」。
[175] 吳聰敏 (2023),《台灣經濟四百年》,臺北: 春山出版, 513。

"臺灣的學者則在納稅人的補貼之下,繼續為研究其
他國家的問題而努力。"

我覺得你可以回想你們那個年代,會到處發聲的這些人,當時年
紀大概都是40歲上下而已,對不對? 甚至可能年紀更輕的。可是
我們現在三、四十歲的人,基本上完全都是投身去寫投稿國際期
刊的研究。

當然,現在有一群人比較特別一點,他們可能透過一些管道拿到
比較特殊的資料,像是政府的行政資料,或是特定企業的資料,
他們就埋首在做那些東西,可能有機會可以刊在不錯的期刊,又
可以有不錯的政策意涵。不過如果想做跟央行有關的政策研究,
資料的取得還是有相當的障礙。

聰敏: 關於這個我有一部分同意,有一部分並不完全同意。也不是說不
同意,比如說「澄社」的年代,當時的學者確實也會做一些研究,
但是,他們所主張或宣揚的東西跟他的研究之間的關聯性不一
定很強,比較像 common sense,譬如說,反對獨裁統治。這是第
一個。

第二,我們都非常清楚,做研究其實是要投入很多時間的。但是
那個年代就比較像是說,我很容易就能說明為何要反對政府的
某些政策,譬如,黨營企業與公營企業。從經濟效率與利益分配
的角度來說,這些都是不好的,而經濟學也講了其中的道理。因
此,要講出反對的理由並不困難。當然,有些人可能會做一些黨
營與公營企業的研究,但是它是比較粗淺的。

我想要表達的是這個。我自己覺得「澄社」在那個年代有它階段
性的任務,不過,後來就解嚴了,國民黨也被政黨輪替了。我是

比較後來才進到「澄社」，解嚴之後如果「澄社」要開會，我有時候還是會去，但後來我就退出了。

我後來沒有再參與的理由是，我自己覺得一方面是整個時空背景已經改變了。對我來講，如果我今天談公共政策的話，並不是嘴巴講一下，而是說你要真正有研究結果出來，你才能夠這樣講，對我來說這一點是滿重要的。

當然如同你講的，因為我們現在整個研究就被引導到要發表在國際期刊，而國際期刊的話，做臺灣的東西能發表出來的量本來就比較少，對不對？

所以，我們現在面對的問題是，如何讓臺灣經濟學研究能夠多一點本土公共政策議題的分析？我覺得我們還有很長的路要走。

7

與李怡庭談貨幣理論與政策的互動

旭昇: 你一直都是專注在貨幣理論研究,所以我好奇的是,有什麼樣的
契機,讓你對於貨幣政策相關的東西有興趣?

怡庭: 我一回來臺灣教書,就被指派去教貨幣銀行學。也許人家會覺得
說你是做貨幣的,理所當然教貨銀啊,但我想可能是大部分老師
都不想教貨幣銀行。

旭昇: 大家不想教? 為什麼會有這種事?

怡庭: 那是我剛回來的時候。因為教貨幣銀行學很辛苦的是,你不能只
照原文書教,總是要補充一些臺灣的制度和實例,可是當時這類
的教科書不多啊,你就要自己準備跟補充很多實例。

其實貨幣銀行學跟我做的研究完全無關,但是因為我被指派去
教貨銀,就只好從頭開始學起。雖然我大學修過貨幣銀行學,但
是我開始教書以後,才發現說原來是這樣,有些東西我以前從來

227

沒搞懂過 (笑)。不過也就因為知道自己以前沒搞懂的東西是什麼，反而比較知道怎麼教這些東西，學生會比較瞭解。

那就慢慢的 …… 課程中你總是要接觸貨幣政策、央行制度這些東西，但是僅止於教給學生的教材而已。雖然我自己有些研究也有涉及到貨幣政策，但那個還是比較從理論的角度去思考 ……

旭昇：理論? 是比較抽象的東西嗎?

怡庭：呃 …… 抽象 …… 我不覺得有那麼抽象，我覺得理論 …… 經濟理論其實就是一個我們說地圖也好，或是一個 guideline 也好，它是引導我們以一個正確方向去思考這個現實世界的方法。如果你知道這樣看的話，它一點都不抽象，它其實非常的實際。

比如說，我們上回曾經提過，有關大額交易用什麼支付工具，小額交易用什麼支付工具，當貨幣政策下來的時候，會影響這個選擇，而這個選擇又會反過來影響貨幣政策的效果。我認為有關貨幣政策的討論，不能不去想這個誘因改變與反饋的問題。如果少了這一塊，當我們思考貨幣政策的影響時，可能就要當心做出錯誤判斷。

旭昇：所以從某個角度來講，就是說不管怎麼樣，即便是專注在貨幣理論，多多少少還是得去考慮政策的相關議題，可以這樣說嗎?

怡庭：是的，我認為有需要。

旭昇：那麼，有沒有那種只做純貨幣理論，然後完全就不去碰任何政策的議題?

怡庭： 喔，我知道你意思了，當然你可以非常的純貨幣理論，不去討論政策，的確有很多這樣的論文，早期貨幣搜尋模型主要是談交易過程，還有交易障礙怎麼讓貨幣內生出現，或是記錄技術夠好的情況下，大家只需要信用(借貸)不需要貨幣來進行交易等等，這些關於貨幣與信用的最基本的理論探討，可以完全不觸及貨幣政策。我早期有些論文也是屬於這種。

後來 我慢慢考慮像銀行、私人貨幣的發行、交易工具的選擇，還有近十多年來把焦點放在資產流動性的研究，自然就會去觀察、去思考央行執行政策的時候，怎麼改變總體流動性。那我在做貨幣理論的研究時，好像無可避免要去碰觸到貨幣政策。

旭昇： 是不是因為你本來就對政策有一點興趣，所以會將貨幣政策考慮到你的模型中？畢竟你剛剛說過，如果做純貨幣理論，是可以忽略掉政策相關討論。

怡庭： 我想不完全是因為我對貨幣政策有興趣，才將貨幣政策考慮進去。我只覺得說當我在思考貨幣經濟的問題時，體系裡確實存在一個機構叫作央行，它會採取某些政策，給定這樣的情況下，我該怎麼去思考貨幣理論的問題，對，我是從這個角度去想。

不過從另外一個角度想這個問題，當初我想繼續走經濟學研究這條路，是因為覺得這是我可以用來關心這個社會的一個工具，我也會想用我所熟悉的理論來研究貨幣政策，看看可不可以提供新的見解。

我近來的研究，談到貨幣政策就會跟現實界的東西很有連結性。比如說我們會去問，當金融危機發生時，央行可能會採取非傳統

貨幣政策, 像是 QE (Quantitative easing, 量化寬鬆), 央行以購買資產的方式提供市場流動性或是促進金融穩定。那央行買資產, 它應該買哪一類的資產, 才會有效? 如果它買了另一類的資產, 是不是反而會讓情況更糟糕?[176] 還有, 全球疫情發生時, 很多央行購買銀行的企業放款, 那央行購買銀行放款,「風險保留」(risk retention) 要怎麼設計? 也就是規定銀行本身要保留多少比例的放款, 才能讓銀行願意提供足夠的企業融資, 但又不會故意有太多的風險放款然後丟給央行。[177] 像這一類的問題我就很喜歡。

旭昇: 所以根據你的研究領域, 以貨幣搜尋模型來說, 在有關貨幣政策的這個面向, 它能夠談的東西有哪些? 有沒有什麼議題是別種理論或模型沒有辦法談的, 但是要用這個工具才能夠談的東西?

怡庭: 好, 那我舉幾個例子好了, 當然我並不是說完全瞭解其他理論的貨幣政策研究是怎麼做的, 但是就我自己的經驗是 …… 像我之前有篇論文, 考慮在多重支付工具的競爭下貨幣政策對總體流動性的影響。[178] 我們用訊息障礙刻劃不同的支付工具: 一個是轉帳卡, 它是用銀行存款支付, 商家要設置讀卡機才能接受轉帳卡, 但是設置讀卡機是有成本的。轉帳卡的接受度愈高就代表存款的流動性愈高, 這是內生決定的。反過來說, 所有的商家都會

---

[176]Yiting Li, Guillaume Rocheteau, and Pierre-Olivier Weill (2012), "Liquidity and the Threat of Fraudulent Assets," *Journal of Political Economy*, 120, 815–846。

[177]Yu-Chen Liu and Yiting Li (2024), "Corporate Finance, Collateralized Borrowing, and Monetary Policy," working paper。

[178]楊謹如與李怡庭 (2010), "支付工具的選擇: 現金與轉帳卡,"《經濟論文叢刊》, 38, 435–460。

接受現金,但現金有被偷的風險。

在這篇文章裡,愈多商家設置讀卡機,消費者使用轉帳卡就愈方便,就會有愈多人使用轉帳卡,那商家就會覺得接受轉帳卡付款可以幫助銷售,也就更願意付出成本設置讀卡機。這就表現出支付工具使用的外部性。因為這個外部性,我們會有複均衡,一個是商家很願意設置讀卡機、消費者也很願意使用轉帳卡,存款流動性也會比較高的均衡;另外一個均衡剛好相反,總體流動性低,也造成比較低的生產交易和消費。

重點是,我們還考慮了商家設置讀卡機是外生給定的情況,這表示存款的流動性是外生給定的,結果發現,貨幣政策的效果和存款流動性是內生決定的情況下截然不同。所以我們就看到,原來把資產流動性內生化對貨幣政策的意涵有重大的影響。這也是用貨幣搜尋模型可以看到以往文獻沒辦法看到的地方。

所以說,貨幣搜尋模型的強項在於能夠捕捉現實世界裡面各式各樣的交易障礙。這些交易障礙包括什麼? 包括 limited commitment, 人們的承諾能力是有限的, 假設我跟你借錢, 我說我會還, 那我怎麼向你確保我可以做到這個承諾, 到時候真的還你錢? 所以這個經濟體就會發展出一些制度來解決這個問題, 比如說我跟銀行借錢, 我怎麼讓銀行相信我會還款? 銀行會說你要拿抵押品來。那我就拿房地產來當抵押品, 這個抵押品就提高了我承諾還款的能力。另外是 limited enforcement, 就是執行能力是有限的, 比如說, 銀行執行債權只能在法律規範下進行, 不能暴力討債, 如果是黑手黨執行債權, 那顯然會很不一樣。第三個是 limited record-keeping, 信用需要使用到記錄技術, 但它並

不是完美的。最後就是訊息不對稱的問題。

貨幣搜尋模型的特色, 就是可以明確捕捉這些交易障礙, 你觀察到人們交易碰到的困難是什麼, 就可以把這個交易障礙放進貨幣搜尋模型中。

旭昇: 所以這些交易障礙或是所謂的摩擦 (frictions) 並不是以 *ad hoc* 的方式放進模型裡?[179]

怡庭: 不是。在貨幣搜尋模型中, 這些交易障礙都是在結構上以非常 fundamental 的方式呈現出來。

就以我跟映萱那篇文章當作例子好了,[180] 過去的文獻都是假設 loan-to-value ratio (貸款成數) 是固定的, 然後看在那樣的情況下, 貨幣政策的效果。我們問的問題是, 經濟體有交易障礙, 像是 limited commitment 跟 limited enforcement, 我們讓貸款成數是內生決定的; 也就是說, 我們推導出貸款成數受到哪些因素影響, 包括交易障礙、金融發展的程度甚至貨幣政策等等, 當這些因素變化時, 怎麼影響總體經濟?[181]

要知道, 給定這個經濟體的總資產, 包括房地產、股票、債券等等這些可以當作抵押品的資產總量, 如果這些資產的貸款成數提高了, 整個社會可以借到的資金就增加了, 表示總體流動性也增

---

[179]通常在經濟學研究中, 將某個設定以 *ad hoc* 的方式放進模型裡是指, 為了進行某個研究, 隨意將一些特別的設定 (例如人的某些行為) 加進模型, 而不以更具基礎的理論去解釋這些設定的合理性。

[180]李映萱目前 (2024 年) 為輔仁大學經濟系副教授。

[181]Ying-Syuan Li and Yiting Li (2013), "Liquidity and Asset Prices: A New Monetarist Approach," *Journal of Monetary Economics*, 60, 426–438。

加了。如果貨幣政策會影響資產的貸款成數,那相對於那種假設貸款成數是外生給定的模型,貨幣政策的效果當然會不一樣。

我們剛才說,經濟體有 limited enforcement 的問題,銀行執行債權的能力是有限的。但在模型中要怎麼捕捉呢? 在現實社會裡,我們常說有借有還,再借不難,你如果有借不還,再借就很困難,那叫 exclusion,就是把你從借貸市場驅逐出去,讓你不能再借錢。那如果未來可以借錢這件事對我來說很重要的話,這個懲罰就是有效的,會讓我願意還錢。透過這個機制,我們就可以推導出,當你用某個資產當抵押品跟銀行借錢,銀行願意借你資金的上限是多少,超過這個上限你就會倒帳了。這就是所謂的借貸上限,或信用額度。

我們在這個模型中,就是用把倒帳的人趕出借貸市場的機率,來捕捉銀行執行債權的能力。能夠把倒帳者趕出去的機率愈高,就是執行債權的能力愈好,否則就愈差。

模型裡面有貨幣、有資產比如說股票,當你拿資產作為抵押品,銀行會借給你一個額度的資金,這個額度不會超過你的借貸上限,用這個額度除以抵押品的價值,就可以得出這個資產的貸款成數,也就知道它受到哪些因素的影響。

這些影響貸款成數的因素包括什麼? 像是貨幣成長率 (在模型中也就是通貨膨脹率),還有我們剛講的執行債權的能力等等。也就是說當貨幣政策改變的時候,貸款成數就會改變。這樣的模型比假設固定的貸款成數的理論更為合理,因為今天如果面臨一個緊縮的貨幣政策,你很難想像貸款成數仍然保持不變。

在我們那篇文章裡, 資產的貸款成數和資產價格是同時決定的, 也就是導出來一個一般均衡, 讓產出、消費貸款, 資產價格, 還有貸款成數都是均衡決定的。但如果你的研究假設貸款成數是外生給定的, 就無法看到它怎麼因應貨幣政策或技術進步而發生變化。

旭昇： 在這樣的脈絡下, 對於貨幣政策的政策意涵是什麼?

怡庭： 這就很有趣了, 以往一些貨幣搜尋模型的論文, 他們發現 ...... 比如說通膨上升, 通常都會對這個經濟體是有害的。這點可以理解, 因為今天我生產東西賣出去拿到貨幣, 要過一段時間才能買到我的消費財或生產原料, 通膨上升貨幣價值就變低了, 我可能就不想生產那麼多產品; 同時消費者手上的貨幣貶值, 也沒辦法買那麼多商品, 所以經濟體的產出會減少。

我們的發現是說, 沒錯, 通膨上升對經濟有負面影響。另外, 通膨上升還會提高名目利率, 讓大家的負債壓力更大, 還款的意願更低, 因為銀行怕你借錢不還, 在執行債權能力有限的情況下, 它就不敢借那麼多資金給消費者, 這兩個因素都會造成通膨上升使產出和消費減少的效果。也就是通膨對經濟的負面效果。

不過, 我們還發現另一個影響管道, 就是如果你倒帳, 以後可能借不到錢, 在我們的模型裡, 如果消費者不能借貸, 就必須帶足夠的貨幣來交易。這時候如果通膨增加一點點, 當然不能很高, 很高的話這個貨幣經濟就瓦解了, 那沒有問題、沒有疑義。那如果我們還在一個貨幣經濟持續運作的均衡, 因為倒帳的人被趕出借貸市場就必須帶足夠的貨幣交易, 通膨升高, 他們就會遭受比較高的通膨成本, 也就是說倒帳的成本提高了, 大家比較不敢

倒帳, 銀行也就比較願意提高借貸上限, 這個社會的貸款成數就提高了, 總體流動性增加了, 產出和消費也會提高。這是通膨對經濟的正面效果。如果這個正面效果超過前面那兩項負面效果, 通膨上升就可能提高產出和消費。

旭昇: 如果以這個模型來看的話, 臺灣現在稍微略高於 2% 的通膨, 聽起來好像也不是個壞事。

怡庭: 事實上我們從來不認為零通膨是最好的嘛, 對不對? 那對於一個社會來說, 到底什麼是一個最好的通膨率, 我覺得值得去研究。雖然我們現在都習慣講 two percent, two percent, 可是我想對每個不同的經濟體來說, 可能就要去找出自己的 ...... 所謂的最適通膨。

那我剛才說的是, 在我們的模型中存在 exclusion, 並且用把倒帳者趕出借貸市場的機率捕捉執行債權的能力, 通膨對倒帳誘因的嚇阻, 是透過這個 exclusion 的機制。執行債權的能力要高到一定的程度, 通膨對倒帳的嚇阻效果才可以發揮出來, 對經濟才會有正面的效果。那你問的問題可以這樣想, 如果一個國家執行債權的能力非常高, 只要一點點通膨就足以嚇阻倒帳, 它的最適通膨就不會太高。那每個國家執行債權的能力一樣嗎? 如果不一樣, 根據我們論文的發現, 我會說, 這些國家的最適通膨就會不同。

我們那時候還找了資料, 找到 ECB 有一篇文章,[182] 那篇文章檢視歐元區一些國家的房屋貸款成數, 還有債務人喪失抵押品贖

---

[182]歐洲中央銀行 (European Central Bank) 簡稱 ECB。

回權 (foreclosure) 後, 銀行沒收抵押品到拍賣抵押品拿到補償的時間要花多久,成本有多高,用它來捕捉銀行執行債權的能力。

結果發現, 義大利執行一個債權,包含沒收抵押品把它處理完大約花56個月。義大利的房屋貸款成數大概65% 左右。另外一個經濟體, 荷蘭的房屋貸款成數非常高,將近百分之百,它的 foreclosure cost 就非常低,沒收抵押品把它處理完大約花5個月,處理債權的成本是債權金額的4%。

所以你就可以看出來, 這兩個經濟體執行債權的能力差異很大,如果這兩個國家的通膨上升比如說0.1個百分點的話, 對倒帳的嚇阻效果一定不一樣,執行債權能力比較好的國家,通膨對倒帳的嚇阻會是比較有效的。所以如果從這個角度來看的話,荷蘭的最適通膨應該會比義大利低。

所以並不能一般化地說通膨一定是好的, 我不會這樣講。因為實證上好像也有發現,當通膨很低的時候,提高些微通膨的確可以提高產出, 但是通膨率更高的時候, 它可能就是反效果。我覺得吧, 理論幫助我們看到不同的通膨影響的管道,那我自己的研究就是嘗試提出以前沒看到的管道。

旭昇: 講到通貨膨脹跟貨幣政策,你現在也正在擔任央行的理事嘛, 要不要聊一下你對央行的第一印象是什麼?

怡庭: 我記得兩千元新鈔剛發行沒多久, 有位同事寫報紙文章還是接受採訪的時候, 提到他認為兩千元新鈔流通不廣的原因,結果沒多久就接到央行來的傳真,解釋了很多,大概是反駁這位同事提出的意見。所以當時我們流傳的笑話就是, 不能隨便講央行如

何,不然傳真機會被塞爆。

旭昇: 所以你在剛進入理事會時,心中有什麼期待嗎?

怡庭: 在進去理事會之前,我幫中研院的一個貨幣金融政策白皮書寫
了一些東西,[183] 也做了一些研究,大致上瞭解臺灣央行跟美國
Fed 在制度上的不同。也就是說,我是在瞭解它們之間的不同,
以及制度上一些可能的問題的狀態下,進去央行當理事的。

在撰寫白皮書時,我讀了央行的議事錄摘要,大概是2018到2019
年的議事錄摘要,我發現裡面提到有理事對於長期採低利率政
策的效果、貨幣政策決策機制和執行架構,還有銀行業房貸占比
過高的隱憂等等,建議央行研究評估,結果,截至2019年12月初
撰寫白皮書初稿前,我們都找不到央行對這些建議發布任何有
關的研究和說明。尤其是2019年連續兩次理監事會議,有理事
對銀行業房貸占比過高的潛在風險提出示警,對照這幾年房貸
占比居高不下、房價持續高漲的狀況,實在令人感慨。[184]

還有,央行的議事錄摘要裡面都沒有講到理事的提議,以及央行
的決議或是回應,所以我大概知道說,也許在理事會裡面的什麼
提議,似乎也不是那麼容易 ...... 被接受或執行。

旭昇: 印象上我只有在某一次議事錄摘要裡看到過,裡面提到有某位
理事提案建議央行評估提出隨房市景氣變化而機動調整的政策
工具,以抑制可能的房市過熱與房價泡沫,穩定金融,不過裡面

---

[183]《臺灣貨幣金融改革政策建議書》,2022年8月出版 (https://www.sinica.
edu.tw/News_Content/55/451)。

[184]參見附錄 (頁222)。

也沒有提到央行的決議是什麼。[185] 至於議事錄摘要的內容,要放什麼東西進去,央行有很大的裁量權。民眾看到的東西其實已經被央行過濾了。如果你問我的話,我個人認為應該隔一段時間,譬如會議舉行5至10年後就公開完整的會議紀錄。甚至可以公布具名的談話,不必匿名。

怡庭: 我很同意你的意見。從十多年前上貨銀課,我有時會帶著學生連續看幾次美國的 FOMC Statement,[186] 尤其是金融風暴和全球疫情期間,看他們怎麼描述會議的決策,對經濟現勢和未來情勢的判斷,還有解讀這次和上次聲明的差異。我會跟學生強調一件很重要的事,就是聲明中會把贊成決議和反對的人名公布出來,也有反對意見的說明。而且五年後還會公布會議錄音的逐字稿。這就是透明度的表現,讓民眾知道這個決策是怎麼出來的。

這點特別和臺灣央行不同,2017年以前臺灣央行還不會公布議事錄摘要,即使現在會公布,就像你說的,民眾看到的東西其實已經被央行過濾了。

旭昇: 我個人印象很深刻的是,當我第一次拿到開會通知跟會議資料的時候,裡面竟然沒有提案單。那時我才體會到,是不是在我進去之前,從來沒有理事提案過? 過去很多人會說,央行理事會是「一言堂」,我想從這件事情上就可以見微知著。不過經過反映之後,從那一次開始,每一次的開會通知裡面就會附提案單。

---

[185] 第20屆理事會第2次理監事聯席會議議事錄摘要 (https://www.cbc.gov.tw/tw/cp-357-119223-6c849-1.html)

[186] FOMC 是 Federal Open Market Committee (公開市場操作委員會) 的簡稱,是美國央行最主要的貨幣政策決策單位。

怡庭：所以這至少有在進步。

旭昇：是啊！你也擔任了將近快五年的理事了，談一下你參與貨幣政策決策的感想吧！有什麼是你覺得應該要加強的部分？

怡庭：你也知道我一直都很強調央行要有透明度 …… 要增進央行的透明度。對於臺灣央行，我覺得應該要再繼續加強透明度，比如說，資料要更公開，特別是要公開外匯干預的歷史資料。

此外，因為會議紀錄是不具名的，所以我不會對外講誰說了什麼。但是，我覺得身為理事可以對外說明我對央行制度和政策的看法，這就是對民眾負責地說我有這樣的理念，我有這樣的意見，在理事會裡面我就是這樣去執行我的理事職務，這是透明度的一個表現。

還有就是物價指數的編製，我們希望有更多元化的物價指數的編製，包括你、包括我 …… 在很多地方我們都講過這樣的問題。對於央行而言，編製多元的物價指標一方面提供更多資訊給理事會參考，可以提升貨幣政策決策品質；另一方面也讓社會大眾瞭解央行的決策依據，這樣也可以增進貨幣政策的透明度。

比如說前兩年全球通膨問題嚴重，臺灣的通膨也上到將近3%，大家對通膨非常擔心。我們知道，民眾對未來通膨的預期會影響他們的經濟行為，然後影響物價，央行如果瞭解民眾對通膨的預期，還有影響他們的通膨預期的因素，可以幫助央行穩定物價的政策，央行也能透過和民眾溝通來影響他們的通膨預期。

我們看到，從2022年以來，很多國家的央行採取了快速的貨幣緊縮政策，就是要提高利率抑制總合需求來對抗通膨。而且及早

並快速升息主要是傳達央行穩定物價的堅定決心,壓制民眾的通膨預期,才可能把通膨降下來。

可惜的是,雖然很多人把「升息抑制民眾的通膨預期」這件事琅琅上口,我們卻沒看到臺灣央行進行民眾通膨預期的調查,那真不知道央行怎麼瞭解影響民眾通膨預期的因素,還有怎麼評估政策對通膨預期的影響?

旭昇: 那關於執行貨幣政策的透明度呢? 能不能舉些例子說明央行如何提高透明度?

怡庭: 如果去看 Fed 的話, 它會事先溝通可能執行的政策。比如說 Fed 決定進行貨幣政策正常化,2014 年就對外公布了「貨幣政策正常化準則」,把計畫對外公開,讓民眾檢視。比如說,準則中會說明,主要措施是,逐步提高聯邦基金利率的指標區間和減少 Fed 所持有的證券,還有說明這項計畫在什麼情況下會以什麼方式進行。後來又公布了很多技術性操作的細節。

另外, Fed 在進行資產購買之前, 也會公開執行的方針和預測報告書,並且以公開競價的方式購買,在成交之後揭露相關資訊。

這種公開透明的做法, 就是要讓民眾知道未來貨幣政策的走向,可以幫助管理民眾的預期。這種思維也是基於經濟理論的。

事實上, Fed 也不是一開始就知道要有怎樣的透明度, 它其實是慢慢學習, 跟民眾互動、跟國會互動, 然後隨著經濟理論和實證研究的進展, 瞭解到增加透明度的好處, 還有怎麼樣提高透明度。透過這些方式才慢慢發展出具有高透明度的制度。

尤其是2008金融風暴發生,那是一個很重要的分水嶺。當時 Fed 要花非常高的成本去救金融市場, 那民眾當然會覺得說我有知的權利, 你到底把這些資金怎麼用出去。我想那時候 Fed 主席 Bernanke 大概也面臨了這樣的壓力, 我覺得一方面是國會給壓力, 要 Fed 公開更多救市的細節, 一方面是 Fed 在面對國會壓力的時候, 也願意這樣做。

所以在寫白皮書時, 我們找到資料, 在次貸金融風暴的時候, Fed 貸款給哪些銀行。一般央行在進行貼現窗口借貸的時候, 是不用公開資料的, 在那個時期 Fed 全部都公開了, 包括在哪一天貸放給哪個金融機構, 貸款金額是多少, 抵押品的數量跟品質、利率是多高等等。

我當時看到這個資料的時候, 真的非常感動。我覺得民眾就是想知道這些東西 ...... 因為央行是非常 powerful 的機構, 卻又是民眾最不容易瞭解的一個機構, 所以唯有公開透明, 民眾才能瞭解當時 Fed 救了哪些銀行, 借給它們多少錢, 用什麼利率之類的, 這些美國民眾都知道啊, 這就是一個非常好的透明度的表現。

旭昇: 還有什麼其他的想法嗎?

怡庭: 另一個就是對央行量化研究的期待。比如說, 我們希望央行研究長期以來低利率政策造成什麼樣的影響。另外, 理事會的政策利率提案出來的時候, 我們也只看到央行提供的報告中, 透過描述性的語言說為什麼要或不要調升利率, 但是, 我們並不知道 ...... 比如說, 如果要調升利率, 為什麼是半碼而不是一碼? 如果調升半碼或一碼, 對通膨、市場利率、經濟成長率和失業率有什麼影響? 還有, 提高存款準備率對整個金融市場的影響是什麼? 那如

果我有專業研究團隊的話，可以做研究告訴大家現在為什麼要調高半碼或一碼，並且預估對經濟的影響是什麼，但我沒有。可是我覺得央行一定......

旭昇：這是央行的責任啊。

怡庭：對，央行有這個資料，也有龐大的研究部門。

旭昇：你對於現代央行的想像是什麼? 就是說，現代的央行應該要具備怎樣的特性，有沒有什麼重要的特點?

怡庭：我覺得現代央行是，它的制度和政策必須是基於經濟理論跟實證研究的。如果只是少數幾個人自己去想一些東西，然後就提出一個政策，其實那都不算是現代央行啦。

一個很好的參考基準，當然就是 Fed，尤其是它的透明度，就像我剛才講的，它以前也沒有這麼透明啊，可是它知道吸取經濟研究新知，知道一個透明的央行有什麼好處，然後實證研究告訴我們，一個更具有獨立性、透明度和可究責性的央行，它的通膨可以更平穩等等，這類的研究太多了。

所以不管是經濟理論或是實證研究，其實都導向一個制度面必須是具有獨立性，也就是央行政策不受政治和私人利益的干擾，然後需要透明度來降低獨立性可能有的負面因素，你有透明度，公開讓民眾知道你的政策的執行方式和邏輯，讓大家知道政策要達到的目標，民眾才有究責的可能。

旭昇：對。

怡庭：就像我剛才講的，因為央行是一個非常 powerful 的機構，但是大眾又不是那麼容易可以瞭解它在做什麼，政策影響有多大。相對於財政政策的話，如果財政部今天說我們調高這個免稅額多少，或者調降所得稅的稅率多少，你很明白這些政策對我個人的影響是什麼。但今天民眾面對貨幣政策的時候，可能不太知道到底那個影響是什麼，也許只知道房貸增加了或存款利率提高了，但可能不清楚「央行升息」為什麼房貸利率就會提高。

以臺灣來講，不要以為央行調高比如說重貼現率啊、擔保放款融通利率啊這些政策利率，就會直接影響你的貸款利率，no，不是這樣的。這些政策利率是銀行跟央行借錢的利率，但這些利率現在都比銀行之間互相拆借的利率 (也就是金融業隔夜拆款利率) 高，那需要資金的銀行為什麼要跟央行借呢？

所以央行調高這些政策利率基本上都是 non-binding 的利率，調高這些政策利率除了宣示效果，根本不會對市場利率起作用。央行其實是透過其他的管道來影響貸款利率，我們在《致富的特權》一書中也有提到，央行可以透過對公股行庫的影響力，引導利率上調或下降。

旭昇：但是有人可能會說，不管是什麼管道，反正就是有影響啊。透過什麼管道重要嗎？

怡庭：OK，這就是重點。如果今天 Fed 告訴我們說 Federal Funds Rate (聯邦基金利率) 目標是多少，[187] 那它就藉由公開市場操作，買賣國庫券去達到這個目標，因為聯邦基金利率是一個公開的市場

---

[187]聯邦基金利率是美國銀行間拆借資金的利率。

利率, 每天都可以看到, 所以如果 Fed 達不到它設的目標, 民眾就會知道, 就可以對 Fed 究責, 而且在此同時, Fed 也會公布它是用什麼方法達到它的目標。

可是今天臺灣央行調整政策利率, 它可能用了一些方法影響貸款利率或隔夜拆款利率, 但民眾可能根本不知道央行到底用了什麼方法。不要說一般民眾不知道, 就算是經濟學家也未必知道。我有一次在演講時說了這件事, 然後有個同事跟我說, 他今天才知道這些政策利率都是 non-binding 的, 他現在才知道央行是用了什麼方法影響他的房貸利率。

像重貼現率這些政策利率, 是銀行向央行借貸資金的利率, 當這些政策利率遠高於銀行間互相拆借資金的利率時, 這時候央行提高政策利率, 基本上不會影響隔夜拆款市場的利率。央行可以用其他方法影響市場利率, 比如說, 央行發行短期定存單是用申購的方式, 申購的利率是央行自己訂的, 並不是由市場透過競標來決定, 這時候央行就可以調高發行短期定存單的利率, 吸收市場上的資金來影響隔夜拆款利率。大多數的人並不知道央行透過這些管道來影響市場利率。

而且, 當央行調高政策利率一碼, 隔夜拆款利率也會相應的提高一碼嗎? 不一定。更重要的是, 臺灣央行並沒有說要達到什麼樣的隔夜拆款市場利率目標啊, 民眾怎麼究責? 不像 Fed 制定了一個聯邦基金利率的目標或目標區間, 然後藉由公開市場操作來達到這個目標, 一旦沒有達到目標, 民眾馬上就知道了, 就可以究責。

讓民眾瞭解央行透過什麼管道來影響市場利率並且可以究責, 這

是很重要的。所以說,央行當然可以影響市場利率,可是它到底用了什麼方法來影響,是不是順利達成目標,我們需要知道這些事情。

就像我剛才講的,Fed 在金融風暴的時候,貸款給哪些銀行都有公布,假定這些事情都沒有公布出來,Fed 只是出來說,金融風暴結束了,我們做得很成功等等。那紓困過程中是否有什麼問題,比如說它借給 A 銀行1億美元,利率可能接近零,放款給 B 銀行,只有1000萬,利率可能是3%,或要求更高的抵押品,如果這些資料都沒有公布,那民眾怎麼知道 Fed 在救市的過程當中發生了什麼事情?

這個就是透明度,有了透明度就能進一步促成央行的獨立性。什麼叫獨立性? 獨立性就是央行的這些政策,不受政治以及私人利益的影響。那如果今天 …… 比如說 Fed 對 A 銀行、B 銀行完全不一樣的話,那後面到底有什麼事情發生? 是因為 A 銀行和 B 銀行的穩健安全的程度不同? 還是 Fed 的決策已經受到私人或政治利益的干涉? 如果是後者,這樣 Fed 還算是有獨立性嗎?

對。所以我們一直在講獨立性、獨立性,可是你要知道怎麼去達到獨立性,你今天跟 …… 比如說如果美國有一個學者出來跟大家說 Fed 需要獨立性,可是 Fed 都沒有公布這些資料的話,民眾就會覺得說我還要再提高你的獨立性嗎? 但是今天 Fed 把這些資料都公布了,民眾就可以一一去檢驗說,沒有錯,Fed 謹守它作為一個央行的職責,它有這樣的目標,然後金融風暴救市,它對每個銀行到底做了哪些事情,我們都知道,那麼我們非常贊成它有一定的獨立性,就是這樣子。

旭昇： 你覺得要達到你所講的這些目標，就是獨立性、可究責性或透明度這一類等等，臺灣央行能夠怎麼做？

怡庭： 舉例來說好了，之前有雜誌報導，央行盈餘繳庫的問題。它為什麼有那麼多盈餘繳庫？ 沒有錯，當你有這麼多外匯存底的時候，的確有可能透過臺美利差而產生這麼高的盈餘，但為什麼臺灣利率這麼低？ 更重要的是，為什麼會有這麼高的外匯存底，這才是大家想問的。

我們看2000年或更早以前，外匯存底是多少？ 那時候的 ...... 比如說央行的盈餘繳庫占政府歲入在1995年大概1%左右，但是，到了2000年以後，這二十多年來平均大約是10%。 所以我們要問的是，為什麼會累積出這麼多的外匯存底？ 累積這麼多外匯存底是什麼樣的貨幣政策造成的？ 這樣的貨幣政策有什麼好處和缺失？ 這是我們想要瞭解的。

我在上貨銀課的時候，會給學生做一個練習或是考試題目，就是今天出口商賺了很多美元，如果他需要臺幣的話，當然是跟銀行換，銀行如果不想要這麼多美金，當然就到市場上去賣嘛，那如果出口商賺了很多美元回來，然後很多銀行都要賣美元，理論上臺幣就會升值。 如果央行想要壓低匯率進場買美元，央行的國外資產就會增加。

今天你看到央行有這麼多外匯存底，如果只是要穩定匯率，那平均而言有買有賣怎麼可能累積這麼多？ 央行會說很多都是透過這些外匯資產孳息的累積，真的是這樣嗎？ 事實上只要央行願意公布外匯干預的歷史資料，我們就可以算算看啦。

不過 anyway, 我要講的是, 這麼大的外匯存底怎麼來的, 這我們要問。然後 ...... 我們竟然無從得知答案。央行都會說我就是動態穩定啊, 那動態穩定的干預結果會是這樣嗎? 當學界要研究這個問題的時候, 就發現, 欸, 沒有資料。

所以我們都認為, 央行公布干預外匯市場的資料非常重要, 我們才能知道今天我們在這個時點上, 面臨這樣龐大的外匯存底和大量盈餘繳庫的狀況, 到底是怎麼造成的? 這問題其實非常重要, 為什麼我們要學總體經濟? 總體經濟講的是 dynamics, 你今天做的決策, 不是只影響今天, 它會影響到你明天面對的情境 (稱為 state variables), 這個情境在明天你是不能改變的欸, 到了明天, 你只能在這些 state variables 之下做決策, 就是這樣子。因為我們都是做總體, 我們知道這個有多重要。

旭昇: 對。

怡庭: 那央行不公布資料, 我們就沒有辦法做研究。如果擔心公布及時外匯干預資料會影響當下的金融市場, 那也可以 lag 兩年或甚至是 lag 五年再公布, 我們都接受, 對, 就是這樣子。[188]

總而言之, 現代央行的政策要基於經濟理論跟實證研究來制定, 進而確立我們的貨幣政策架構。到底我們現在的貨幣政策的架構是什麼, 要怎麼樣去把它建立好, 當然一般民眾可能不會很瞭解, 但是作為央行理事, 還有作為學術界的一分子, 我們總是希

---

[188]由於缺乏實際的外匯干預資料, 學者多以外匯存底或央行國外資產的變動量當作央行匯率干預的替代變數。日本、南韓、新加坡等 43 個國家都已公布外匯干預月資料或季資料。相關說明請參考陳旭昇 (2022), "基於實證證據的貨幣政策: 從 2021 年諾貝爾經濟學獎得主談起," 《臺灣經濟學會季刊》, 9, 2–8。

望能透過我們的專業,不僅是在幫助央行,也是幫助民眾來瞭解貨幣政策,同時瞭解要如何執行一個更有效或更好的貨幣政策。現在我覺得最難以接受的就是,臺灣央行沒有一個貨幣政策的目標,沒有目標我們就沒有可以究責它的地方。

旭昇: 可是講到目標,他們就很清楚告訴你啊,《中央銀行法》有規定啊,對不對? 第一個是維持金融穩定,健全銀行業務,接下來是維持對內對外的幣值的穩定,最後就是說在上述目標範圍內,促進經濟成長。所以總裁才可以在立法院那麼大聲啊,說我所有的目標都達到了啊,對不對? 那我盈餘繳庫有錯嗎? 有犯罪嗎? 他就可以這樣子。你說沒有明確目標,他跟你講說有啊,我們有明確的目標。

怡庭: 我當然不是講法定目標,就算是法定目標,也可以像 Fed 和 ECB 設定一個通膨目標, 這樣很明確, 容易究責。不然像現在, 上個月通膨又上到3%, 你覺得我們達到物價穩定的目標了嗎? 民眾覺得物價很穩定嗎? 但是我們沒辦法究責。

我在講的是,你在操作貨幣政策的時候,你要達到的 ...... 就是說你操作貨幣政策的過程,你的執行策略、你訂定的目標。

旭昇: 你是說中間目標?

怡庭: 像央行以前用貨幣目標機制當作貨幣政策執行架構,那時是用貨幣成長率作為中間目標, 央行每年會宣布次年 M2 年成長率的目標區間,然後它就必須達成這個目標。後來大家發現貨幣目標機制已經很難達到物價穩定等等這些最終目標, 全球央行也

陸續放棄了, 但臺灣央行放棄以後就沒有再提出一個明確的貨幣政策執行架構, 也沒有提出一個可以讓民眾究責的目標。

以 Fed 來講, 它有兩個法定目標(dual mandate)。一個就是 maximum employment, 就業極大化, 當然在不同的經濟環境下, 就業極大化之下的就業率是多少, 也就是對應的失業率是多少, 都要去估算出來, 那還是要基於實證研究跟理論。

另外一個是 price stability, 物價穩定。但過去, Fed 在上個世紀以前, 誰跟你講通膨目標 two percent 啊? 沒有。甚至 Bernanke 時代初期都還不是啊, 就像我剛才講的, 他也是透過理論和實證研究的結果, 還有跟民眾溝通的過程中發現, 如果真的要把通膨控制好, 也就是讓物價穩定, 把物價控制在一個可接受的範圍, 那麼錨定民眾的通膨預期就非常重要。在這個過程中發現, 如果有一個很明確的、可以宣告的一個目標, 是可以幫助錨定民眾的通膨預期來達到物價穩定的目的, 所以他們才慢慢弄出來說, 喔, 較長期的通膨目標 two percent 這樣子。

旭昇: 所以你是贊成 inflation targeting 嗎?[189]

怡庭: 我沒有一定要 inflation targeting。我覺得這個可以去研究, 但是不做研究, 就永遠不知道到底我們可以用什麼 targeting, 要用哪一個目標。如果以臺灣央行來說, 它要物價穩定, 它要金融穩定, 還要經濟成長, 那就試試看在這樣的法定目標之下, 去建構貨幣政策執行架構以及目標。

---

[189]通貨膨脹目標 (inflation targeting), 意指中央銀行以達到特定的通貨膨脹率作為政策目標。

不過,以現在多數央行來說,幾乎都是以物價穩定為首要目標甚至是唯一的目標,從學理來說你沒有達到物價穩定,其他的都免談,所以臺灣央行是不是要思考以物價穩定為首要法定目標,值得討論。不過,以物價穩定為首要目標並不表示央行不用管金融穩定和經濟成長或就業問題,事實上我們看到只要金融出現問題,經濟衰退,這些以物價穩定為首要目標的央行一定都會出手,這不成問題。

旭昇:那如果說今天可以修法的話,你覺得跟央行有關的部分,有哪些可以修改?

怡庭:我覺得應該把它這個國營事業的定位拿掉,央行根本就不應該是國營事業,被視為國營事業哪還能有獨立性? 就是因為被視為國營事業,才讓盈餘繳庫的問題更嚴重。

你看 Fed 嘛,有盈餘也要繳庫啊,國會要求它達到兩個法定目標,而且規定 Fed 有超額盈餘就要繳庫,但是 Fed 並沒有被視為營利機構,也沒有被要求一定要繳庫多少,只是 Fed 有賺錢就要繳庫,這沒有疑義。但是不該像臺灣央行這樣,因為是國營事業,就被預算編列所規範了。

旭昇:因為立法院要審國家的預算,一但被歸列為國營事業,就要向立法院報告它的繳庫預算。

怡庭:所以為什麼我要一再強調 Fed 在面臨金融風暴,是由國會要求它必須公開紓困銀行的這些資料。我覺得一個知道央行應該有什麼樣制度的民意機構非常重要。

旭昇：我們每次在談央行制度的時候，都會把 Fed 拿來做某種程度的參考或比較，可是你會聽到央行最常的反駁就是，臺灣是小型的開放經濟體，不像美國是這麼一個大的國家，所以我們不應該去學習，或者說以 Fed 來當作一個 benchmark 來思考。意思好像是說，我們有我們的特色，我們有自己特有的面臨的狀況等等，你們這些學界不要老是拿 Fed 的做法來要求我們，類似這樣的說法你怎麼看？

怡庭：我覺得沒有道理，除非你能夠說服我，你所謂的小型開放的國家有什麼不同？

旭昇：他們就講說小型開放國家很容易受到大國影響啊，比如說我們的貨幣政策就會受到美國的貨幣政策影響，我們的匯率容易受到國際金融市場的影響等等諸如此類啊。

怡庭：那以我剛才舉例說 Fed 公開它在金融危機中的這些紓困資料，這跟小型開放有關嗎？

旭昇：無關。

怡庭：Fed 公布在外匯市場交易的歷史資料，這跟小型開放有關嗎？

旭昇：也無關。小型開放的經濟體在國際金融市場上確實比較容易受影響，公布近期資料可能值得商榷，但是公布歷史資料沒有任何問題。

怡庭：對啊，所以我覺得央行現階段最應該做的、也是立刻可以做的就是增加透明度，建構一個基於經濟理論以及實證研究的貨幣政

策執行架構,讓民眾瞭解央行怎麼執行政策,也知道央行沒有達到目標的話可以究責央行。

我沒有說一定要 inflation targeting,你可以就一個小型開放經濟的環境,建構一個相應的貨幣政策執行架構啊,不是嗎? 一個國家也許在不同的時候,有不同的 maximum employment rate,或者是說通膨目標應該設在2%或2.5%,通膨目標要設為一個區間,還是一個數值,這都是可以透過研究來決定的。

像以前有些央行是採用通膨目標區間,但後來研究發現,透明度不夠好,比如說通膨目標區間設在2%到2.5%,現在通膨已經上升到3%,然後央行說我們要採取行動抗通膨,但民眾不知道你要把通膨壓到目標區間的哪裡,是2%還是2.5%? 這可能會削弱民眾對央行抗通膨的信心,那就比較難錨定他們的通膨預期,也就更不易壓制通膨。所以後來這些央行都漸漸改成給一個通膨目標的數值。

所以你看,這些演進都是依據經濟研究而來的。我們最需要的是這個理性。

旭昇: 就像是匯率政策,央行老是喜歡標榜所謂的動態穩定,然後每次就會說,你看我們新臺幣匯率的波動跟世界各國比起來,我們的這個波動都非常小啊,代表我們做得很好啊。

但問題是,我們從來沒有看到央行以臺灣的實證研究說明,匯率穩定對臺灣經濟是利大於弊。我是不太相信有什麼百利而無一害的政策,一個政策有它的好處,也必然有其背後的成本。我沒有看過央行對於匯率穩定政策的成本與效益分析,只有在央行臉書上看到「匯率穩定對大家都好」的空洞口號。

怡庭：對啊，經濟理論很重要。你用什麼樣的經濟理論和模型，來指引你操作這些貨幣政策或者是外匯干預？如果央行公開這些貨幣政策或外匯干預背後的理論基礎，讓大家討論，我如果因此被你說服了，那也很好啊。或者說如果你公開了這些理論、這些模型，有學者覺得模型可以再多考慮什麼，那也可以增進貨幣政策執行的有效性，這也算是幫助央行在制度上的精進啊。

旭昇：這我完全同意。我接下來還想問一個問題。CPI (消費者物價指數) 到底該不該把房價納進來？記得你曾經提過，根據 ECB 那邊的做法，好像一直有研究要把房價納進去？臺灣央行網站說「一般住宅市場房價屬資產價格，不會納入 CPI 衡量，住宅提供的居住服務成本如房租才會納入 CPI」。關於 ECB 的想法，可不可以多說明一點？

怡庭：首先我要說，ECB 把房價納進 CPI 當然不是把所謂的資產價格放進來，這是很大的誤解，事實上 ECB 是想用房價捕捉消費者自有房產的居住服務成本。注意喔，是自住房地產的房價納進來，所以是不考慮商用房地產的價格。因為 ECB 編製的是消費者物價指數，所以一定是跟消費者有關。

要算居住服務成本，一個方法是用租金，如果你是租房子，就用實際市場住宅租金，如果你是自用住宅，就用設算租金，因為設想你透過租房子來享受住宅服務。這就是現在主計總處用的方法，用房租來算居住服務成本。

好，那另外一個算居住服務成本的方法是淨取得法，ECB 的做法是，它不管民眾互相買賣二手屋的交易，只考慮民眾獲得新成屋當作自用住宅時付出的價格，來設算比如說每年可能因此要付

出的住房成本是多少。事實上淨取得法有好幾個國家已經在用了,像澳洲、紐西蘭,不只是 ECB 在做。

那 ECB 為什麼一開始會想要做這件事情? 它的 motivation 是這樣,它發現這些歐元區國家擁有自用住宅比例從 50% 到 90% 不等,在歐元區 19 個國家中,有 16 個國家的比例在 70% 以上。所以平均而言,自有住宅的比率大概是七成多左右吧,當然有些國家高一點,有些國家低一點。

既然自有住宅比例這麼高,消費者買了住宅以後接下來就是要付房貸。房產的價格高,要付的房貸就高,排擠掉的可支配所得也就比較高。因為消費者物價指數就是在衡量民眾的食、衣、住、行、育樂的成本到底是多高嘛,如果自住房產的比例很高的話,ECB 的理事會就覺得說,那就以淨取得法來算算看,這樣比較貼近自有房產的居住服務所付出的成本。

所以 ECB 的研究人員就開始去算。一開始 ECB 的理事會也沒有想到說,一定要取代原有的調和消費者物價指數,但是他們就說好,我們來編編看。[190] 然後就發現這兩個指數之間的一些關係,而且也注意到,應用不同指數的時候,需要注意什麼。ECB 也有研究發現,把房價納進來的指數的確能夠比較精確地去捕捉真正的消費者支出、它的成本,也比較能夠讓貨幣政策的傳導機制更有效。

旭昇: 可是這樣沒有辦法排除掉房價的波動,就是說房屋本身也是個

---

[190] 相關研究請參考 "Owner-occupied Housing and Inflation Measurement," (2022) (https://www.ecb.europa.eu/press/economic-bulletin/articles/2022/html/ecb.ebart202201_01~f643aad55c.en.html)

資產,那這樣編製出來指數的波動不是就會太大嗎?

怡庭: 對,沒有錯,研究人員也發現,用淨取得法算出來的 CPI 的確波動比較大,但是用設算租金衡量反而抑制了 CPI 的波動,甚至是反週期的,這是因為租金變動率的波動性比較低。

所以的確存在你講的那個疑慮,擔心波動太大。當然他們也知道用房價捕捉自有房產的居住成本有一些問題,比如說,資料每季才有,各國自有房產比例有差異,土地的價格怎麼剔除等等。但重點是,透過編製這樣的指數幫助他們看到用租金衡量時看不到的影響,所以說,編製多元的物價指數其實是有意義的,當央行在制定貨幣政策的時候,可以參考更多資料。

以臺灣來講,你知道臺灣的自有房產比例有多高嗎?

旭昇: 印象中非常高。

怡庭: 將近80%。

旭昇: 嗯,這非常高。

怡庭: 所以如果 ECB 覺得歐元區19個國家中有16個國家,擁有自用住宅比例在70% 以上,它都願意這樣做了,那臺灣自有住宅比例有80% 這麼高的話,我們為什麼不來做做看呢? 對,我們並沒有說一定要取代原來的 CPI,就是多一些可供參考的物價指數 ......就像你上次講的,我們也可以像 Fed 一樣,編製價格僵固性商品的物價指數 ......

旭昇：Sticky price inflation。[191]

怡庭：對。不同指標會給我們不同的資訊，我們可以對物價的變動更瞭解一些，也更知道怎麼對抗通膨，這不是很好嗎？而且之前也有人做研究，發現臺灣在編製 CPI 的時候，房租部分可能有低估，如果你在房租部分低估，又沒有特別考慮用房價來估算自有房產的居住成本的話，其實你可能就低估了消費者在住宅方面的負擔。

其實我想講的是，我在閱讀資料的時候發現，ECB 在研究怎麼用淨取得法來估算自有房產的居住服務成本的這個過程，它所表現出來的透明度，還有想要將貨幣政策執行得更好的這種理性。這是讓我很佩服的地方。它就提到，會這樣做的一個原因是跟民眾互動時，民眾認為房價變化是整體通膨一個重要的因素；ECB 還進行調查訪問和房價統計，透過這些訊息瞭解消費者對自有房產相關成本的看法。

這幾年臺灣民眾對於住房成本高漲有太多的抱怨，但是我們央行是如何因應的呢？我們要學習的地方實在太多了。

旭昇：瞭解。最後我想說的一件事情是，我其實當初有點驚訝你會願意一起合寫《致富的特權》這本書。

怡庭：喔，為什麼？

旭昇：不知道，一直以來 …… 一直覺得好像就是 …… 某種程度上啦，但是那是以前的印象，就覺得相對而言，你比較沒有那麼入世，

---

[191]sticky price inflation 指的是以價格調整頻率較低的商品所建構的物價指數。

就是以經濟學家來說, 不像我跟吳老師好像意見比較多, 對央行啦, 貨幣政策啦, 匯率政策啦這些一直都有意見、囉哩吧嗦地在那邊抱怨 ......

怡庭: 但是你也沒寫過報紙文章啊, 對不對?

旭昇: 有寫過一些東西。

怡庭: 那是不是也是當理事以後?

旭昇: 之前就有在寫, 不是在報紙, 我是寫在部落格。

怡庭: 喔, 對, 對。我是不喜歡 social media, 這點沒錯。

旭昇: 對, 所以我的意思就是說, 因為你不喜歡 social media, 那感覺上好像就是比較不入世、比較沉默, 比較不會那麼公開地去表達出自己的意見跟想法, 所以我才會說, 你會願意加入這個 project, 其實我是有點驚訝。

怡庭: 對 ... 我記得好像是吳老師跟你建議的, 對不對?

旭昇: 但那時候我應該是 ... 我猜我那時候應該是沒什麼期待啦, 就是覺得說可能會碰個軟釘子一類的。

怡庭: 但是我有出教科書啊。

旭昇: 出教科書跟加入這個 project 有關聯?

怡庭: 應該是有的。我之所以寫教科書, 其實是 2008 年金融風暴以後, 那時候看到 Fed 這樣大撒錢, 其實我非常的氣憤, 氣憤到我開始

想要寫書。對,你知道我的個性,但是你如果來跟我講,我們來討論臺灣央行制度和政策吧,我就覺得說好啊,我就是想寫,那我們就來寫吧!

其實我在 …… 你大概也忘了,可能2010年左右,臺大經濟系辦了一個討論央行和貨幣政策的研討會。

旭昇: 有,我有印象。

怡庭: 對,那次他們找了很多人,他們都不參加。

旭昇: 有啊! 有找我啊,但我也沒去參加。

怡庭: 喔,真的嗎? 我只是覺得說好啊,要討論央行,那好啊我就去參加。其實我覺得它就是一個學術研討會嘛。我那時談的是貨幣政策的分配效果和通膨。後來2021的時候,中研院不是也辦了一個研討會嗎,也是在講央行貨幣政策。

旭昇: 你跟吳老師一起參加的那一場?

怡庭: 對,他們找吳老師當主談人嘛,然後找一些與談人,他們找我,我就覺得這是學術活動啊,又是要談央行,我會參加。那時我就談央行制度的設計和如何抗通膨。

旭昇: Anyway, 我想說的是,其實在系上我跟你,還有南光,本來也不是那麼熟稔,說是點頭之交也不為過。

不過因為擔任理事,跟南光的互動變得比較多,然後因為合作寫書,也變得跟你比較熟識。這讓我們系上總體的 group 變得比較 active, 我覺得很棒,這是合作寫那本書的額外收穫。

附錄

簡要摘錄央行理事們的發言如下。

1. 「有位理事認為低利已久,可以考慮釋放央行可能會參考其他指標做出不同決策的訊息,影響大眾預期心理。數位理事認為貨幣政策應考量長期因素與更廣泛的因素。有理事認為需要有完整的事前分析與預測,或可跳出以前調整的模式」(20180927第15次會議)。

2. 「有兩位理事提出應增加M2成長目標的討論次數或調整政策制定框架。有理事認為可以關注其他央行改採通膨目標化機制的現象。多位理事談到利率政策制定應考量長短期因素」(20181220第16次會議)。

3. 「有位理事認為近期央行的宣示與實際指標衝突會損及央行可信度,應可參考 Fed 對其貨幣政策架構及貨幣政策工具有效性進行全面改革。有位理事提到低利政策的長期效果」(20190321第17次會議)。

4. 「有位理事已經針對房貸占比過高的問題提出示警。多位理事表達低利政策的長期效果及應該思考其他政策的可能性」(20190620第18次會議)。

5. 「兩位理事認為房貸占放款比例漸高有潛在風險,需評估」(20190919第19次會議)。

8

與陳南光談央行的大小事

旭昇：你從 2018 年 3 月開始擔任央行副總裁，能不能先聊一下，就是說你在進去之前，對於這個職位有沒有什麼樣的一個想像？我會這樣問的原因是，你當初應該是先被徵詢，然後你經過思考之後，決定接任這個職位。那某種程度上當然是說，你對這個工作會有一些預期，會有一些想法，也會有一些抱負。所以能不能先聊一下，你當初是怎麼樣看待這個職位、看待這個工作。

南光：會被徵詢很意外，一開始的反應是覺得自己可以做一些事情。除此之外，當然還有一些好奇心的成分。因為已經教了「貨幣理論與政策」和「貨幣銀行學」這麼多年，那就會想說，貨幣政策實際上是怎麼制定與運作？還有就是過去講課時有一些盲點。比如說，講到央行的資產負債表時，資產裡有一項是「對金融機構債權」，金額相當高。如果對照美國的話，美國教科書都會說這個就是銀行透過貼現窗口跟 Fed 的借貸。但是我們都知道，臺灣央行的貼現窗口早就已經是門可羅雀，因為銀行的資金充裕，流動性

261

非常高, 不需要向央行貼現融資。所以央行「對金融機構債權」的大筆金額到底是什麼? 還有, 外匯操作對我們而言, 更是一個黑盒子, 很令人好奇。

旭昇: 但後來呢? 你進去之後, 你覺得你的抱負得以實現嗎? 剛剛說的這些疑問都有獲得解答嗎?

南光: 當初上任之前有把一些想法寫下來, 幾個主要項目包括: (1) 優先落實維持國內物價穩定與促進金融穩定的央行政策目標; (2) 維持央行獨立性, 建立權責相符制度, 進一步提高政策透明度; (3) 掌握國際金融市場的脈動, 並在維持金融穩定與促進金融創新之間取得平衡; (4) 重新思考貨幣政策與總體審慎監理政策架構並強化總體與貨幣經濟研究。卸任之後, 現在回頭來看, 令人洩氣的是, 這些我期望能在任內可以推動的事項, 沒有絲毫進展。也就是說如果要我現在重寫一份, 我可以把這份作業原封不動交出去。

至於好奇的部分, 在任內接觸各項業務的同時, 倒是有得到部分解答, 同時也瞭解到央行內部不少問題, 像是貨幣政策決策機制缺乏制度化、組織僵化、研究人員面臨困境等。

旭昇: 那剛進去的時候有遇到什麼印象特別深刻的事情嗎?

南光: 剛上任不久之後, 最大的衝擊倒還不是央行的文化, 大家都知道央行都非常 ......

旭昇: 嚴謹。

南光: 說好聽是嚴謹啦, 那當然就是 ......

旭昇：對，你不必說，我知道。

南光：就像是我聽說央行的經研處被戲稱為「禁言處」。我在 2018 年 3 月 5 日上任，過了大約兩週就要開理事會。通常在理事會一週到十天前，經研處就會上簽一個政策建議，羅列各種政策可能選項、優劣點與可能影響。由於在理事會上，央行會提出一個明確的貨幣政策建議版本，供理事們表決。所以我很想瞭解這個貨幣政策建議如何成形，同時也高度期待參與這理事會的會前會決策。大約理事會前一週，總裁就召集大家開會，結果看到桌上擺的是理事會後的新聞稿，而不是要討論是否升息、降息或是維持政策利率不變。然後就有人逐句唸這份新聞稿，同時大家就開始修修標點符號、改改形容詞。比如，若經濟成長率不是太高時，那就改成經濟成長溫和。但有時候就發現，這裡也溫和，那裡也溫和，那就要想另一個形容詞。然後唸到政策利率要怎麼調整的那一句，就是一個待填的空格，直接跳過去。基本上就是做這些事情，而大家似乎也都熟門熟路。

旭昇：一國央行貨幣政策會議之後的新聞稿很重要，所以要逐字逐句推敲啊！

南光：我知道央行理事會後的新聞稿很重要，因為這不僅要說明決策的理由，並且暗示央行未來政策的走向。但是，總裁召集大家開會不是討論貨幣政策的決策，而是修改新聞稿的修辭與標點符號、字句排列組合，這些都是無關貨幣政策實質內容的修改，而且與會者根本還不知道政策走向，卻花那麼多時間反覆唸新聞稿，修改標點符號，根本是本末倒置。

旭昇：但是你這講法也許 …… 你說政策怎麼做也還不知道，但是也許在主事者的心目中，理事會就只是一個過場而已，所以政策怎麼做，其實他早已有定見，對不對？

南光：對啦。好，那就唸吧。過了幾天又來一次，逐句唸新聞稿，同樣再修改文字語氣與標點符號，唸到感覺大家都煩死了。一直到理事會當天，通常是在星期四，那個早上是行政院院會。總裁從行政院院會回來之後，再把大家找去唸新聞稿，這一次唸到決定政策利率那個地方的時候，他就說，那我們就決定維持政策利率不變，於是就把答案填在那空格上。我當時震驚極了，抬頭看了一下在座的其他人，大家好像都 ……

旭昇：習以為常？

南光：對!! 總裁自然而然地填空，大家似乎都覺得這是再自然不過的事情。所以，一直以來我們的貨幣政策就是這樣決定的。

旭昇：應該是說，央行在理事會前所決定的貨幣政策建議，就是這樣決定的。

南光：對，但是這個建議很重要啊，因為就像你前面說的，理事會就只是一個過場，功能不彰也沒有什麼實質討論的話，那這個內部政策建議形成的過程就很重要。結果竟然是這樣做成決策。不過那時候我剛進央行，所以還是決定先觀察一下。

旭昇：嗯。

南光: 結果 6 月的理事會也是一模一樣, 反覆唸新聞稿, 進行無關貨幣政策形成的修改, 貨幣政策建議留下一個空格, 等待理事會當天中午, 才由總裁自行填空, 沒有經過討論, 大家也沒有任何意見。到 9 月的理事會前, 我就想說應該要 ……

旭昇: 說點話了。

南光: 在 9 月理事會的前幾天, 我記得是週末, 總裁叫大家去加班, 一樣又是逐句唸新聞稿, 修改標點符號與形容詞。等到新聞稿唸了幾次之後, 我就問說, 那我們是不是應該要討論一下政策利率的決策? 結果會場氣氛突然凍結, 總裁似乎也愣住, 想不到有人會問這種問題。過了一下他才回過神來說, 這個我們理事會之後再講。於是我又發言堅持必須事前充分討論, 並且必須制度化。然後他隨即轉移話題。隔兩天, 他找我去, 要我進一步說明我的建議。我認為理事會前內部的貨幣政策討論應制度化, 他聽完後覺得「也不錯」。於是我就寫了一個簽呈, 他批了「建議很好」。於是, 理事會前央行內部的貨幣政策討論機制總算得以制度化。這在其他正常的央行再也普通不過的事, 本國央行卻延到現在才起步。

旭昇: 所以在這之後, 就按表操課?

南光: 我覺得除了政治效應比較大的措施, 像是後來的選擇性信用管制, 討論比較深入之外, 就貨幣政策這部分, 所謂「開會討論」, 通常只是由總裁點名, 與會者逐一發表意見, 形式成分居多, 沒有真正的交叉討論。這跟理事會的開會模式很像, 通常就是由總裁點名後, 理事們只是各抒己見。但是這跟我們所認知的「討論」,

仍然有一大段距離。

旭昇：所以這是不是也反映出，主事者自己也知道說，貨幣政策的實質影響其實是不大。

南光：你講到了一個重點，就是我們的貨幣政策的實質影響並不大。因為我國央行的政策利率主要是重貼現率。重貼現率是央行貼現融通給銀行的利率。而且前面有提到，由於央行長期干預匯率的結果，銀行體系流動性泛濫，因此幾乎沒有銀行會向央行貼現融通。比如，2022年3月央行升息之前，重貼現率為1.125%，而隔夜拆款市場利率只有0.08%，幾乎已經是零利率。所以重貼現率的水準值，早已跟市場利率完全脫節。

當央行調整政策利率，尤其是提高利率時，在銀行流動性氾濫之下，根本無法帶動市場利率的改變。更何況每次升息，幾乎都是以半碼幅度爬行，實質影響非常有限。因此，當初我在內部會議多次稱重貼現率是一個「恐龍利率」，建議應該考慮改盯住一個市場利率比較有實質意義。現在商業銀行的利率會隨著央行升息調整，主要依賴的是公股銀行的配合與帶動，否則央行政策利率上升影響市場利率的效果，恐怕更加不堪。

旭昇：他大概也知道政策利率調整的影響不大，所以就覺得不用花太多心思去討論。相反的，像是選擇性信用管制政策，影響跟衝擊就會比較明確，對不對？你說限貸幾成，那個成數只要一出來，那立即的影響是相當大的，他們當然就會比較仔細地去討論那個東西。

南光： 只是要不要提出任何政策，都仍然是一個人決定的，如果他不想
提出新的措施，那就不可能在內部有討論的機會，當然也進不了
理事會的議程。舉個例子來說，2020 年 12 月起實施的選擇性信
用管制，並歷經 2021 年 3 月、9 月、12 月修正措施。2022 年 3 月的
理事會前，又開會反覆唸新聞稿，這時我才發現，新聞稿直接寫
本次不調整選擇性信用管制。於是我提出疑問，為何這次內部沒
有討論是否要調整選擇性信用管制措施。我說過去三個月到現
在完全沒有開會討論這件事，現在總是要先討論一下再決定是
否調整措施吧。經過一番意見往返，他同意請業務局準備資料，
改日討論房市措施。但是，⋯⋯ 但是隔天就生變，一早我接到電
話，被告知此事已定，不需要討論了。

既然央行的政策建議沒有這一項，在理事會就根本沒有機會討
論是否要修改措施。像這種討論被沒收的決策，數不勝數。

旭昇： 所以對你來說，這應該就是一個滿大的 shock 吧？

南光： 嗯嗯，我參與央行內部決策的高度期待完全幻滅。或許 ⋯⋯ 這
對楊總裁來講也是一個 shock 啦，因為他自己一直以來都是一
個沒有聲音的副總裁，所以也會預期他的副總裁必須像他一樣。

旭昇： 喔，那當然。另一件事就是，身為副總裁，你在媒體上也發表了
不少的文章，那我想這應該是史無前例，對不對？臺灣的央行大
概從來沒有出現過副總裁投書媒體，或者說在外面發表文章。你
要不要談一談，當初為何會想到要在媒體發聲？

南光： 一開始 ⋯⋯ 那時候就是慢慢摸索嘛，想說除了在決策過程裡盡
量發聲影響之外，看到底還可以做什麼？我記得一開始發表的是

談系統性重要銀行的問題,[192] 當時金管會在2019年12月首次指定五家本國銀行為「國內系統性重要銀行」(D-SIBs)。

全球金融危機之後, 金融穩定委員會 (FSB) 自2011年起公布「全球系統性重要銀行」(G-SIBs) 名單, 並且對這些全球性大到不能倒的銀行實施更嚴格的審慎監理措施。後來把同樣的方法擴及應用到各國, 由各國金融監理機關機構自行認定並公布 D-SIBs 名單。

由於這是總體審慎監理政策的一環, 而且之前我與黃俞寧、李宗憲也有一篇文章討論如何估計臺灣的系統風險並用來認定系統性重要銀行,[193] 所以我才會想寫一篇文章介紹, 指定國內系統性重要銀行的目的與重要性。

旭昇: 那接下來呢?

南光: 接著是 2020 年初 COVID-19 疫情爆發後, 主要央行紛紛實施比全球金融海嘯期間更加寬鬆的貨幣政策, 甚至已經涉入準財政領域的問題。所以寫了文章討論過去以來央行角色的演變, 以及央行職權不斷擴張所帶來的隱患。[194] 這幾篇文章完全沒有談到臺灣央行, 照理說應該是「無害」的。不過據聞, 這些文章仍然引起總裁與前總裁相當不開心。我就很納悶, 為何連這類「無害」的文章都不能容忍。

---

[192]陳南光 (2019), "如何辨識與差異化監理大到不能倒的系統性重要銀行,"《臺灣銀行家雜誌》, 118, 18–23。

[193]黃俞寧, 陳南光, 與李宗憲 (2017), "我國銀行業系統重要性之辨識與評估,"《中央銀行季刊》, 39(4), 5–36。

[194]陳南光與李榮謙 (2020), "從傳統到現在 —— 中央銀行的政策角色演變與發展,"《臺灣銀行家雜誌》, 128, 18–21。

旭昇： 嗯，我記得央行的 Facebook 也有介紹這篇文章。

南光： 那是漏網之魚，後來的文章就再也沒有出現在央行臉書了。在那
之後，我開始覺得投書媒體應該是一個表達意見的管道，而且與
更廣大的讀者討論重要的總體與貨幣經濟議題，也算是善盡一
點學者的社會責任。由於一般刊物或報紙通常有篇幅上的限制，
而我希望比較完整地討論一個議題。幸好金融研訓院的《臺灣
銀行家雜誌》願意持續刊登我冗長的文章，所以接下來就寫了幾
篇東西。我也要藉這機會，感謝金融研訓院；就我所知，他們確實
承受了一些壓力。

我印象中比較深的是，由於 2020 年年中開始，臺灣房價已開始
有蠢動跡象，我在內部會議以及理事會已經數次建議，及早處理
房價問題未果後，於是我在 10 月初發表那篇有關房價問題的文
章，[195] 認為房價上漲的預期一旦確立，恐怕就難以撼動房價飆漲
的趨勢；因此央行應該在房價上漲的預期形成之前，就及早部署
總體審慎政策，以穩定金融。

不久之後，總裁到立法院進行業務報告。業務報告中說明房市現
況，基調與當時一些人主張「房市很健康」的論調相同。立委提
到我這篇文章並修理了我一頓。接著質詢總裁什麼時候才會介
入房市。總裁回答現在不是央行介入房市的時機，並說「銀行呆
帳率突然跳高，央行才會介入」。這 …… 這回答令人瞠目結舌。

大家應該都知道，逾放比已經是落後指標，呆帳率更加落後，通
常呆帳率在危機爆發後才會顯著上升。以 2003 至 2007 年期間，

---

[195] 陳南光 (2020)，"景氣循環與金融穩定之鑰：超前部署總體審慎政策工具，"《臺
灣銀行家雜誌》，130，26–29。

貝爾斯登 (Bear Sterns) 投資銀行危機開始出現前, 美國房貸的逾放比與呆帳率分別為1.69%與0.12%, 都比歷史平均還要低; 而這段期間, 是美國房價飆漲最快的時期。若要等到呆帳率跳升, 需要央行介入的, 恐怕已經是危機後的處理了。

旭昇: 是啊, 這應該是貨幣銀行學的基本常識。

南光: 然而, 接下來的發展跌破所有人的眼鏡。就在2020年12月理事會開會的前一週, 總裁突然態度大轉彎, 甚至等不及幾天之後的理事會通過, 十萬火急地經由常務理事議決, 緊急推出選擇性信用管制。但是總裁不久前才一再宣示, 現在房市很健康, 央行不需要介入。所以不要說外界, 央行內部也都不敢置信, 因為這與他自己的公開宣示落差太大。

究竟為何政策大轉彎而且如此萬分急迫, 至今成謎。我認為在那個時候才推出選擇性信用管制, 已經拖延太久, 早就應該及時因應, 而不是忙著推卸責任, 或是幫建商找房價上漲的理由, 像是什麼「剛性需求」、「有基之彈」一類的說法。而且這種前後不一致、突然大轉彎的政策, 對央行的公信力是很大的傷害。關於央行的政策轉折, 其實媒體上也多有討論。[196]

旭昇: 你的貨幣銀行學書教科書裡面好像有提過一個東西, 就是說你覺得 Bernanke 在擔任 Fed 的理事主席之後, Bernanke 主席做的事情, 例如他的決策, 好像某種程度上會跟過去的 Bernanke

---

[196] 乾隆來 (2020), "楊金龍走不出「彭淮南餘威」? 央行祭打炒房限令, 卻暴露「政策討論窒息」致命傷," 《今周刊》, URL: https://www.wealth.com.tw/articles/46da4815-5c20-4138-ba3e-402ff8545ba3 (visited on 12/11/2020).

教授有一些抵觸, 或者說, 有些決策會讓你覺得好像不是同一個人所做出來的。那你覺得以你個人的經驗, 就是以一個學者, 像是 Bernanke 這樣一個學者, 進入到政策決策圈後, 你有感受到這樣的衝突嗎? 或是說, 因為你有了這段經歷, 所以你能夠開始體會到說為什麼 Bernanke 在擔任 Fed 主席之前跟之後有那樣的一個差異嗎? 我講得再直白一點, 就是說是不是真的會有所謂的換了位置就換了腦袋的狀況發生?

南光: 你連我的貨幣銀行學書裡的東西也翻出來, Amazing! 我想是這樣。首先, 在央行每天可得到更多方面以及更即時的訊息, 因此可能會有不同的思考角度。其次, 央行總裁面對來自各方的壓力, 包括政治干預以及利益團體的壓力。我想, 在折衝的過程中, 很難可以完全按照理想中的政策方向與步調進行。

然而, 即使思考角度不同, 而且有來自各方的壓力, 基本的底線是絕對要守得住, 央行總裁的抗壓性一定要夠高, 這是維持央行獨立性不可或缺的。如果遇到事情, 沒有承擔責任與抗拒壓力的擔當, 推卸責任給其他部會或下屬, 出現無法自圓其說的政策大轉彎, 甚至做了央行不應該做的事, 那就很 low 了。

旭昇: 所以當你有機會進去觀察, 看到這整個運作後, 你現在比較能夠體諒 Bernanke 了嗎?

南光: 我是很同情他的處境啦。我後來也在另外一篇文章討論這個問題,[197] 就是對於央行最後貸款者的角色而言, 在金融危機當下要怎麼做? 最後貸款者沒有採取強力紓困措施, 金融體系是不是真

---

[197]陳南光 (2023), "中央銀行與金融穩定,"「連震東先生紀念講座」演講稿。

的會全面崩潰? 我的看法是, 對於金融危機蔓延的恐懼, 永遠是中央銀行的阿基里斯腱。由於「不積極行動的後果, 金融體系可能全面崩潰」的說法無法在現實中重複實驗, 我們無法驗證這樣的假說。所以, 身為最後貸款者的央行, 至少在事後應該回過頭來誠實地去面對危機期間的決策, 檢討這些措施的代價到底有哪些。同時也應該提供詳盡的資料, 使得外界得以參與檢驗與評估這些政策措施引起的後續效應與代價, 並思考未來如何降低這些紓困措施所帶來的社會成本與負面效應。

旭昇: 但是我覺得你要叫一個人這樣子做也不太容易, 你看, Bernanke 在卸任之後寫的書, 某種程度上還是不斷地在替自己之前的決策做辯護。

南光: 那時 Bernanke 不斷強調, 如果沒有斷然實施紓困與非傳統貨幣政策的話, 金融體系就會全面崩潰。但是會不會真的這樣, 我們現在永遠也不知道了, 他當下已經做了那些決定。他為自己辯護, 我覺得也是人之常情, 但是對於那些紓困政策與量化寬鬆的代價到底是多大, 他卻輕描淡寫。所以就這一點來講, 我對他比較有意見。即使我們善意解讀他的辯解, 他所做的決定不是屈從於政治壓力或利益團體, 而是當時接收到的訊息使他判斷金融體系的崩潰迫在眉睫, 但是事後應該回頭過來, 誠實地檢視當初推行那些政策所帶來的代價。

旭昇: 所以學者進入決策圈之後, 多多少少還是要做出一些妥協, 甚至會有「昨日之我」打臉「今日之我」的情況發生。

南光：就像前面提到的,並不是非要是鐵板一塊,但是底線必須要守住。
所以 ...... 所以這個也是我後來為什麼想回學校,這是一個主要
原因啦。我不可能繼續待在那裡而默不作聲,為我無法認同的央
行政策背書。

旭昇：根據《中央銀行法》,臺灣央行的政策任務其實是一個階層式的,
就是說先考慮金融穩定、銀行健全,以及對內跟對外的幣值穩定,
之後行有餘力,才協助經濟的發展。這是央行法的規定,那這跟
美國 Fed 他必須要同時兼顧物價跟就業的雙重任務就不一樣,
不過如果我們觀察央行過去的政策,好像一直都是以經濟成長
來當作貨幣政策的優先考量,你覺得這樣的觀察是不是正確?

南光：我覺得到目前為止還是這個樣子。

旭昇：那你覺得這樣的做法是否合理?

南光：這四個 ... 欸,也可說是五個政策目標是在1970年代制定的。雖
然當時央行被賦予階層式政策目標,並把經濟成長放在最後,但
是那個時候政府的主要目標是經濟成長,就一個開發中國家的
央行來講,通常會傾向配合政府政策。

央行採用低匯率政策與貿易對手國在商品出口上做競爭,在過
去或許有顯著的效果。只是那時候的時空環境跟現在已經很不
一樣了,現在央行再去配合這樣的政策就會有很大的後遺症。隨
著生產全球化,臺灣廠商進口中間財的比重愈來愈高,因此低匯
率政策促進出口的效果已經大不如前。然而,為了維持低匯率,
央行持續干預外匯市場,再加上沖銷不完全,結果就是使得銀行

體系的資金一直處於氾濫的狀態，也因此造就臺灣長期低利率的環境。

旭昇：所以《中央銀行法》現行的規定，某種程度上反而是更符合臺灣現在的經濟現況，就是說，臺灣現在應該是要以金融穩定、物價穩定等等這些目標為主，那經濟成長反而應該是央行一個比較次要的目標了。

南光：對。

旭昇：那以貨幣政策來說，臺灣從 2020 年開始就把這個 M2 的年成長目標區間調整為 M2 成長率參考區間，我想問的是，在沒有這個目標區之後，臺灣現在的貨幣政策到底是怎麼在運作的？

南光：我國央行採用貨幣目標機制，以 M2 成長率作為中間目標，每年底設定下一年度的 M2 成長率貨幣目標區間，已經實行相當長的一段時間了。但是近年來發現，M2 與物價的關係已大幅弱化，使得 M2 喪失作為中間目標的價值。所以 2020 年起，把 M2 降格為參考目標，並放棄貨幣目標機制，其實早就應該這樣做了。[198]

事實上，在 2017 到 2019 年間，M2 成長率持續低於中線 4.5%，有好幾次經研處都曾經建議調降貨幣目標區，但是最後仍然不動如山。而 M2 成長率貨幣目標區間自從 2009 年之後，就一直停留在 [2.5%, 6.5%] 的區間，再也沒有改變過。根據瞭解，央行擔心調降貨幣目標區，會被解讀成實施緊縮的貨幣政策。

---

[198] 順帶一提的是，我國的貨幣目標區間是中線值上下各加 2%，這麼寬的目標區間並不符合國際慣例。過去許多先進國家採用貨幣目標機制時，目標區間是中線值上下各加 1.5%。

而我國央行在20多年來, 貨幣政策只有寬鬆以及更加寬鬆, 絕不想被認為實施緊縮貨幣政策。在這種父子騎驢的困境下, M2成長率貨幣目標區間已變成雞肋不如的東西。只是, 更重要的問題是, 原本 M2 是中間目標, 作為名目定錨 (nominal anchor) 的角色, 一旦被降格之後, 就再也沒有名目定錨, 但是央行並沒有設定其他的貨幣政策指標來取代。

旭昇: 也就是說, 過去我們是以 M2 定錨, 那為什麼定錨是重要的?

南光: 名目定錨是央行選定與政策目標 (尤其是物價穩定) 有密切相關的名目總體變數。名目定錨揭示一個目標值或目標區間, 央行藉由執行貨幣政策工具, 使得名目定錨維持在目標區間內。

　　舉例來說, 貨幣目標機制是以 M2 成長率目標區間作為名目定錨, 具有約束貨幣政策操作的作用, 有助於抑制權衡式貨幣政策, 並且傳達央行維持物價穩定的承諾, 可以引導並穩定民眾的通膨預期。而且, 事後也可藉此檢驗央行是否達成預設的 M2 成長率目標, 進而可對央行究責。

旭昇: 所以 M2 年成長目標區降格為參考區間之後, 臺灣貨幣政策的架構到底是什麼?

南光: 這是個好問題。在這之後, 央行的網站宣稱:「本行目前的貨幣政策架構, 係以貨幣政策工具 (如本行政策利率、本行定存單發行等), 影響準備貨幣、短期市場利率之操作目標, 從而影響貨幣總計數 (M2 成長參考區間)、中長期市場利率及存放款利率等, 透過不同傳遞管道, 影響實體經濟活動, 進而實現本行貨幣政策最

終目標。」[199] 同時, 央行在文件內多次強調「彈性」一詞, 譬如說,「一個好的貨幣政策架構, 須具備彈性」、「本行採彈性的貨幣政策架構」、以及「賦予操作目標較大的彈性」等。

事實上, 央行這些說明只告訴我們一件事, 就是央行廢除貨幣目標區間之後, 卻沒有尋求其他可替代的名目定錨, 其他則一切照舊。也就是說, 這個以「彈性」為名的貨幣政策架構, 不僅濫用「彈性」而不深究其義, 而且沒有名目定錨的貨幣目標機制, 就如同蚵仔煎沒有蚵仔一樣荒謬。

由於缺乏明確的名目定錨來當作央行執行貨幣政策的行為法則, 那這套「彈性」的貨幣政策執行策略如何能有效引導民眾的通膨預期? 對於央行執行貨幣政策的成果, 民眾如何究責? 根據央行的這些說明, 我實在看不出目前我國央行的貨幣政策架構到底是什麼東西, 所以我都不知道要怎麼教學生了。

旭昇: OK, 那另外一個問題是, 央行在理事會上會提供一個貨幣政策建議讓理事們討論與表決, 就是說央行會建議說我們的政策利率是要升息、要降息還是不變, 那我好奇的就是, 當初他們在做這個建議的時候到底背後的依據是什麼?

南光: 在上一次對談提過, 通常在理事會一週到十天前, 經研處就會上簽一個政策建議, 羅列各種政策可能選項、優劣點與可能影響。在原先採用貨幣目標機制之下, M2 成長目標區間是正式公布的中間目標, 是央行執行貨幣政策的行為法則。將 M2 降格為參考目標後, 央行要根據什麼決定貨幣政策呢?

[199] 參見臺灣中央銀行網站,「貨幣政策架構及相關考量」與「貨幣政策制定及執行」的說明 (https://www.cbc.gov.tw/tw/np-2170-1.html)。

央行宣稱:「本行採彈性的貨幣政策架構,貨幣政策的參考指標,除 M2 成長率外,長期以來亦關注通膨預測、產出缺口、利率及匯率、信用及資產價格等重要經濟金融指標。」[200] 這種什麼指標通通納入參考的決策模式,似乎是想要採取「無招勝有招」的模式。但是缺乏明確的政策指引或行為法則,很容易迷失方向。尤其是,這種「無招勝有招」的境界,以我國央行目前的水準,絕對無法駕馭。在缺乏明確的名目定錨作為央行執行貨幣政策的行為法則之下,就容易出現前後矛盾、邏輯錯亂的政策。

旭昇: 可以舉個例子說明嗎?

南光: 嗯。如果我們回顧央行因應2021年起的這一波通膨的決策過程,就可發現這種前後矛盾、毫無章法的政策層出不窮。自從 2020 年到 2023 年期間有長達 37 個月的時間, M2 成長率均超過6.5% 的區間上限。若依照原來的貨幣目標機制,央行應該積極實施緊縮性貨幣政策。但是在這套「彈性」的貨幣政策之下,什麼指標都只是參考、參考一下。

2021年起我在內部會議與理事會,已經多次呼籲,通膨有蠢動的跡象,央行應該提高警覺並且及早因應。但是,並沒有得到重視。於是我只好在 2021 年 9 月發表那篇有關通膨問題的文章,[201] 說明維繫過去數十年全球性通膨與通膨預期穩定的主要力量,可能已有鬆動的跡象。一旦民眾通膨預期的定錨鬆動,將引發高通

200參見臺灣中央銀行網站,「貨幣政策架構及相關考量」(https://www.cbc.gov.tw/tw/np-2170-1.html)。

201陳南光 (2021), "「消失的通膨」何時再現?; 誘發通膨上揚的五大警訊,"《臺灣銀行家雜誌》, 141, 16–25。

膨預期,並透過各種管道帶動實際通膨上揚。

楊總裁的反應是,「國內目前沒有通膨的問題,當前物價上漲是能源的問題,屬於暫時性的現象。」(《工商時報》,2021/11/01)並強調,臺灣的通膨現象是「短期現象、絕對不會持續。」(《工商時報》,2021/11/10)不過,2000至2020年臺灣通膨率平均為0.92%,而2021年10月與11月的CPI年增率已經上升到2.55%與2.84%,遠超過去20多年來的平均值。民眾感受到物價的上升與央行說法差距愈來愈遠,這已經嚴重傷害央行的公信力。

2022年3月17日央行理事會之前,第一次升息的內部決策過程,與之前推出選擇性信用管制一樣,至今仍有許多未解之謎。從上一次理事會(2021年12月)之後,3個月過去了,在這期間內部完全沒有討論貨幣政策或房市議題。完全沒有!! 之前所建立的理事會前內部貨幣政策討論機制,形同被廢止。理事會前一週,又回到過去唸新聞稿,修改形容詞與標點符號、字句排列組合的陋習。之前我有提過,從擬好的新聞稿中,我才得知不會再調整選擇性信用管制措施。我極力提出抗議,認為這需要經過討論才決定。但是,也沒什麼用處。

直到3月17日理事會的早上,在唸了不知第N次新聞稿之後,留下幾個人,這時總裁才要每個人簡短發表自己對利率的看法。每人只講了幾句話,大家都主張升息一碼。他自己從頭到尾不發一語。等大家都說完,出乎所有人的意料,總裁只是淡淡地說,那這樣決定了,過程不到三分鐘。這就跟當初選擇性信用管制政策大轉彎一樣,內部人員也都覺得不可置信,因為這跟總裁不久前信誓旦旦的談話,宣稱國內「沒有通膨的問題」、物價上漲只是「暫

時性」，落差實在太大了。

旭昇：所以我們是不是可以這樣說，其實央行在提供理事會關於貨幣政策寬鬆或緊縮決策的建議時，某種程度上相當的隨性，可以這樣講吧？

南光：是啊。又比如說2024年3月21日理事會突然升息半碼的決定，雖然我們都認為早就應該持續升息，但是對照楊總裁在理事會前後的說法，就顯得相當突兀。理事會當天，央行宣稱由於電價即將調升，為抑制國內通膨預期心理，調升政策利率0.125%。姑且不論政策利率調升半碼幅度，有沒有辦法抑制通膨預期心理；更令人不解的是，過去幾年面對原油以及原物料等價格上漲所引發的通膨，央行一而再、再而三強調，不應使用貨幣政策因應供給面成本引發的通膨。然而，現在為了因應電價即將調升，同樣是央行口中的供給面因素，卻搬出抑制通膨預期的說法。政策前後矛盾、邏輯錯亂，竟至如斯。

當立委「追問若物價持續上漲，三月通膨率超過3%，四、五月也接近3%的話，是不是六月就會決議升息？楊金龍說『可能性不高』」，更令人摸不著頭腦。[202]

旭昇：我想這應該就是包牌式的說法。第一種說法是，供給面衝擊直接造成的通膨不該以貨幣政策因應。第二種說法是，供給面衝擊引發的通膨預期，是 second-round effects，這個就要以緊縮貨幣

---

[202]陳美君 (2024), "央行暗示! 6月不升息機率高，預期經濟維持溫和成長,"《經濟日報》, URL: https://money.udn.com/money/story/5613/7860758 (visited on 03/28/2024)。

政策因應。當它不想升息時，就搬出第一種說法；當它想升息時，就搬出第二種說法。

好，那我想再問一下，就是說某種程度上你是被視為所謂的鷹派，認為說央行在面對通貨膨脹的時候，應該要再更積極地去處理。但是某種程度上也有人認為說，現在央行升息每次只升一點點好像也都很 ok 啊。他們認為說，如果你升息太快或太猛的話，那很多產業可能沒有辦法承受比較高的利率，如果你太過於積極地去 …… 比如說讓貨幣政策緊縮，那弄到後來，因為我們知道緊縮的貨幣政策一方面是對抗通膨，但其實一方面也是抑制了總體需求，如果說升息升得太猛，或者說太積極的話，那是不是你把這個需求壓得太低，反而造成了經濟的衰退跟失業率提高，所以你怎麼看？

南光：當然每一個政策都會有效益跟成本，在決定升息時，實施的時機、幅度多大、步伐多快、持續多久，就是考慮這決策所帶來的效益跟成本。如果根據學理與政策研究分析的結果，以較大幅度與較快步伐升息，對於抑制通膨與通膨預期對社會整體所帶來的好處，大於抑制總需求的成本，那就應該決定這樣做。而這也是中央銀行必須維持獨立性的理由。

如果沒有嚴謹的研究與政策分析作為決策基礎，就容易出現毫無章法、不明就裡、隨性式的政策。美國聯準會主席 Jerome Powell 一開始堅持通膨是「短暫性」(transitory)，不久後就承認誤判。於是聯準會自 2022 年第二季起以大跨距的步伐升息，並且宣示要維持高利率足夠久的時間，以盡速抑制民眾的通膨預期。這個做法顯然是從歷史經驗汲取教訓，以避免重蹈在 1970 年代

的覆轍。

如同聖路易斯聯邦準備銀行總裁布拉德(James Bullard)在2022年一篇文章中分析,[203] 在面對1974年的高通膨時,時任聯準會主席柏恩斯 (Arthur Burns) 認為通膨主要是由成本推動的力量造成,極力主張實施全面的薪資與物價控制,而非以緊縮貨幣政策來抑制通膨。因此未持續緊縮貨幣政策來防止通膨預期復燃,結果演變成停滯性通膨,通膨與薪資呈現螺旋式上升,高通膨因而持續更長的時間,經濟也數度陷入衰退。Bernanke 在《柏南克談聯準會:二十一世紀貨幣政策》一書中也仔細檢討這時期聯邦準備的抗通膨政策。他認為柏恩斯這種走走停停 (stop-go) 的政策模式不僅無效,還使通膨與通膨預期逐漸升高,持續整個1970年代。

直到1980年代初期,繼任主席伏爾克 (Paul Volcker) 果斷地大幅升息,並維持高利率一段時間,以持續抑制通膨與通膨預期,才使美國脫離大通膨時期。所以這次美國的通膨得以從超過9%快速下降,不是運氣,更不是「物極必反」,而是根據聯準會研究團隊分析過去資料,從中汲取教訓的成果。[204]

反觀我國央行,在這段期間從一開始就堅稱物價上漲只是短暫性的。也因此,因應的方式大多以半碼的幅度爬行,而且走走停停、停停走走,常出現隨性式與令人充滿問號的決策。並且時常喊話,通膨「快降下來了」,好像在祈求降雨。因此我稱之為「祈

---

[203]James Bullard (2022), "Getting Ahead of U.S. Inflation," BOJ-IMES Conference, May 2022.

[204]陳南光 (2023), 「走走停停的貨幣政策易落入停滯性通膨的陷阱」與「面對多方挑戰,臺灣央行如何打這一戰」」,《臺灣銀行家雜誌》, 158, 64–69。

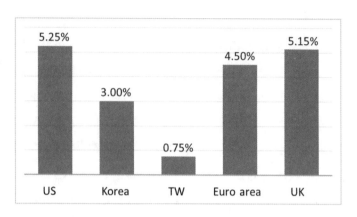

圖 8.1: 政策利率調升幅度

資料來源: 各國中央銀行網站

雨式」抗通膨法。而這樣的決策模式, 不僅無法有效抑制通膨, 也使得臺灣永遠走不出低利率的困境。

我們比較各國政策利率自 2021 年 8 月的低點至 2023 年底的上升幅度 (參見圖 8.1), 美國、韓國、歐元區、與英國分別為 5.25%, 3%, 4.5% 與 5.15%, 而臺灣只有 0.75%。若以 2024 年 8 月各國金融業隔夜拆款市場利率來比較, 全世界以日本的 0.25% 最低, 其次就是臺灣, 約 0.8% 上下。

從這次通膨事件的處理, 整體來講央行不僅如同我剛剛所說的, 貨幣政策毫無章法, 而且更有角色錯亂的問題。物價穩定是央行的主要政策目標, 對抗通膨當然是央行責無旁貸的任務。然而在這波抑制通膨的各項公共政策中, 水電油氣等費率管制與凍漲政策, 儼然是對抗通膨的主角。在費率管制與凍漲政策之下, 央行一再宣稱政府已經採取各項抑制物價措施, 講得似乎完全事

不關己。在此同時, 又不斷主張供給面成本推動的通膨只應使用供給面措施, 不宜採取貨幣政策抑制通膨 (這個說法是不是與1970年代聯準會主席柏恩斯的主張似曾相識?), 於是順勢將穩定物價的責任推諉給其他部會, 自己變成路人甲, 讓大家都忘了央行才是主要負責穩定物價的機構。

更令人瞠目結舌的是, 在2022年12月15日的「央行理監事會後記者會參考資料」裡, 央行極力讚揚價格管制, 並稱歐美國家「初期讓油電價格自由反映市況, 致能源通膨壓力外溢至其他商品與服務項目; 之後為抑制高通膨, 採強力緊縮貨幣政策, 將增加貸款者債務負擔, 並付出經濟成長大幅減緩甚至負成長的代價。」只是, 如果價格管制政策這麼好, 可取代央行升息, 為什麼歐美國家那麼笨, 不多學著點? 事實上, 前面說明過, 1970年代聯準會主席柏恩斯已經完美示範, 使用價格管制政策抑制通膨, 會帶來什麼後果。現在我們都很清楚了解到, 價格管制措施對於資源配置效率的扭曲甚鉅, 會帶來龐大的社會成本。而且一旦油、氣、電價格管制鬆綁, 通膨與通膨預期問題將延續更長。

旭昇: 我之前也曾經去看相關的資料, 就是說像臺灣央行這種半碼半碼在調升或調降, 主要是調升啦, 央行在調降利率的時候通常都比較勇敢, 但是大多在調升的時候都是半碼半碼, 這跟一般國際間各國央行的做法差異很大, 實務上, 別人在升息的時候都是調升一碼。

舉例來說, 在2000年1月到2024年3月之間, 臺灣央行調升利率29次, 其中有26次只調整半碼 (0.125%), 占所有調升利率次數的比例高達90% (參見表8.1)。比例次高的國家是克羅埃西亞

(Croatia)，在92次的升息中，只有18次小於半碼，比例為 20%。事實上，40個國家中，有30個國家在調升利率時，都是大於半碼。像臺灣這種龜速升息的貨幣政策可說是獨步全球。

當然我們也沒有辦法說，因為臺灣央行跟世界各國央行的做法不一樣，就去否定說半碼半碼調一定是不好，但我的意思是說，過去也曾經有過長時間採取這種半碼半碼的調整，那央行內部有沒有試圖去評估一下，當初的政策如果不是調整半碼，而是調整一碼的話，會是怎麼樣? 有做類似這樣的相關檢討或研究嗎?

南光: 就我的瞭解，央行對於過去政策的態度，不管是利率或是匯率政策，就是「過去的就讓它過去」。研究員們也都心知肚明，不會去選那些跟自己過不去的研究題目。而且，經研處的同仁即使真的想做，比如檢討過去外匯干預的效果，也根本拿不到資料啊。然而，不檢討以往的政策，如何從過去汲取教訓與累積經驗?

剛剛提到 Fed 前主席 Bernanke 與聖路易斯聯邦準備銀行總裁布拉德 (James Bullard)，曾經檢討前聯準會主席柏恩斯 (Arthur Burns) 在面對1970年代高通膨的政策。這在其他國家的中央銀行被視為理所當然的公共政策研究與討論，在臺灣卻容不下一丁點檢討的空間。一旦碰觸到這禁忌，就會被刻意解讀成是對於個人的攻擊。這真是悲哀!

旭昇: 我跟吳老師他們在《致富的特權》那本書裡面，檢討的是臺灣20多年來的貨幣與外匯政策，以及制度面的相關問題，卻被曲解成對前任與現任總裁的攻擊，這一點我非常有感。

另外一個問題就是說學界大概普遍的認知就是，民眾的通貨膨

國家	升息次數	(升息≤0.125%) 次數	比例	國家	升息次數	(升息≤0.125%) 次數	比例
Taiwan	29	26	90%	India	34	0	0%
Croatia	92	18	20%	Iceland	51	0	0%
Mexico	80	12	15%	Japan	2	0	0%
Macedonia	47	7	15%	Korea	28	0	0%
Denmark	36	5	14%	Morocco	4	0	0%
Argentina	93	12	13%	Malaysia	14	0	0%
Switzerland	19	1	5%	Norway	42	0	0%
Australia	37	1	3%	New Zealand	39	0	0%
Serbia	50	1	2%	Peru	48	0	0%
Brazil	59	0	0%	Philippines	28	0	0%
Canada	36	0	0%	Poland	28	0	0%
Chile	53	0	0%	Romania	26	0	0%
China	14	0	0%	Russia	30	0	0%
Colombia	50	0	0%	Saudi Arabia	31	0	0%
Czechia	29	0	0%	Sweden	33	0	0%
UK	28	0	0%	Thailand	34	0	0%
Hong Kong	41	0	0%	Turkiye	23	0	0%
Hungary	33	0	0%	US	40	0	0%
Indonesia	30	0	0%	Euro Area	26	0	0%
Israel	39	0	0%	South Africa	32	0	0%

表 8.1: 2000–2024 年各國政策利率調升幅度。資料來源：BIS。

脹預期會影響到通貨膨脹本身,同時也會影響到通膨的持續性,就是說如果民眾的通貨膨脹預期高的時候,可能會導致通貨膨脹更高,也會讓高通膨持續得更久,大家應該都認知到民眾的通貨膨脹預期這個資訊其實非常重要。央行在 2024 年 3 月的利率決策說明時,也再三強調通膨預期的重要性,但是臺灣央行好像並沒有做民眾通貨膨脹預期的調查,為什麼這麼久以來一直都沒有在做這樣的東西?

南光: 對,我在央行內部會議以及理事會上,已多次建議要盡快進行民眾通膨預期的調查,但是一直沒有辦法實現。那是基於什麼樣的顧慮,我也無法猜測他的動機。

旭昇: 其實這件事我自己也是很好奇啦,感覺上這應該是一個不難達成的事情,只是要做或不做而已,拖了這麼久一直都沒有做,實在是很難理解。

南光: 我覺得最主要就是,看主事者是否有意識到這件事的重要性。如果他認為通膨預期是非常重要的政策參考指標,就應該要立刻著手去做啊,而不是一直拖延下去。經濟學家早就瞭解到,不管是供給面或需求面所導致的物價上漲,一旦引發民眾的通膨預期鬆動,就會進一步帶動通膨上升。所以制式認定通膨來自供給面成本推動,並據此宣稱央行不應用採用貨幣政策因應通膨,不僅作繭自縛,而且完全漠視通膨預期在通膨上升過程中的關鍵角色。以通膨預期對於研判通膨變動的重要性之高,缺乏可靠的通膨預期資料,必然會嚴重影響央行對於通膨走勢的判斷。

旭昇: 我倒是有另一個想法,不知道你覺得怎麼樣,就是說,說不定央

行不做通膨預期調查,是為了保持通膨預期的「神祕感」。比如說央行今天忽然想調升利率了,央行就可以說我們要擔心通膨預期,然後今天如果不想調升利率或者說想要降息,就說通膨預期不嚴重。意思是說,央行可能希望把通膨預期的詮釋權捏在手裡,可以讓央行想要往東時就往東講,往西時就往西講。一旦通膨預期的數字很明確地調查出來了,那央行就不能再去說因為通膨預期不高,所以我們不調升利率。簡單來講,一旦你真的調查出來了,把數字呈現出來之後,央行反而不能打迷糊仗。

南光: 從過去央行與主計總處發布的文件以及相關官員的答詢,你的推測確實有跡可循。像是過去幾年,民眾經常購買的商品(比如17項重要民生物資)價格上漲率遠高於整體通膨率。對此他們一再強調民眾強烈感受物價上升,是因為民眾「不瞭解」CPI 的編製與組成。央行也常引用國外文獻,說明民眾通膨預期數字比實際通膨率高出許多。言下之意,民眾通膨預期往往誇大物價上升的幅度,因此參考價值不高。

但是,民眾有必要瞭解 CPI 如何編製與組成嗎?民眾本來就是根據他們日常所購買的商品跟勞務來形成他們的通膨預期,因此通膨預期比實際通膨率來的高是必然的。然而這就代表民眾通膨預期沒有參考價值嗎?事實上,如果輕忽民眾的通膨預期,央行就會遺漏有關物價變動的重要訊息,有時甚至是關鍵的訊息。因為重點並不在於通膨率水準值的高低,而是在於趨勢的變化。在物價相對平穩的時期,民眾的通膨預期通常比專家的通膨預期來得高,這時專家的通膨預期會比較貼近實際的通膨率。然而,如果一旦碰上通膨狀態轉換的時期,就像過去幾年各國的通

膨顯著上升, 民眾的通膨預期對於市場商品與勞務價格變動的反應會比較敏銳, 相對上, 專家通膨預期的反應可能就會有明顯落後的現象。這個時候, 民眾通膨預期大幅上升就成為央行不可忽視的警訊。

如果此時央行仍然認為民眾通膨預期有誇大物價上漲的幅度, 那可能就會錯失通膨蠢動的跡象, 與及早因應通膨上升的先機了。央行應該做的, 是透過研究與調查, 瞭解民眾通膨預期的形成機制, 並據此擬定因應的政策, 而不是忙著把責任推給民眾。

總而言之, 我的意思是, 物價的組成與通膨的成因相當複雜, 需要參考各方面的資料來幫助決策者判斷, 所以央行對於任何可以提供未來通膨走向的資料, 都不應該輕易放棄。然而就像你所說的, 如果沒有確實的通膨預期數據, 要怎麼說都可以。剛剛有提到 2024 年 3 月 21 日央行突然升息半碼的決定, 就是如此。過去幾年對於原油以及原物料等價格上漲所引發的通膨, 央行強調不應使用貨幣政策因應供給面成本引發的通膨。2024 年 3 月為了因應電價即將調升, 雖然這同樣是供給面成本因素, 央行這次卻搬出抑制通膨預期的說法, 因而出現這種前後矛盾、邏輯錯亂的政策。

旭昇：瞭解, 不過最近聽說有學者受到央行的計畫委託, 嘗試去做民眾通膨預期調查, 雖然不是央行自己調查, 但至少是跨出第一步。

我想再問另外一個問題。如果從市場的隔夜拆款利率來看, 那從 2021 年的 2 月開始, 臺灣其實就一直處於負的實質利率,[205] 事實

---

[205] 實質利率等於名目利率減去通貨膨脹率。舉例來說, 臺灣的平均存款利率在 2023 年為 0.94%, 同期間的通貨膨脹率為 2.49%, 所以實質利率就是 0.94% –

上臺灣從2004年的6月開始就已經有出現過負實質利率了，然後一直到2024年，這整整......算起來有236個月裡面其中有176個月的實質利率是負的，也就是說這20年來，有將近75%的月分是負的實質利率，對於這樣的狀況，你有什麼看法？

南光：長期低利率乃至負實質利率不僅為通膨和資產價格上漲提供溫床，也導致資源誤置以及所得與財富分配惡化等對於總體經濟與金融嚴重的負面效應，這些問題在《致富的特權》書裡面也有提到。

另外我要講的是長期低利率環境，也會使金融機構願意承擔更高風險，文獻上稱為風險承擔管道 (risk-taking channel) 的傳遞機制。[206] 持續低利率會提高資產價格和擔保品價值，提高金融機構的收益和利潤，從而改變金融機構對違約率、違約損失和波動性的估計，使得金融機構的風險認知降低以及風險容忍度提高。同時，在持續低利率之下，低風險放款與政府債券等安全性資產收益低，於是金融機構有尋求較高的收益的動機，亦即逐利 (search for yield) 動機，使得金融機構競相追逐高風險高報酬的投資標的。而這將會加劇金融體系的脆弱性，並升高系統風險。

央行在過去幾年一再錯失貨幣政策正常化的時機，臺灣陷在低利率以及負實質利率的困境，恐怕會持續下去。這個長期低利率

2.49% = −1.55%。負的實質利率代表你的利息收入都被通貨膨脹給吃掉了。

[206]Claudio Borio and Haibin Zhu (2012), "Capital Regulation, Risk-taking and Monetary Policy: A Missing Link in the Transmission Mechanism?" *Journal of Financial Stability*, 8(4), 236–251; Giovanni Dell'Ariccia, Luc Laeven, and Robert Marquez (2014), "Real Interest Rates, Leverage, and Bank Risk-Taking," *Journal of Economic Theory*, 149(C), 65–99。

環境對總體經濟與金融體系帶來的負面作用, 在許多方面已經顯露無遺, 未來世代恐怕還要為此持續付出代價。

旭昇: 聽起來真是讓人感觸良多, 這也就是我常常提到, 臺灣有陷入「低利率陷阱」之虞。也就是說, 經濟陷入低利率環境而難以自拔。

你提到的逐利行為, 剛好呼應前陣子 (2024 年 3 月) 發生的 00940 熱潮。媒體報導許多民眾解約定存去搶購高股息 ETF, 這與低利率環境不無相關。一旦資產市場過熱造成金融不穩定或是金融危機, 央行就必須以寬鬆貨幣政策來因應金融危機, 這使得利率將會更低。

其次, 顧忌到低利率環境所造成的過熱且高度信用擴張的房地產市場, 在面對通貨膨脹的時候, 央行也較不敢積極升息。舉例來說, 從 2022 年 3 月央行開始升息以對抗通膨以來, 每次上調利率時, 媒體第一時間就不斷報導房貸負擔的加重程度, 這多多少少會對央行形成壓力。如此一來, 也就可能陷入投鼠忌器的「低利率陷阱」。

Anyway, 我想問另外一個問題。之前你指導的碩士論文發現說, 臺灣的消費者物價指數在住宅類有低估的現象, 然後主計總處就出來澄清, 說他們的編製方法符合國際的標準, 所以到底這是怎麼樣一回事, 就是說到底我們的 CPI, 尤其在住宅類有什麼樣的一個問題?

南光: 他們一直強調他們的編製方法符合國際標準, 我不清楚這樣的說法有什麼意義? 事實上, 目前不同國家各自採行不同的編製方法, 這些做法都各有優缺點, 只要在學理上說得通, 青菜蘿蔔

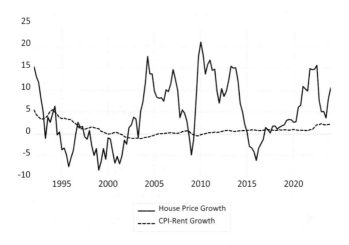

圖 8.2: 臺灣信義房價成長率 (House Price Growth) 與 CPI 房租類指
數成長率 (CPI-Rent Growth)

資料來源: 信義房屋網站與主計總處網站。

各有所好, 沒有符不符合國際標準的問題。

這篇論文的研究動機是,[207] 主計總處所編製的「CPI–房租類指
數」與房價指數走勢之間的差距已經大到讓人無法忽視。2003
年第一季到2024年第一季, 這兩者成長率的相關係數是 −0.12,
遠低於其他國家 (參見圖 8.2)。因此我們質疑的是, 主計總處編
製「CPI–房租類」的抽樣可能存在不小偏誤。由於房租類占 CPI
的權數在15% 左右, 低估房租類指數將嚴重影響 CPI 的準確性。

我的學生利用臺灣最大的租屋平臺的租金資料, 重新計算 CPI-
房租類指數與 CPI 指數。在2008至2021年間, 他估算的 CPI 房

---

[207]李祖福 (2022), "使用民間大數據租屋資料估算消費者物價指數," 碩士論文,
國立臺灣大學。

租類平均年增率介於 3.56% 至 3.58% 之間, 而主計總處所公布的 CPI 房租類平均年增率只有 0.64%。若使用這個結果重新估計 CPI 指數, 他發現在樣本期間平均每年 CPI 年增率低估 0.62% 到 0.98% 之間。這累計效果反映在 CPI 年增率上, 差異相當顯著。以 2021 年第 4 季為例, 官方公布的通膨率為 2.7%, 而新估計的通膨率竟高出 2% 以上。主計總處有不少說明與澄清, 甚至說我學生的論文應該要重做之類的評論。

租屋網上的租金資料確實來自新的租賃契約, 而新租賃契約會反映最新的租屋市場價格, 在租金上漲的期間, 平均調升幅度會比較大。而主計總處的固定樣本, 有部分租賃會是續約, 平均調整幅度會比較小。這個因素會影響多大, 我們並無法驗證。由於只有官方有足夠的資源取得固定樣本的資料, 研究者只能使用其他替代的資料來源。我的看法是, 就算是使用租屋網資料估算的結果稍有偏高, 但是主計總處經由採樣得到的 CPI 房租類指數實在偏低, 而且偏低非常多。因此, 主計總處選取樣本的過程確實是應該改進檢討, 而不是去檢討提出問題的人。

旭昇: 這就是我們常常聽到的, 不去解決問題, 而是解決提出問題的人。你過去跟劉彥汝還有王泓仁好像有一篇研究, 談到臺灣的貨幣政策如何受到盈餘繳庫的影響。你要不要聊一聊那篇研究?

南光: 你又挖出一些我快忘了的東西。這篇文章是從劉彥汝的碩士論文改寫的。[208] 這篇文章想要瞭解我國央行的盈餘繳庫對貨幣政

[208] Nan-Kuang Chen, Judith Liu, and Hung-Jen Wang (2013), "Budgetary Requirement and the Central Bank's Monetary and Exchange Rate Policies: The Case of Taiwan," working paper.

策及匯率政策的影響。在實證的部分，我們分別估計加入盈餘繳庫的利率以及外匯干預的反應函數，並以匯率及盈餘繳庫為門檻變數。結果發現，央行的貨幣政策及匯率政策對於匯率及繳庫盈餘的變動具不對稱性反應：在新臺幣升值或繳庫盈餘上升的狀態下，央行會傾向採行寬鬆貨幣政策以降低利率，以及干預外匯使臺幣貶值；反之，在臺幣貶值或繳庫盈餘下降的狀態下，則沒有類似的顯著反應。

這些發現說明，央行的貨幣政策與匯率政策會受到盈餘繳庫目標的顯著影響。而且，我們也發現，1998 年後盈餘繳庫對央行貨幣與匯率政策執行的影響更加顯著。其實我們那時候也猜想到這個題目會引來央行的糾纏，所以要學生用英文寫。不過事後還是了引來了央行的「關切」。

旭昇：我聽說央行「關切」的方式有好幾種。有些是總裁直接打電話給媒體高層，或私下致函作者，有些是藉由媒體或是理事會後參考資料公開反駁。就這件事，央行是如何「關切」的？

南光：彭前總裁請吃飯，而且還請了兩位本系資深老師作陪壓陣。我記得席間完全沒有提及這篇文章，但是正因為如此，氣氛更加懸疑，令人忐忑。意思很清楚，就是要我好自為之，不要再惹事。但是這種飯局沒有任何意義，雙方並沒有建設性的對話。

旭昇：真好，還有飯局可吃 (笑)。好，接下來我想問一下有關於 NDF 的東西，1997 年那時候為了因應亞洲金融風暴，央行就把 NDF 的交易關閉掉了，然後央行一直強調說廠商的匯率避險管道很充足，所以不需要再重開，印象中你有一篇文章在討論這個東西，

所以你對這件事的看法是怎麼樣? [209]

南光: 由於央行向來宣稱,「此項措施 (NDF 禁令) 實施後, 讓臺灣能自亞洲金融風暴中全身而退。」(《中央銀行年報》, 2014) 但是我一直對這個說法存疑, 只是苦無資料可以驗證。回顧一下當時候的狀況。1997 年 7 月亞洲金融危機爆發, 避險基金等國際資金攻擊亞洲貨幣。一直到 1998 年 1 月, 央行動用大筆外匯存底干預市場後, 徐遠東總裁放手讓匯率貶值, 新臺幣從 27.98 到 33.85, 貶值達 21%。之後徐總裁因空難身故, 1998 年 2 月, 彭淮南上任, 5 月實施 NDF 禁令後新臺幣匯率在 34.5 上下波動, 直到 9 月匯率才反轉 (參見圖 8.3)。

當時徐遠東總裁動用外匯存底支撐新臺幣匯率, 外匯存底從 1997 年 7 月 900 億美元降到 1998 年 1 月約 840 億美元。我們不知道央行干預匯市以及孳息進帳狀況, 因此無法得知央行到底耗用多少外匯存底支撐新臺幣匯率。

彭淮南實施 NDF 禁令之後, 我們同樣不清楚央行干預匯市的幅度。在缺乏資料的情況下, 無從評估 NDF 禁令的效果, 只能從事後匯率的走勢來推測。我的看法是, 由於投機客對亞洲貨幣的攻擊在 1998 年 1 月左右達到高峰, 像是泰國與韓國的匯率在 1998 年 1 月就已反轉回升。因此 5 月間央行實施 NDF 禁令的時候, 市場的賣壓已經大部分獲得釋放, 國際資金套利的力道已是強弩之末。所以我認為 NDF 禁令的效果應不如央行所宣稱的那麼有效, 而且應該也不是臺灣在亞洲金融風暴中, 相較其他國家受傷較輕的主要原因。

---

[209] NDF 是指無本金交割遠期外匯 (Non-Delivery Forward, NDF)。

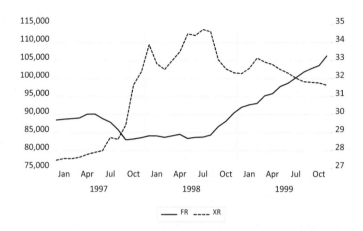

圖 8.3: 外匯存底 (FR, 左軸) 與新臺幣對美元匯率 (XR, 右軸)

資料來源: 中央銀行網站。

旭昇: 不過後來好像有央行的匿名官員出來反駁你的說法, 就說因為 NDF 交易通常是 3 個月期、到期後平倉, 新臺幣匯率就開始回升。你當初質疑新臺幣匯率沒有馬上穩定下來, 然後他們就說新臺幣匯率在三個月後就穩定下來了, 進而批評你這種說法是不懂實務。

南光: 這個說法很奇怪啦, 因為當期簽訂遠期契約, 一定會影響到即期匯率, 所以如果當期對 NDF 交易下禁令, 而即期匯率沒有顯著反應的話, 那表示效果應不顯著。況且央行向來強調 NDF 交易對即期匯率影響甚大, [210] 禁止 NDF 交易就應該對即期匯率有

---

[210] 「央行理監事會後記者會參考資料」(2014/09/25) 裡面就曾經寫道, 「由於新臺幣無本金交割遠期外匯交易採現金差價交割, 具高度槓桿, 且客戶不必準備交割之本金及實需交易文件, 即可根據其對匯率的預期, 進行投機買賣 (而非避險), 造成新臺幣匯率大幅波動, 因此承作無本金交割遠期外匯交易對即期匯率的影響,

立即的顯著影響, 怎麼會像該匿名央行官員所說, 3個月後平倉, 才會影響匯率? 由於我沒有資料, 只能從事後匯率走勢來推測。匿名的央行官員與其嘲諷我不懂實務, 不如老老實實運用資料做出一篇研究來說服我, 或者這個匿名的央行官員自己懶得做的話, 就應該乾脆開放資料, 讓大家來檢視。

而且我強調的另一個重點是, NDF 交易禁令延續甚久, 部分禁令持續到今天, 這形同把因應金融危機的工具常態化, 勢必嚴重扭曲市場機制。況且, 匯率避險管道是不是很充足, 廠商最清楚自己的需求, 怎麼會需要央行越俎代庖, 幫廠商決定?

旭昇: 對, 說不定這又是另一個「敲鑼打鼓拯救月亮」的例子。[211] 因為事後新臺幣變穩定了也許是來自其他的因素嘛, 不一定是央行號稱的, 是因為那時候關閉 NDF 所造成的結果。

南光: 我也認為是這樣。我的觀察是, 臺灣的外債少以及銀行體系國際化程度低, 應該是臺灣在亞洲金融風暴中, 相較其他國家受傷較輕的主要原因。比如, 許多國家以外幣發行國債, 一旦金融危機爆發, 本國匯率大幅下跌時, 以本國貨幣計價的外債就大幅攀升, 因而導致外債違約以及本國總體經濟更加惡化。

歷史上, 這類的案例屢見不鮮, 像是墨西哥金融危機 (1994)、亞洲金融風暴中的東南亞國家與韓國 (1997)、俄羅斯金融危機 (1998)、阿根廷金融危機 (2001) 等。臺灣外債少以及銀行體系孤立的成因很複雜, 有國際政治因素, 也與國內的金融管制有關。雖然說

更大於承作遠期外匯交易。」(p48)

[211] 參見本書第1章,「吳聰敏: 從電機、企管到經濟的奇幻旅程」。

從事後來看,這樣的狀況使得臺灣在金融危機時受影響較輕,但這並不表示外債少以及銀行體系孤立就一定是一件好事。

旭昇: 好,那另外一個問題就是,部分經濟學家,當然也包括我在內,一直覺得說臺灣央行的外匯資產太過於龐大。記得之前在跟你聊的時候,你也常常一直在講說央行應該要縮表,我想聽聽看你的看法,為什麼你覺得外匯資產龐大是個問題,那當然接下來要問的就是說,該如何來解決?

南光: 央行累積這麼龐大的外匯資產,是央行歷年來在外匯市場買進外匯所造成。這使得央行的資產負債表逐年持續大幅擴張。我國央行總資產對 GDP 比率在2000年起顯著持續上升,到2009年達到高峰,接近100%。此後緩步下降,到2023年仍高達83%(參見圖8.4)。而美國 Fed 總資產對 GDP 比率,在經歷全球金融海嘯之後三波量化寬鬆,再加上 COVID-19 之後實施無上限量化寬鬆,在2022年達到高點,仍只有34.3%。日本在2000年初開始實施量化寬鬆,使得日本央行總資產對 GDP 比率上升到28%,2012年底開始實施另一波量化寬鬆政策,日本央行資產負債表急速擴張,到2017年該比率才超過臺灣央行。最後,常被我國央行拿來比較的韓國央行,該比率始終在20%到35%之間變動,遠遠低於我國央行。

臺灣央行的資產負債表從2000年開始大幅膨脹,主要來自央行持續購買外匯資產,與美國和日本央行購買本國政府債券與其他有價證券的情況非常不同。央行累積龐大的外匯資產後,接下來就發現外匯資產孳息成為政府預算倚重的來源。於是,央行為了能夠維持高盈餘繳庫,持續提供政府預算的穩定來源,使得央

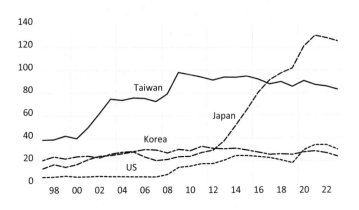

圖 8.4: 中央銀行總資產對 GDP 比率

資料來源: 臺灣中央銀行網站, 主計總處網站, 美國 St. Louis 聯邦準備銀行 FRED 資料庫。

行有誘因積極進行外匯操作, 持續累積外匯資產並擴大國內外利差, 使央行的資產負債表持續處於高度擴張的狀態。

長期持續干預匯市的結果, 造就了臺灣低匯率、低利率環境, 以及銀行體系資金氾濫的狀態。總而言之, 匯率政策基於盈餘繳庫以及持續累積外匯資產的動機, 就主導並干預貨幣政策的決策。所以說, 為了避免匯率政策持續干預貨幣政策, 央行應逐年緩步縮表, 這也是促進貨幣政策與利率正常化的一環。而且央行縮減的外匯資產會改由民眾、廠商、或金融機構持有, 也算是一種藏富於民的做法。

旭昇: 其實我也對盈餘繳庫相當好奇, 我以前常常在想, 央行的外匯資產孳息產生盈餘, 然後再把盈餘拿去繳庫的話, 那假設這個孳息 …… 我隨便講個數字好了, 假設孳息帶來的收入有10億美元, 再

假設央行的支出是 0 元, 所以央行的盈餘就是 10 億美元。那央行是把這 10 億美元的外匯賣掉之後, 變成新臺幣, 然後才繳到國庫嗎? 是這樣子運作嗎?

因為如果是這樣的話, 我們應該期待看到的就是, 我們的外匯存底不會因為孳息而累積了那麼多啊, 對不對? 所以實際上盈餘繳庫的運作到底是怎麼一回事?

南光: 央行從來沒有也不願讓大家瞭解盈餘繳庫是怎麼運作的。我是偶然從側面才瞭解到怎麼回事。央行將盈餘繳到國庫的時候, 按理來講, 應該將外匯資產孳生的利息在外匯市場出售, 換取新臺幣用以繳庫。然而, 央行卻使用最原始的超能力, 也就是 ......

旭昇: 印鈔票?

南光: 沒錯。假設央行要繳庫 1,500 億新臺幣時, 只需要將央行資產負債表的「淨值」項下的累計盈餘減記 1,500 億新臺幣, 然後把負債項目中的「政府存款」加計 1,500 億新臺幣。也就是說, 央行的資產總額不變, 只是部分淨值移轉至國庫存款, 在負債與權益項目之間一加一減, 便完成盈餘繳庫。在這過程中, 完全不涉及到外匯市場的外匯資產買賣。

當政府開始支用「政府存款」中的金額, 1,500 億新臺幣流進銀行體系, 於是新的貨幣就憑空被創造出來。

旭昇: 喔, 那真是太神奇了, 所以聽起來某種程度上, 盈餘繳庫就像抽稅一樣, 對不對? 其實央行盈餘繳庫就是透過印鈔票來支應財政支出嘛。

南光： 你說的完全沒錯。

旭昇： 印鈔票來支應財政支出，那基本上就是一種鑄幣稅的概念。

南光： 正是如此。現代央行可以像變魔術一樣，憑空創造新的貨幣。這也是為什麼一國的央行必須非常審慎地管理貨幣的發行，避免濫發貨幣，以維護貨幣的價值。其中一個非常重要的原則就是，絕對不可以發行貨幣來支應政府的財政赤字，也就是「貨幣融通」(money financing)，這是一個上軌道的央行不可跨越的紅線。然而，這種事情卻在臺灣所有人眼皮底下發生了，而且已經持續許多年。雖然這跟教科書上所說的「貨幣融通」(央行購買政府債券來支應政府赤字)，在做法上有些微不同，但結果都是同樣用新創造的貨幣來支應政府赤字。更令人驚掉下巴的是，這竟是國內許多人與媒體歌頌的央行「神操作」。財政部增加課稅通常遭眾人唾罵；但是央行增加課稅，也就是提高盈餘繳庫，眾人卻是額手稱頌！這實在是非常諷刺。

旭昇： 沒錯！這就是所謂「被人拖去賣還幫忙數鈔票」。我想這個社會在總體經濟學的基本素養能力 (macroeconomic literacy) 上還有很大的進步空間。

我想再問另一個問題。前一陣子大家談得沸沸湯湯，有一些人建議說要用外匯存底來成立所謂的主權基金，那你對這個的看法是什麼？

南光： 我國央行一向強調，若要設立主權基金，「資金來源可由政府編列預算或發行特別公債，取得新臺幣資金交予該專業管理機構，其再於外匯市場購買外匯，從事國際投資，不宜由外匯存底無償

撥用」[212] 以及「應由政府制定專法並全額出資」。[213] 不希望動到外匯存底一分一毫。

我們可以檢視韓國跟新加坡的例子。這兩個國家分別有成立主權基金,也就是 KIC 與 GIC。韓國央行與新加坡金融管理局會不定期將外匯存底分別轉入 KIC 與 GIC,由基金來管理操作。比如說,新加坡金融管理局會將占 GDP 的 65% 至 75% 以上的外匯存底轉入 GIC。我找得到有公開揭露的紀錄,只有在 2019 年 5 月與 2022 年 4 月金融管理局分別將 450 億與 550 億美元轉入 GIC。基本上,金融管理局轉入 GIC 的外匯存底,已超過 2,600 億美元。[214] 而韓國央行在 2006 年移撥外匯存底 170 億美元給 KIC,之後就沒有公開紀錄可查。

還有就是,這些央行將外匯存底轉入主權基金,都會設定某種「召回」條款。以韓國來說,「韓國央行在緊急情況下,仍保有召回外匯資產的選擇,也就是說這筆資金在委託給 KIC 管理的同時,實際上仍然保留作為央行的國際準備資金。」[215]

就新加坡而言,GIC 是受財政部與金融管理局委託操作的機構,並非這些資產的擁有者。金融管理局將外匯存底轉入 GIC 時,

---

[212] 中央銀行新聞稿 (2023),「本行貨幣與匯率政策之說明」。

[213] 中央銀行 (2023),「審查吳欣盈委員等 64 人擬具「中央銀行法第二十條及第三十三條條文修正草案」報告」,中華民國 112 年 5 月 24 日,立法院財政委員會會議。

[214] 2021 年底新加坡金融管理局的外匯存底已達到 GDP 的 106%。2022 年 4 月,新加坡金融管理局先轉入 550 億美元到 GIC,其餘何時轉入則沒有公布。到了 2022 年底,新加坡的外匯存底已從 2021 年底的 4,179 億美元降到 2,895 億美元。

[215] International Relations Committee Task Force (2022), "The Accumulation of Foreign Reserves," Occasional Paper Series, no 43, European Central Bank, p. 18。

同時取得新加坡政府發行的特殊債券, 叫作 RMGS。[216] RMGS 沒有次級市場, 但金融管理局若有緊急需求, 在到期之前可按面值贖回, 將外匯資產轉回金融管理局使用。[217] 一直到2024年5月底為止, 金融管理局持有 2,601 億美元的 RMGS, 加上之前未公開揭露的部分, 金融管理局轉入 GIC 的外匯存底已超過2600億美元。[218]

所以總的來說, 韓國央行與新加坡金融管理局仍然保有外匯資產的債權, 只是把管理的權限移轉給主權基金。我國若設立主權基金, 也可比照辦理, 所以不會是央行口中的「無償撥用」。

主權基金的好處, 就是擁有更大的自由度去投資, 包括在高風險高報酬的資產; 同時, 也可以選擇投資具有策略性價值的產業。相對上, 目前我國央行的操作方式極端保守, 除了銀行存款, 其餘外匯資產幾乎都投資在債券。但是「穩健」不能作為極端保守的藉口。而且, 前面已經說明, 由央行來管理外匯資產, 會干預到貨幣政策的決策和執行。因此, 我認為成立主權基金來管理外匯資產的一個重要理由是, 將管理外匯資產與貨幣政策分隔開來。

旭昇: 也就是說, 假設真的是從外匯存底拿出一部分來去成立所謂的主權基金, 事實上這個錢的所有權人其實還是央行, 對不對?

南光: 對。這類似選擇權的概念, 在某些情況下央行可選擇執行交易契約的權利。

---

[216] RMGS 是指 Reserves Management Government Securities。
[217] 參見新加坡金融管理局網站, 有關 RMGS 的說明。
[218] 在使用 RMGS 之前, 是用財政部在金融管理局的存款作為交換。

旭昇： 某種程度上，成立主權基金跟把外匯存底委外操作的意思其實是差不多的，只是央行能夠介入的程度大小不同而已，是不是這樣說？

南光： 對。不過跟目前央行的委外操作還是有很大不一樣，因為現在央行有一小部分⋯⋯

旭昇： 我知道可能跟現在的委外操作不一樣，但我意思就是說概念上其實是就是一種委外操作的概念而已，對不對？

南光： 對，對，就是說主權基金有不同的形式啦，如果依照韓國與新加坡的模式，央行還是有債權在手上，所以我不清楚央行到底在抗拒什麼。

我剛剛要說的是，央行有小部分外匯資產委外操作，但是可以購買的資產類型向來還是受到央行嚴格的限制，自主操作的空間很小，也就是大部分只能投資債券類型的資產，因此無法充分發揮委外操作的好處。或許近幾年開始，才允許委外操作有較大的自由度。

旭昇： 但是央行每次都會公布說，他們自己操作的報酬率都比委外操作的報酬率來得高，他們似乎對於這一點感到相當自豪。

南光： 不過這個是⋯⋯ 這樣比法是很不公平的，因為央行可以進行長期投資，不需要顧慮市場波動所造成的資本損益。但是，委外操作有年度結算損益的時間壓力，如果買進跟賣出剛好卡在市況不如理想的時間點，報酬率就會很低，況且前面說過委外操作的資產組合受到央行嚴格限制，根本就無法發揮委外操作的優勢。

所以這些委外操作的報酬率比央行的操作還要低，並不令人意外。事實上可以說，委外操作的績效是央行刻意設立的對照組。

順道一提的是，央行多次強調，部分主權基金在全球金融海嘯遭受重大損失，以此作為對主權基金持保留態度的另一個理由。然而，主權基金的表現本來就要看多年期的平均損益。所以，當我們把時間拉長，看5年或10年的多年期表現，大多數主權基金的平均收益率，比我國央行的外匯資產報酬率高出一大截。

以挪威的主權基金 GPFG 來看，GPFG 在2008年全球金融海嘯以及2020至2022年 COVID-19 期間均遭受龐大損失。即使如此，GPFG 的中長期報酬率仍遠高於我國央行的外匯存底報酬率。根據央行的統計，GPFG 在2008至2018年報酬率為4.98%，而且2019至2023年報酬率達8.72%。[219]

事實上，即使以央行極端保守的資產組合，在匯率與利率的波動之下，仍會產生非常龐大的帳面損失。所以舉全球金融海嘯這種例子來說嘴，實在很奇怪。

旭昇：其實成立主權基金的另一個好處就是說——雖然它其實可以有各式各樣的類型——但是成立主權基金對我來講有另一個好處，就是可以讓外匯資產的操作變得更透明化一點，就是投資在什麼地方，放了多少的金額在那邊，持有多久等等，就可以比較公開透明。

南光：對。像是韓國、新加坡、中國與中東國家的主權基金，透明度低，從來不揭露財務資訊。2008年20多個主權基金共同制定「聖地

---

[219] 參見中央銀行網站文件，「外匯存底相關議題」(https://www.cbc.gov.tw/tw/cp-302-157891-0d353-1.html)。

亞哥原則」(The Santiago Principles) 的自律原則, 主要目的就是要提升各國主權基金的透明度、公司治理、以及可究責性。不過這只能仰賴會員自律, 並無強制性。我們可以選擇透明度高的主權基金作為我們的參考範本, 像挪威的主權基金, 這樣就可讓大眾更瞭解, 這些本來就是屬於全民的資產, 到底是怎麼操作, 報酬率是如何。

旭昇: 沒錯! 外匯存底確實是全民的資產, 雖然央行擁有外匯資產的所有權, 但是央行是印鈔票去買這些外匯, 那發行新臺幣其實就是央行對人民的債務嘛, 對不對? 我上課時都會告訴學生, 台積電是透過製造晶片賺到外匯資產, 我替國外期刊審稿, 是提供勞務賺到外匯資產 (審稿費), 但是央行既沒有提供商品, 也沒有提供勞務, 就是靠它獨家的印鈔特權, 不勞而獲取得這些外匯資產。所以人民應該有權知道央行到底是怎麼樣在應用大家的錢。

南光: 當然。有關主權基金的透明度, 值得一提的是, 2023年立委提案設立主權基金時, 針對外界主張主權基金可投資策略性產業的呼聲, 央行在立法院財政委員會的報告, 大張旗鼓提出「聖地亞哥原則」作為擋箭牌。央行表示「主權財富基金遵循聖地牙哥原則, 恐限縮投資之自主性, 政府將難以藉由主權財富基金, 進行帶有政策目的之投資」, 並稱「依聖地牙哥原則, 主權財富基金應承諾從經濟金融風險及收益的考量進行投資, 即投資是出於商業目的, 而非達成政治目標。基此, 本次修正草案總說明中所提出, 投資世界優秀關鍵企業的股權, 藉由參與董事會獲得高層次全球軟性外交的機會, 幫助國家政策之推展等做法, 恐與聖地牙

哥原則的精神與訴求相悖離，而難以實現。」[220] 但是，真的是這樣嗎？

前面提過，聖地牙哥原則主要目的是提升各國主權基金的透明度、公司治理、以及可究責性，該原則包含 24 個條文。我看了好幾遍，但是看不出央行所稱該原則限縮主權基金的投資目的。該原則敦促主權基金會員「應基於經濟和金融考量」進行投資。這字眼出現在幾處，比如說第 19 條：「主權財富基金的投資決策應該以其揭櫫的投資政策一致的方式，並基於經濟和金融考量，旨在最大程度地提高風險調整後的投資報酬。」[221] 但是央行沒有說的是第 19-1 條：「如果投資決策受到非經濟和金融考量的影響，這些影響因素應該在投資政策中清楚說明並公開揭露。」[222]

也就是說，該原則的精神在於希望主權基金提高透明度，並充分揭露訊息，與策略性投資根本無關。[223] 像是 2024 年 1 月，媒體大幅報導挪威主權基金加碼投資台積電、聯發科等臺股 (2024/01/31,《經濟日報》)。由於近幾年晶圓已被視為極重要的戰略性物資，

---

[220]中央銀行 (2023)，「審查吳欣盈委員等 64 人擬具「中央銀行法第二十條及第三十三條條文修正草案」報告」，中華民國 112 年 5 月 24 日，立法院財政委員會會議。

[221]GAPP 19. The SWF's investment decisions should aim to maximize risk-adjusted financial returns in a manner consistent with its investment policy, and based on economic and financial grounds。

[222]GAPP 19.1. Subprinciple. If investment decisions are subject to other than economic and financial considerations, these should be clearly set out in the investment policy and be publicly disclosed。

[223]尤其是第 19-1 條的說明：「一些主權財富基金可能由於各種原因排除某些投資，包括具有法律約束力的國際制裁與社會、道德或宗教原因 (例如科威特、紐西蘭、和挪威)。更廣泛地說，一些主權財富基金可能會考量社會、環境或其他因素在他們的投資政策中。如果是的話，這些原因和因素應公開揭露。」這些其他投資的考量，與央行口中的策略性投資根本無關。

挪威主權基金加碼投資台積電，豈不是成為央行口中違反聖地牙哥原則的投資？

事實上，策略性投資與「基於經濟和金融考量」的投資考量，為何一定是有抵觸？如果我國設立主權基金，發現合適的投資標的之時，只要透過正常的投資管道，過程公開透明，充分揭露訊息，不進行引人側目的惡意購併，那麼這與聖地亞哥原則有何悖離之處？央行的說詞任意曲解聖地牙哥原則的精神，並刻意誤導大眾，實在非常不應該。

旭昇：好。接下來的問題我猜大家都很好奇，就是說到底你進到央行裡面之後，依你的個人經驗，到底央行平常都是在做什麼？然後身為副總裁，到底你的工作內容又是什麼？進到央行之後，你到底一天是怎麼樣在過的？

南光：名義上我負責經研處、業務局、金檢處、發行局、與兩廠 (中央印製廠與中央造幣廠) 等局處，還有資訊處與法務處等提供資訊系統支援與法律諮詢的局處。另外一位副總裁主要任務就是負責外匯局與駐紐約與倫敦辦事處，再加上國庫局、人事室、祕書處、會計室與政風室。從兩位副手的職責分配，可以想見外匯局在央行內的分量。

通常我在早上8點到辦公室後，就開始閱讀剪報以及經濟學人、彭博、路透社等網站提供的新聞與評論，追蹤國內外總體經濟與金融，以及央行業務相關事件的最新發展。部分的公文也會提供各國央行及國際金融機構所關切的最新議題。我們在學校通常不會，也沒有必要那麼密切追蹤各種事件與議題最即時的發展，這是一個很大的不同。

除了全行的例行會議,所督導的各局處也有例會。這些例行性會議處理的議題大多具有延續性,大部分時候行禮如儀,只有少數需要下判斷裁示。雖然我很想多瞭解外匯局的業務,但是不得其門而入,總裁要我管好自己的事就好。還有,桌上總是有一疊永遠也看不完,而且稍不留神就持續冒出來的公文。一般來說,央行同仁的素質都相當高,對於各自業務非常嫻熟。所以公文裡面有不瞭解的地方,就找負責的同仁來說明,常常可以學到很多。

值得一提的是,我負責參加金管會主導的「金融監理聯繫小組」,這個小組涵蓋我國所有金融監理機關,就金融穩定相關議題定期討論。就臺灣主要的兩大金融監理機構而言,大致上形成的共識是,金管會側重個體審慎監理,而央行著重總體審慎監理。這是金融監理機關之間橫向的聯繫,是相當有意義的會議。不過我認為雙方還有許多需要磨合之處,尤其是在政策協調與訊息分享方面,才能最大發揮機構間橫向聯繫的功能。

回到央行內部,比較重要的會議通常不是例行性的,這些通常是直接由總裁辦公室那邊負責聯絡召集幕僚。要召集哪些人來開會,當然還是完全由總裁個人決定。與外匯相關的事務,當然不會找我;但是即使是跟經研處、業務局等業務有關的議題,如果他不找我去開會,我就不見得清楚發生什麼事情。如果事後有公文經過我這裡,或者不小心把我不該看到的公文送到我這裡,我才會知道之前發生什麼事。

旭昇: 意思是說即使是你本來應該要督導的業務,你也有可能會被跳過而不知道一些事情的來龍去脈這樣子。

南光: 就是啊。

旭昇： 所以照你剛才講的，因為你是學者出身，然後又剛好是督導經研處，那我們當然知道央行擁有很龐大而且優秀的一個經濟研究部門與團隊，那事實上除了經研處之外，在外匯局或者甚至是業務局也都有一些研究人員，但是我好奇的就是說，為什麼跟世界上其他的央行 …… 我們不要說跟先進國家的央行比，譬如說跟美國 Fed，英國 BOE 或是日本 BOJ 去比，我覺得甚至是跟一些開發中國家，包含像是阿根廷的央行、智利的央行等等，跟這些開發中國家比起來，我們的央行在研究產出上，好像跟它們比起來還是有一段差距，你覺得原因是什麼？

南光： 主要原因就是要看主事者是不是重視研究這件事情，在臺灣比較特別的是，還要看主事者認為什麼是「研究」。長久以來，媒體與部分人士對於央行的「研究」稱頌不已。如果追究為什麼他們認為央行的研究做得非常好，主要就是他們定期收到央行在每一季理事會後所印行的那本厚厚的「央行理監事會後記者會參考資料」。據瞭解，這個參考資料的出現，是當初前總裁為了要反駁一些外界的質疑，之後也包括外界常討論的一些問題。到今天，這本參考資料愈來愈厚，而且為了要維持厚度，常變本加厲要底下的人絞盡腦汁想題目寫解答，有時內容已經變成是無病呻吟。

只是，這個「參考資料」大多是翻譯、摘錄、整理自各國央行、大學以及國際機構的研究報告，講求速成。如果主事者也認為這些東西就是央行主要的「研究」產出，那就真是可悲了。

目前央行耗費太多人力在這上面，這對於研究人員累積研究經驗與提升研究能力不僅沒有助益，而且長期下來會耗盡他們的

研究功力與熱忱。這類對研究毫無幫助的「研究」，應該適可而止，讓研究人員專注在真正的總體與貨幣經濟的探究。

先進國家的央行通常擁有陣容堅強的研究部門，即使一些開發中國家也急起直追。我國央行同仁常去東南亞國家參加「東南亞國家中央銀行研究及訓練中心」(SEACEN) 所舉辦的會議與訓練課程。年輕同仁常驚訝地發現，東南亞國家在許多方面雖然不如臺灣，但是這些國家的央行，尤其是馬來西亞央行，與其他國家央行以及國際金融機構密切往來的程度，以及其研究部門的開放性與活力，遠超越臺灣央行。相較之下，臺灣央行顯得相當封閉而保守。總之，央行有責任建立良好的研究環境，大幅減少各種臨時交辦的業務與雜務干擾，尤其不應該浪費時間在那本「參考資料」上。應該讓研究人員有更大的自由度，充分發揮潛力，同時更頻繁地與國內外學術界和研究機構往來與合作。

旭昇：不過好像不可否認就是說，至少我覺得從你5年前接任副總裁，然後督導經濟研究這方面的業務，好像確實也是有看到央行的研究人員比較努力在 ...... 或者說比較願意把他們的研究寄送到外面的期刊來發表，我有觀察到這樣的現象，不知道你有要進一步補充的嗎？

南光：我是有明白跟他們說，就是除了投稿到央行本身的期刊，也鼓勵他們盡量投稿到外面的期刊。當然一些行政程序還是免不了啦，也就是說必須一路往上簽呈，最後要由總裁核定。

旭昇：嗯，像是 IMF 的 Working Paper，上面也會注明發布這個論文是經過誰的同意，但是通常給予 approval 的人頂多就是研究部門

的主管而已,好像很少聽到說要經過高層如副總裁或是總裁的核可,這個有點難以想像啦,畢竟就只是個研究論文而已。

南光: 就是啊。

旭昇: 所以投稿之前得一直送到最上面,審核通過了才能投稿?

南光: 就是啊。如果要去外面參加研討會,也要走這套程序,不管是從報告的主題、報告內容,甚至是演講的投影片都必須受到審查。

旭昇: Well, 這實在是 ......

南光: 實在管到海邊去了。還有央行經研處每年會邀請一些人到央行演講,也是要走那套程序。有時經研處為了爭取時間,在行政程序走完之前,就開始跟演講者喬時間。有時候就會發生悲劇。比如說我們系李怡庭老師十幾年前曾經受邀演講,結果公文送到上面時,就因為莫名原因被打回票。

旭昇: 喔! 我好像有聽過這件事。

南光: 我在央行的時候就被明確告知,我不可以自行邀請任何人到央行演講,只能向經研處建議名單,然後走公文流程,總裁批准後,再由經研處發出邀請並喬時間。

旭昇: 你不是負責督導經研處嗎?

南光: 我督導個頭啦,全央行就歸一個人督導。我在任內就發生過的一件事,2019年有一位國外的知名學者剛好到臺大經濟系訪問,所以我就想順便請他到央行演講。由於他待在臺灣的時間不長,時

間緊迫之下，在公文流程走完前，我就趕緊聯絡他並敲好時間。
結果，演講前一兩天，我被告知他被拒絕來央行演講。

旭昇：就不讓他來? 可有任何說明或是解釋?

南光：就是不讓他來啦，還要什麼理由? 我只好跟這位學者道歉再三。
他覺得很不可思議，因為他全世界走透透，從來沒有碰過這種事
情，實在是世界級醜聞。

旭昇：嗯，這真的是丟臉丟到國外去了，實在是滿了不起的。

南光：這種對學術的輕蔑與踐踏，不只一次。比如說，2021年12月我受
邀到中研院經濟研究所演講，事前把講稿送交楊總裁審查。他認
為內容許多部分太過「敏感」，要我刪除。我非常厭惡央行這種
以「敏感」為名的審查劣習，本來考慮乾脆就不去了，後來想想，
還是不想放棄這個與外界溝通的機會。結果刪除了將近1/3的內
容，我想這在央行眼中應該是「無害」的了。再次送交總裁審查，
他當下也沒有其他意見，公文批下來同意我出席演講。然而，誰
知隔天他又態度大轉彎，禁止我去。經濟所只能緊急找人頂替。

這類事情要說都說不完。2018年為促成央行與學界的交流與對
話，我提議央行與臺大經濟系合辦學術研討會。結果立刻有人被
派來訓斥我，並轉述：「本行經研處的研究水準不輸臺大經濟系，
不需要跟他們合辦研討會。」這是什麼樣的心態，才會說出這種
話? 難道覺得自己比較好，就不屑跟對方討論對話嗎? 不屑跟別
人合辦研討會，但是20多年來自己卻從來不辦。

2019年再次嘗試推動，我想你還記得，當時我們排除許多困難，

總算促成「總體金融與經濟情勢預測研討會」，而且總裁也風光
發表開幕演講。所以為什麼一開始要百般刁難與羞辱？

旭昇：嗯，我記得這件事，為了要促成這個研討會，我當時還是拜託臺
灣經濟學會，以臺灣經濟學會的名義跟央行聯合主辦，然後臺大
經濟系只是協辦單位。不過很可惜只辦了一次。

南光：這讓我想起2019年，前日本央行總裁白川方明來台訪問時，在台
大的一場演講與座談中，他認為一個中央銀行的重要特質，「尊
重研究」位居首位。這種氣度在我國央行，不論過去、目前或可
見未來都完全看不到。

旭昇：我另外想問的是，現在因為你在任內有鼓勵，雖然說得經過審核，
但多多少少央行開始增加對外的投稿，而央行的研究人員所做
的相關研究報告或者說相關的這些論文，其實數目應該也不算
少。但是為什麼沒有辦法像國外的央行，不管是先進國家 ......
例如美國，日本，或者說是開發中國家，像阿根廷、智利這些國家，
可以有類似 working papers (工作論文) 的一個系列，然後提供
大家多多少少可以瞭解說央行到底在做怎樣的研究，某種程度
上應該也可以成為央行對外溝通的一個管道，畢竟這些 work-
ing papers 多少還是反映了央行所重視的議題。我覺得工作論
文應該可以成為央行的一種政策溝通工具啊，但是在臺灣好像
一直都沒有辦法看到類似這樣的東西。

南光：對，就是沒辦法。主要的原因是什麼？央行的態度是不願意讓這
些 working paper 曝光，尤其是他們認為「敏感」的議題。你知道
的，每次理事會前收到開會資料的同時，還有一疊 working pa-

per, 那是央行精心挑選給理事參考的。在這個 working paper 的階段, 不可能願意放在網站上讓所有人都可以閱讀。除非就是已經要去研討會發表或是投稿, 走公文流程, 經過層層審核, 通過之後才可能放行。

旭昇: 我覺得國外的央行研究人員在做一篇研究的時候, 他們也會特別強調, 雖然我是央行的研究人員, 但是我這篇文章只代表個人不代表央行的立場, 他們都講得非常的清楚。其實就是一篇研究而已, 那這樣的東西可以促進大家對貨幣政策的認識, 我覺得是一個好事啊。所以在你任內的時候有沒有想過要推動類似這樣的東西? 就是說把發表前的研究論文放上央行的網站, 讓大家可以參考。

南光: 經你這樣追問, 我才想起來。2018 年我剛進央行不久之後, 就開始推動一個「整合及擴大中長期研究能量」的提案。該提案計畫逐步推動組織型態調整、人員員額調配、空間配置以及拓展研究能量等相關事宜, 希望能夠提升央行的中長期研究品質。

計畫也包括每年持續招聘研究人員、擴大對外學術研究合作; 也包括你所提到的, 將完成的工作論文刊登於央行網站專頁或專區 (working paper series)。該提案經過層層關卡, 反覆修改之後, 總裁總算簽核下來。不幸的是, 這個計畫通過後, 就隨即被束之高閣。

我只是名義上督導經研處, 連邀請一個人到央行演講的權力都沒有, 就更不用說這個計畫裡面要推動的調整組織型態與招聘新的研究人員。能不能落實這個計畫最後還是取決於一個人的態度。

旭昇： 我覺得央行確實需要一個獨立的研究部門。比如說，我博士班有一個日本同學，他一畢業就先到 BOJ 的金融研究所去工作。[224] 就我所知，BOJ 的金融研究所基本上是一個獨立於日本央行的研究單位。根據我同學的講法就是說，他們不管是在研究的方向或者說在研究主題的選取上，基本上 BOJ 都不會給太大的干預，應該說是幾乎沒有干預，研究人員在研究議題的自由度很高。我覺得這是一個值得學習或者說一個值得推動的方向，應該讓經濟研究單位能夠獨立於央行，從事不受干預的研究。

南光： 你說的沒錯。日本央行的「金融研究所」(Institute for Monetary and Economic Studies) 以及韓國央行的「經濟研究所」(Economic Research Institute) 都是獨立於央行主體的研究單位。剛剛提到的「整合及擴大中長期研究能量」提案，裡面就有提議借鏡日本央行與韓國央行將研究部門獨立出來的運作架構。這樣做的好處是，除了減少雜務的干擾，還可以制定一套適合研究人員的考核制度，避免以一般公務人員的考核辦法扼殺研究人員的研究能量。

旭昇： 接下來我想討論一下臺灣央行在制度上的一些議題。我想很多學者都強調說我們需要讓央行政策的制定有所謂的可究責性，就是說要能夠事後去確認到底之前的決策是好是壞，我們要能夠去做這樣的檢討，那你覺得臺灣的央行在這方面做得怎麼樣？你覺得以目前的運作來講，到底有沒有一個可究責性的機制在？

南光： 通常我們說可究責性，也就是中央銀行必須對其法定的政策目

---

[224] BOJ, Bank of Japan (日本銀行)，即日本的中央銀行。

標負責,並且把貨幣政策的執行策略與決策過程對社會大眾揭露,使外界得以判斷央行政策成敗的責任歸屬。因此,可究責性與透明化的提升,可說是一體兩面。不過,在政策的實際執行上,政策目標的內涵往往沒有很清楚的界定,外界並不容易判斷央行是否達成政策目標以及如何對政策成敗究責。

像是「物價穩定」是什麼意思? 在什麼情況下才算達成物價穩定? 我們剛剛談過名目定錨。在貨幣目標機制之下所設定的中間目標,就是名目定錨,具有約束貨幣政策操作的作用。民眾可藉由中間目標的達成率來對央行究責。同樣,通膨目標機制之下的名目定錨,就是數值化的通膨目標。民眾也可以很容易透過觀察通膨目標達成與否,來對央行究責。這也是為什麼一些不屬於通膨目標機制的央行,也會設定數值化的通膨目標值或區間,目的就是要提升可究責性,其中像是歐洲央行與美國聯邦準備,分別在1998年與2012年設定通膨目標。

回頭來看我國央行。前面有討論過,原先我國央行實施貨幣目標機制之下,以 M2 成長區間作為中間目標,就是具有名目定錨的功能,有助於民眾對央行究責。然而自從2020年之後,把 M2 成長區間降格為參考目標,但是卻沒有替代的指標變數作為名目定錨。在央行口中這種「彈性」的貨幣政策架構之下,我們已不知道如何對央行究責。

旭昇: 所以所謂的「彈性」的貨幣政策架構,其實就是個「容易卸責」的貨幣政策架構。那另外一個就是所謂的透明度,你覺得以透明度來講的話,臺灣的央行要加強的東西有哪些?

南光: 剛剛講到, M2 成長區間降格為參考目標後,卻沒有替代的指標

來當作名目定錨。值得考慮的做法是,不管接下來是否改採通膨目標機制或其他貨幣政策架構,都可以設定數值化的通膨目標。數值化的通膨目標容易理解、透明度高,也有助於可究責性。

另外,即使我國央行有跟上先進國家一些提升透明度的做法,不過是否真的有充分揭露訊息給民眾瞭解,還是一個大問號。比如說,央行理事會後6週會公布的會議紀錄摘要,描述會議上理事們發表的意見。這個會議紀錄摘要是讓外界得以窺見貨幣政策決策過程的唯一窗口,所以這份摘要是否能扼要並如實呈現理事的發言重點,就非常重要。

然而,我們常常發現,理事的重要發言內容會被「河蟹」掉,甚至被刪除。更扯的是,之前你與李怡庭所提出,被列入會議的正式提案,有時連討論都沒有,也沒有決議,而且在會議紀錄摘要更不見蹤影。這就擺明不想讓外界知道,理事會裡發生了什麼事。

為了這件事,我跟總裁有多次爭執。他們總是提出一些奇怪的理由,比如篇幅不夠。但是我們的理事會開會時間很短,理事們通常只是自抒己見,沒有什麼交叉討論,所以即使是會議紀錄全文也不會有多長。更何況,我們並沒像 Fed 一樣,五年後會公布會議紀錄全文。因此,會議紀錄摘要更應該忠實呈現理事會開會的狀況以及理事的意見。更何況會議紀錄摘要後面還附上之前已經發布的文件,像是新聞稿一類的,占用許多篇幅,卻容不下短短的提案內容,硬要把理事的提案刪除。用篇幅不夠的理由來搪塞,實在有夠瞎。

另外一點是,民眾通常不清楚央行如何評估政策施行的傳遞管道與效果。而這涉及到央行運用哪一個經濟理論來理解貨幣政

策的傳遞機制, 使用什麼計量經濟模型來估計與評估政策的效果, 以及如何預測重要總體變數的走勢。雖然經濟學者之間對於不同經濟理論與計量方法也是各有所好, 央行還是可以公布這些訊息。就算是一般民眾對這方面沒有興趣, 但至少可以讓其他專家學者複製與檢驗央行所使用的理論模型與計量方法。目前我國央行沒有這樣做, 但是這對提升透明度絕對有幫助。

旭昇: OK, 那我最後的問題是, 在不更動《中央銀行法》的情況下, 你覺得央行可以調整, 或是可以改變的東西是什麼? 那另一個問題當然就是說如果有機會可以修改《中央銀行法》的話, 你覺得你最想要修改的, 或者說你覺得最值得調整的部分是什麼?

南光: 就算是不調整《中央銀行法》, 還是有很多可以做啦, 我現在想到的就有幾個。首先, 我想中央銀行應該是介於政府機構與研究機構之間的綜合體, 貨幣政策決策必須建立在以研究為基礎的決策模式上, 先進國家的央行都是如此。因此, 相對於其他政府機構, 研究人員的角色非常重要。央行必須建立良好的研究環境, 讓他們有更多時間與更大的自由度研究, 而不是忙於應付各種臨時交辦的業務與雜務。之前所通過的「整合及擴大中長期研究能量」應該逐步落實, 以提升央行的中長期研究能量。還有還有, 不要再以「敏感」為由, 審查文字與研究結果了! 這令人深惡痛絕。

其次, 目前央行內各局處的結構僵化, 壁壘效應嚴重。這尤其不利於央行在經濟研究與貨幣政策業務的角色。內部組織應更加有彈性, 加強橫向的業務整合。像是匯率政策會直接影響準備貨幣與每天的公開市場操作。但是, 匯率政策與貨幣政策卻完全分

離。負責公開市場操作的業務局只能被動配合外匯市場操作,進行沖銷。經研處也不被允許取得外匯局的資料以供分析與研究。還有,內部許多作業要制度化,不能因人設事。像是之前提到的理事會前內部貨幣政策討論的機制,就必須徹底實施,不能只會做表面功夫,一天打魚五天曬網。

至於如果說可以更動《中央銀行法》的話,首先,由於貨幣政策的決策過程具高度專業性,應該將兼任理事改為任期制的專任理事,而理事會的組成也應該更專業化。其次,就央行的政策目標來講,現在有4個,也可以說是5個,羅列太多政策目標並沒有意義。就算先進國家央行多半都有多重目標,但是也沒有這麼多的。我想2個到3個比較適當,然後給這些政策目標清楚的優先順序。

旭昇: 那如果讓你建議,你會選擇哪幾個目標,然後它們的優先順序應該怎麼排?

南光: 就我的排法,應該會是物價穩定、金融穩定,然後才是經濟成長或是最大就業,最多3個政策目標。

旭昇: 所以你比較不傾向於所謂的雙重任務,你比較傾向於階層性的任務,你覺得任務應該要有階層性?

南光: 對。我想階層式的政策目標,對於具有多重任務的央行來講,是比較好的選擇,雙重任務容易產生目標之間抵換關係不明的問題。階層式的政策目標有明確的優先目標必須達成,透明度較高,而且有利於民眾對央行究責。

旭昇：嗯，有道理。

南光：還有就是央行位階的問題，這涉及到央行的預算、決算與考評的審查與稽核。目前央行隸屬於行政院，預算編列必須經立法院審查，而且央行與其他國營事業的決算與考評被放在同一個天平上衡量，這使得盈餘繳庫的金額成為營運績效的主要指標之一。雖然央行常辯解，盈餘繳庫不是央行的政策目標之一，但是現行體制下，央行的盈餘繳庫是衡量營運績效的主要指標，而這無疑會影響央行貨幣政策的操作方向。我覺得應該重新定位中央銀行，讓它具備獨立的預算權，這樣才能擺脫盈餘繳庫的績效壓力，進而提升央行的獨立性。

旭昇：或許不應該讓中央銀行定位成一個公營銀行，我覺得這是最重要的，如果你能夠讓中央銀行不再是公營銀行，那基本上它就是從盈餘繳庫的枷鎖中解開了。

南光：沒錯，所以央行必須要重新定位。

旭昇：嗯，這是一個很大的工程，但是值得努力去做。我想我們的對話差不多就到這裡……

南光：結束前，我想多說幾句。

旭昇：喔，好啊！

南光：在2021年一個匿名的央行官員針對我為《致富的特權》這本書寫序這件事，對媒體放話，當時的報導為：「一位央行官員表示，作為現職的副首長，乃至各級人員，如果認為攻擊有理，那就應

該先行辭職，再去寫序背書；甚至聯名出版，才是合情合理的作為！」[225] 我想這樣的講法，就如同過去 20 餘年，只要有人對央行的政策有所評論，就會被刻意解讀成對於個人的「攻擊」，我認為這等心態極其可悲，也是國家社會的不幸。

不管是《致富的特權》或是這本書，所有的討論都是根據學理、實證研究結果，以及其他先進國家央行行之有年的決策過程，進而期望央行貨幣政策的決策過程能夠建立在以研究為基礎的決策模式，並在獨立性、可究責性、與透明度方面都能夠提升，這樣才有機會跟上現代中央銀行的腳步。更何況我也已經辭去職務，所以，HERE I STAND! 就讓讀者來評斷我們所說的一切。

---

[225]任珮云 (2021), "致富的特權, 提前引爆 2023 央行總裁人事之爭," 中時新聞網, URL: https://www.chinatimes.com/realtimenews/20210415005026-260410?chdtv (visited on 04/15/2021)。

索引

索引

索引

索引

索引

All Voices from the Island

島嶼湧現的聲音